Shehui Diaocha Fangfa

社会调查方法

（第2版）

赵勤 主编
胡芳 刘燕 副主编

電子工業出版社
Publishing House of Electronics Industry
北京 · BEIJING

图书在版编目（CIP）数据

社会调查方法 / 赵勤主编. —2 版. —北京：电子工业出版社，2012.8
ISBN 978-7-121-17487-2

Ⅰ. ①社… Ⅱ. ①赵… Ⅲ. ①社会调查－调查方法－高等职业教育－教材 Ⅳ. ①C915

中国版本图书馆 CIP 数据核字(2012)第 143258 号

责任编辑：刘淑敏
文字编辑：吴亚芬
印　　刷：三河市鑫金马印装有限公司
装　　订：三河市鑫金马印装有限公司
出版发行：电子工业出版社
　　　　　北京市海淀区万寿路 173 信箱　邮编 100036
开　　本：787×980　1/16　印张：18.75　字数：443 千字
印　　次：2014 年 11 月第 3 次印刷
定　　价：33.00 元

凡所购买电子工业出版社图书有缺损问题，请向购买书店调换。若书店售缺，请与本社发行部联系，联系及邮购电话：（010）88254888。
质量投诉请发邮件至 zlts@phei.com.cn，盗版侵权举报请发邮件至 dbqq@phei.com.cn。
服务热线：（010）88258888。

总　序

社区工作目前正进入一个蓬勃发展的阶段。

之所以这样说，一是因为社区工作在社会发展中的作用正在不断提升。2006 年，中国共产党十六届六中全会《关于构建社会主义和谐社会若干重大问题的决定》提出，要“全面开展城市社区建设，积极推进农村社区建设，健全新型社区管理和服务体制，把社区建设成为管理有序、服务完善、文明祥和的社会生活共同体”。2008 年 3 月，温家宝总理在《政府工作报告》中提出，今后要着重抓好九个方面的工作，其中三个方面的工作与社区息息相关。报告指出：要“发展基层民主，完善基层群众自治制度，扩大基层群众自治范围，推动城乡社区建设……”“推进城乡医疗服务体系建设。重点健全农村三级卫生服务网络和城市社区医疗卫生服务体系……”“加强公益性文化事业建设，特别是加强社区和乡村文化设施建设……”由此不难看出，社区工作在维护社会稳定、促进社会文明、保障人民健康、提高人民素质等方面发挥着越来越重要的作用。

二是因为与社区工作相关的专业教育已经进入组织化、规范化的轨道。各地的社区专业教育工作者经过多年的实践和摸索，逐渐总结出了一套将实践经验与理论教学相结合的具有中国特色的教学模式。培养既掌握相应的社区工作技能、技巧，又具有广博、扎实的理论功底的适应社区工作需要的社区工作者已经成为社区专业教育者的共识。

然而，共识归共识。当前我国大多数院校的社区工作相关专业的教学仍较多地停留在经验层面上，很多教师无法找到合适的教材，只好自己根据各种相关资料组织讲义开展教学。作为一个专业，社区工作的专门教材仍然很少，特别是能够将理论与实践很好地结合在一起的系统性的教材更十分匮乏，这大大地限制了社区专业教育的发展。

为渴求专业知识的社区专业学生和教师及广大社区工作者提供一套实用性强、便于操作的教材就成为我们这些从事社区专业教育十余年的教师们的共同愿望。2008 年年初，我们在数九寒天中从全国各地会聚北京，在电子工业出版社的会议室里，大家畅所欲言，在不断的交流、碰撞中，我们为这套教材定下基调。

第一，实用性。教材注重对学生进行相关社区工作技能的训练，在每本教材的每一章我们都安排了多个最新的、具有中国特点的社区工作案例，并穿插了相应的案例讲解，将理论与实践相结合，让学习者通过案例分析逐步了解社区工作理论与观点在现实中的应用及在不同环境下的变异；每章在整体描述的基础上，给出学习导航、复习思考题，使学习者便于复习和巩固。

第二，时代性。每本教材都将近几年来国内外学者关于社区工作的最新研究成果、最前沿的理论吸收进来，并与中国的实践相结合，剔除了以往相关教材中已经过时的知识。书中所引用的案例也都是近几年在社区中发生的真实案例。

第三，适当性。对于社区相关理论的论述，我们以够用为度，力求把理论阐释得准确、清楚、简练、实用，并不对理论的背景知识做过多的解释，只让理论作为指导实践的基础。

第四，系统性。从社区专业学生应掌握的基础知识出发，还编写了《社会调查方法》、《现代社区概论》、《社区服务》、《社区管理实务》等书，我们还会在今后根据实际需要继续编写其他教材，并对已有教材进行修订，力图完整地呈现出社区工作专业知识的全貌。

经过将近一年的辛勤工作，这套教材终于和大家见面了。真诚地感谢电子工业出版社的领导和参与此套教材出版工作的所有编辑人员。

虽然参与教材编写的所有教师都倾尽了全力，但由于水平有限，我们在欣喜之余不免有些惴惴不安。几本书就像是我们的孩子，我们小心翼翼地捧到你的面前，希望你喜欢它们，同时也渴望能听到您的意见和建议。

期待着你的批评和指正。

赵 勤

前　言

转眼间，四年的时间飞逝而过。很高兴在社会调查方法不断完善、创新的进程中，这本教材能够跟上时代的脚步，受到大家的欢迎。四年中，曾经不止一次在开研讨会时遇到使用本书的同行们，他们对本书都给予了高度评价，认为语言通俗、内容实用，特别是添加的练习在授课过程中发挥了巨大作用，帮助学生加深了对理论知识的理解，全面、系统地训练了学生的社会调查技能。非常感谢大家对本书的肯定和支持，我想，我们大家的目标是一致的，那就是要让学生们真正掌握社会调查技术，真正能在实践中熟练应用。

四年的时间看起来不长，但我国的社会调查方法和手段却发生了巨大变化。四年前，我们所承接的相关调查还全部是用印刷好的问卷进行现场填答；而今年，我们进行辽宁省中小学生饮食状况调查时，则是将充满视觉冲击力的问卷挂在网上，用电话通知事先抽取好的样本，告知链接地址，请他们在网上作答；即使是像农民工这样的群体，当我们调查他们的工作状况时，也是将计算机辅助面访（CAPI）运用其中，不再使用传统的纸质问卷。这样的改变大大提高了调查效率。

为了能够跟上社会调查的脚步，我们在本书中对部分内容进行调整：

一是更换了部分案例，对于一些已经过时、没有代表意义的案例，我们进行了撤换；而对于那些虽然时间已经久远，但仍然具有代表性或独具特色的案例，我们则继续保留，因为这些案例作为经典，是每个学习社会调查的人都应该知道的常识。

二是重新撰写第 9 章，将原来的“计算机辅助的社会调查方法”改为“网络调查法”，系统介绍应用越来越广泛的网络调查知识。而将原来第 9 章中的计算机辅助面访（Computer Assisted Personal Interviewing，CAPI）、计算机辅助电话访问（Computer Assisted Telephone Interviewing，CATI）的相关知识放在第 7 章“访问法”中一并进行介绍。由于“焦点小组座谈会”属于质性研究方法，所以新版中不再保留，有兴趣的读者可以参阅第 1 版或其他质性研究方法书籍。

三是纠正了第 1 版中的一些错误，如一些不准确的数字、错别字，还有一些内容含糊、表述不准确的语句、篇章等。

第 2 版由赵勤担任主编，胡芳和刘燕担任副主编。具体编写分工：赵勤（沈阳工程学院）编写第 1 章、第 2 章、第 7 章、第 9 章，胡芳（广东工业大学）编写第 3 章、第 4 章，蒋涛（广东女子职业技术学院）编写第 5 章，王艳峰（沈阳工程学院）编写第 6 章，陈阳（沈阳工程学院）编写第 10 章，张亚蕾（北京现代职业技术学院）编写第 8 章，王爱华（沈阳工程学院）编写第 11 章，刘燕（长沙民政职业技术学院）编写第 12 章。最后，赵勤对全书进行统稿，修改了部分章节的内容并添加了部分练习。

在本书的出版过程中，电子工业出版社晋晶同志与我们多次沟通，提出了很多宝贵意见。在此致以深深的谢意！

和第 1 版一样，为了使本书内容更加丰富、全面，我们直接或间接地参阅、借鉴和引用了大量国内外有关专著、教科书、论文和媒体的相关报道，在此对有关著作或文章的原作者表示最诚挚的谢意，向你们鞠躬致敬！

我们非常希望本书成为一本具有独特实用取向的、有特色的教材，能够让看到这本书的朋友们在充满趣味的阅读与思考中体会到社会调查的精髓和魅力所在，为此，我们一直在努力。但由于我们视野和能力的局限，呈现给大家的一定与我们的愿望还有很大的差距，在此，恳请所有看到这本书的朋友、专家们不吝赐教。

期待着您的来信！

赵　勤

E-mail: zhaoqin888@126.com

《社会调查方法》课程时分配表

章节号	教学内容	教学基本要求	学时	具体学时分配		
				讲授	实训	上机
第1章	绪论 1 社会调查的概念 2 社会调查的作用 3 社会调查的发展	了解：社会调查的概念 理解：社会调查的作用 掌握：社会调查的概念、作用和意义	2	2		
第2章	社会调查的方法、类型、过程和伦理 1 社会调查的类型与方法 2 社会调查过程 3 社会调查伦理	了解：社会调查的类型与方法 理解：社会调查过程 掌握：社会调查伦理	2	1	1	
第3章	调查设计 1 明确定义调查问题 2 提出研究假设 3 调查对象与调查内容 4 调查研究方案的设计	了解：研究假设 理解：研究方案的设计 掌握：从调查设计的角度出发进一步了解如何提出调查主题，设计调查方案	2	1	1	
第4章	抽样 1 抽样与抽样调查 2 概率抽样方法 3 非概率抽样方法 4 抽样误差与样本容量	了解：抽样的程序、流程和脉络 理解：概率抽样方法 掌握：抽样误差与样本容量	4	3	1	
第5章	测量 1 测量的概念和层次 2 测量指标的操作化 3 测量量表 4 测量的信度与效度	了解：测量指标的操作化 理解：测量量表 掌握：测量的几个层次和方法	4	3	1	

续表

章节号	教学内容	教学基本要求	学时	具体学时分配		
				讲授	实训	上机
第6章	问卷法 1 问卷的结构与设计程序 2 问卷设计的具体方法 3 问卷调查的实施 4 问卷法的特点	了解：问卷的结构和设计 理解：问卷法的特点 掌握：制作问卷的注意事项	6	3	3	
第7章	访问法 1 访问法的概念和类型 2 访问法的实施 3 访问的技巧 4 访问法的特点	了解：访问法概念 理解：访问法的实施 掌握：能够制定访问提纲、了解访谈法的分类	6	4	2	
第8章	观察法 1 观察法的类型与原则 2 观察法的实施 3 观察误差的减少 4 观察法的评价	了解：观察法的类型 理解：观察的原则 掌握：能够运用观察法实际观察群体的活动	4	3	1	
第9章	网络调查法 1 网络调查法的含义和类别 2 网络调查法的优势与局限 3 网络调查法的实施	了解：网络调查法的含义和类别 理解：网络调查法的优势与局限 掌握：网络调查法的实施	6	2		4
第10章	整理资料 1 资料整理的意义和原则 2 资料的审核与复查 3 调查问卷的整理 4 制作统计表和统计图	了解：资料整理原则 理解：资料整理的意义 掌握：资料整理的方法	4	3	1	
第11章	资料的统计分析 1 统计分析的作用和步骤 2 单变量统计分析 3 双变量统计分析 4 SPSS 的统计功能简介	了解：资料统计分析的原则 理解：集中趋势测量 掌握：能够对资料的统计分析做出概述描述	6	4	2	

续表

章节号	教学内容	教学基本要求	学时	具体学时分配		
				讲授	实训	上机
第12章	撰写调查报告 1 调查报告的特点、类型和作用 2 调查报告的撰写步骤 3 调查报告的结构 4 写作中的注意事项	了解：调查报告撰写的基本流程 理解：调查报告撰写的依据和根据 掌握：撰写专业的社会调查研究报告	6	2	4	
总复习			2			
合　计			54	31	17	4

目　录

第1章 绪论

引言

今天，社会调查已经深入人们生活的方方面面，从衣、食、住、行到教育、医疗、体育、娱乐等，人们每天都生活在各种各样的数据之中。本章将帮助你了解社会调查的概念和特点、社会调查与社会研究的关系、社会调查的作用和历史，为开始社会调查做好准备。

本章学习目标

1. 掌握社会调查的概念。
2. 掌握社会调查的特点。
3. 了解社会调查与社会研究的关系。
4. 掌握社会调查的作用。
5. 了解社会调查的历史。
6. 了解社会调查的发展趋势。

学习导航

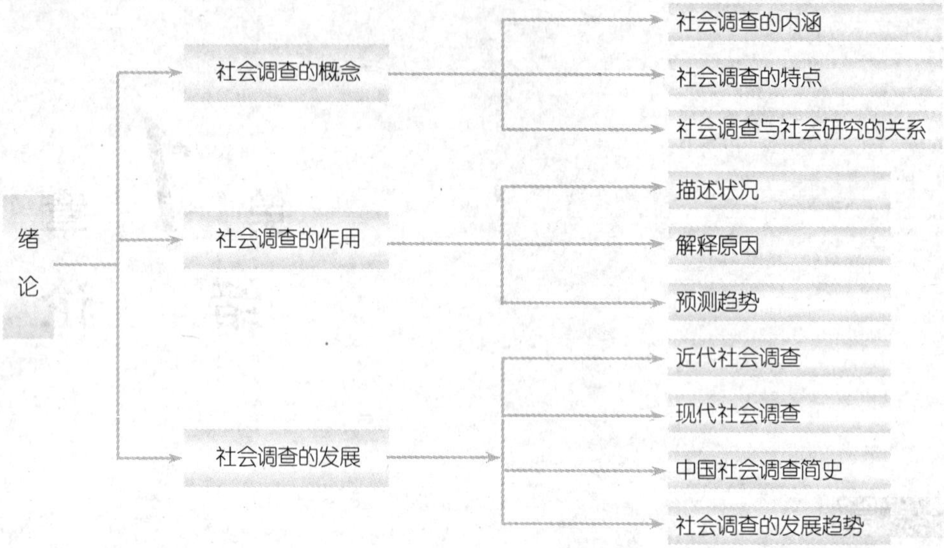

1.1　社会调查的概念

1.1.1　社会调查的内涵

关于调查，《现代汉语词典》上的解释为："为了了解情况进行考察（多指到现场）。"

社会调查又可称为社会调查研究，其中"调查"是指通过对客观事物的寻检、考察和计算来了解社会事实的一种感性认识活动，"研究"则主要是通过对考察、了解的客观事实真相进行审查、追究和思维加工，以求得认识社会现象本质及其发展规律的一种理性认识活动。

社会调查的定义多种多样，本书引用如下定义：所谓社会调查，就是人们有目的、有意识地通过对社会现象的考察、了解、分析、研究，认识社会生活本质及其发展规律的一种自觉认识活动。它包含以下 4 层意思。

1. 社会调查是一种自觉认识活动

任何社会调查都是有目的、有意识地进行的，它与人们日常生活中对社会现象的一般观察和了解有原则区别。

2. 社会调查的对象是社会自身

社会调查不仅要研究以人和人群共同体为重点的各种社会要素，而且要研究以生产方式为基础的各种社会结构，以及与它们相联系的有关政治制度、法律制度、社会文化、社会意识、社会生活等方面的各种社会问题。

3. 社会调查的方法多种多样

社会调查既包括考察、了解社会实际情况的各种感性认识方法，又包括对收集的感性材料进行统计分析和思维加工的各种理性认识方法。

4. 社会调查的目的明确

社会调查的目的是了解社会生活的真实情况，研究各种社会现象的因果关系，探索社会生活的本质及其发展规律，进而寻求改造社会、建设社会的道路和方法。

相关链接 1

CPI 小常识

● 什么是 CPI?

居民消费价格指数（Consumer Price Index，CPI）是反映居民购买并用于消费的一组代表性商品和服务项目价格水平的变化趋势和变动幅度的统计指标，国家统计局每月公布一次。CPI 的调查内容既有城市居民日常生活需要的各类消费品，也包括多种与居民生活密切相关的服务项目，如交通、教育、医疗等。

消费价格分八大类，包括食品、烟酒及用品、衣着、家庭设备用品及维修服务、医疗保健和个人用品、交通和通信、娱乐教育文化用品和服务、居住。其中食品又包括粮食、肉禽及其制品、水产品、鲜菜、鲜果等。

CPI 的编制为国家和各级政府分析、制定货币政策、价格政策、居民消费政策、工资政策，以及统计部门进行地区经济核算提供了科学依据。

● CPI 是如何计算出来的?

按照科学可行的调查制度，选择一定数量、有代表性的商品和服务项目作为样本，依据消费结构变化准确确定权数，调查收集基础价格资料，其中重要的环节是现场采集价格，居民消费价格指数的编制就是依据这样的程序进行的。目前，CPI 数据来源于全国 31 个省(区、市)500 个市县、6.3 万家价格调查点（包括食杂店、百货店、超市、便利店、专业市场、专卖店、购物中心及农贸市场与服务消费单位等）。

以沈阳为例，在市内五区设有近 200 个价格监测调查点，对八大类近千种代表规格品进行采价，规格品不仅包括如米、油、肉等消费品，而且包括与居民日常生活密切相关的服务项目。

调查方式采取定点、定时、定人的原则进行。价格变动较频繁的商品，如鲜活食品，沈阳调查队每周都要进行两次现场采价，而一般性规格品每月价格调查不会低于三次。采价员从市内五区近 200 个价格监测调查点采集的价格，就构成了沈阳市 CPI 的基础数据。

各个价格监测调查点调查的结果经过登记台账、录入、汇总、审核等一系列严格的程序，计算出来的数据就是沈阳一月、一季度或一年的居民消费价格指数。

● 调查员如何挑选?

所有调查员都是从社会上公开招聘的，他们在相对固定的调查点从事现场采价，上岗前对他们进行了系统的业务培训。调查队有专门的督导员，负责对调查员的工作进行定期或不定期检查。

- 如何保证数据客观？

比如，调查居民衣着的价格指数时，会选取男装、女装、童装等，但都会本着众数的原则选择大众服饰，也就是调查大多数居民能消费的衣服的价格；高档时装消费群体小，不具有普遍代表性，因而不被列入采价调查范畴。

调查牛奶价格时，可能要调查几种品牌的牛奶，但调查员在不同调查点采价时，每种牛奶的产品规格都应该是统一的，否则这个点采500毫升，那个点采350毫升，这样计算出来的数据就没有意义了。

- 怎么确定代表规格品？

被调查的代表规格品既有国家规定的，也有地方根据居民生活特征选出来的。其确定的方式很多，其中之一就是入户调查。目前沈阳有2 000户居民常年为调查队记账，买啥东西花多少钱一笔不落，从他们的账目中也可以掌握大众消费品情况。

练习1

了解社会调查

课堂上，先请一位同学在纸上写出3～5个表示各种感受的词语（一张纸上写一个），如沮丧、喜悦、懊恼等。然后邀请班级3～5名同学，发给每人一个词语，请他们用画画的形式把这个词的意思表达出来。（注意：这几个词语只有写词语的同学和画画的同学知道，千万不能让其他同学看到。）分别展示同学们的画，让全班同学每人都说一说画的含义，做个统计，然后与原来的词语相比较，看看有什么结果？思考这个结果对你有什么启示。这个练习也可以把词语换成动作，想几个动作让同学做出来。

在此基础上讨论：社会调查的优点是什么？社会调查的缺点是什么？

1.1.2 社会调查的特点

作为一种收集与处理社会信息的工具和认识、了解、改造社会的手段，社会调查方法已逐渐成为研究社会现象的主要方法之一，在社会科学和各个工作部门得到了广泛应用，并在现代社会中占据越来越重要的地位。与获取社会信息的其他技术相比，社会调查呈现以下特点。

1. 调查内容广泛

社会调查既可以用于测量很简单的东西，如被调查者的身高、体重、性别、年龄、文化程度等基本情况；也可以用于测量某种喜好或态度等比较复杂的问题。但对于像与社会禁忌或忌讳有关的事情，如同性恋、吸毒等，由于被调查者可能不愿意回答，用通常的调查方法往往不能成功，要得到这方面的信息，就必须依靠专业的知识和技术。

2. 调查方法多样

调查研究的方案设计是多样的，收集数据的方法可以采用问卷调查、当面访问、电话访问等；调查地点可以在被访者的家中、工作单位、学习场所、娱乐场所；调查所花费的时间可以是几分钟，也可以是几小时。

3. 调查开展的程度具有伸缩性

调查所收集数据的多少和复杂程度是可以选择的，这取决于所需求的信息和所拥有的经费。简单的调查可以设计得只需几页记录纸和一个计算器，结果也就是几页报告。复杂的、大规模的调查要采用高级计算机和数据分析程序，用于处理、计算并生成大量精确的数据。

4. 调查结果有效

社会调查运用社会统计学的相关知识，如运用抽样方法，从一个很小的样本中就可以得到关于一个很大总体的信息。由于有科学理论作为指导，即使调查的结果要用于推断 1 000 万人的情况，调查的样本量一般也很少超过 1 000 人的水平。很好的设计和组织对保证调查研究的效率也十分重要。

5. 调查结论不是完美无缺的

和其他任何工作一样，社会调查也不可避免地会出现错误、误差和疏忽，如答题者对问题本身的理解不够准确，从而使调查结果出现误差；调查的有效性受到调查广度的影响；调查数据提供了某一时间点的快照，而不是集中于根本性的过程和变化等。因此，对调查方案的缜密设计和细心实施是为了避免较大的误差和疏忽。只要对调查信息的价值没有严重的损害，细小的错误应当容忍。如果在调查期间或结束之后发现了细小的错误，就应当考察它们对调查信息有什么影响，最后按照错误的具体情况进行修正处理。

6. 调查不能直接指示决定

即使调查没有发现错误或疏忽，完全按所设计的方案进行，其结果也不是完全确定的，不能指示或决定最终的答案。调查结果只应被当做另外一种证据，必须参考一般经验、普通道理和其他信息对它进行评价。对调查结果要认真思考、理解，看它与调查者对问题的感性认识是否基本吻合，如果不相吻合，应找出原因，必要时做进一步的调研和分析。调查结果是重要的决策参考依据，但并不等于准确地给出了决策答案。

1.1.3 社会调查与社会研究的关系

社会研究是由社会学家及其他一些寻求有关社会中各种问题答案的人们所从事的一种研究类型。它是以经验的方式对社会行为、社会态度、社会关系及各种社会现象、社会产物进行科学探究的活动。社会研究是科学研究的一个部分，是对社会世界的探索和理解。

1. 从研究性质上看社会调查与社会研究的关系

根据社会研究的性质，社会研究可以划分为定性研究和定量研究（见表 1.1）。

表 1.1　定性研究与定量研究的区别

定性研究	定量研究
主观的	客观的
资料采用报告、记录等非数字形式	资料采用数字形式
贴近资料："局内人视角"	远离资料："局外人视角"
较少数量的案例或事例	研究样本数量多
自然主义的和不受控制的观察	强加的和控制的测量
无法概括的：个案研究	可概括的：多重案例研究

定性研究是对"活生生的"、"感受的"或"经历的"经验的直接关心，它是一种经验研究，往往以尽可能多的非数字方式（如访谈、观察等）来收集和分析资料。其研究对象通常是一些有代表性的、较少数目的个案，研究者通过对这些个案进行深入、细致的考察来获得有用的研究信息。

定量研究是用数字形式收集和分析资料，它常常强调较大规模的研究和代表性资料的集合。它把各种经验视为相似的信息，并把这些信息加在一起或乘在一起，或者"量化"它们。所以，与定性研究比较起来，定量研究是间接的、抽象的。

不难看出，社会调查属于定量研究，但定量研究并不仅仅局限于社会调查。在实践中，情况比较复杂。对以访谈和观察为主的定性研究，当收集到数字形式的资料时，或者当非数字的答案被分类并以数字的形式编码时，访谈也许会被分出一些结构，并用定量的方式进行分析。同样，社会调查也允许没有结果的回答，并导致对一些个别案例的深入研究。

2. 从研究方式上看社会调查与社会研究的关系

社会研究具有四种具体的研究方式，它们是调查研究、实验研究、实地研究和文献研究（见表 1.2）。社会研究的每种方式具有各自的特征，它们都可以独立地完成社会研究的全部过程。

表 1.2　社会研究的基本方式

研究方式	子 类 型	资料收集方法	资料分析方法	研究性质
调查研究	普遍调查 抽样调查	统计报表 自填式问卷 结构式访问	统计分析	定量
实验研究	实地实验 实验室实验	自填式问卷 结构式访问 结构式观察 量表测量	统计分析	定量
实地研究	参与观察 个案研究	无结构观察 自由式访问	定性分析	定性

续表

研究方式	子 类 型	资料收集方法	资料分析方法	研究性质
文献研究	统计资料分析 二次分析 内容分析 历史比较分析	官方统计资料 他人原始数据 文字声像文献 历史文献	统计分析 定性分析	定量/定性

可见，社会调查与实验、实地及文献研究并列为社会研究的几种主要方式，它们有着各自独特的性质和特点，并分别适合于不同的领域、现象和题材。

1.2 社会调查的作用

练习 2

了解社会调查的作用

阅读下面的调查数据，先自己分析一下会得出什么样的结论，再在班级里进行讨论。

据国家统计局抚顺调查队的抽样调查显示，2011 年，辽宁省抚顺市城市居民人均可支配收入达到 18 069 元。居民人均家庭设备用品及服务支出 793 元，同比增长 67.5%，位居居民家庭消费八大类增速之首。其中人均耐用消费品支出增长 139.5%，每百户拥有淋浴热水器 67 台，比上年增加 11 台；人均文化娱乐用品及服务支出 799 元，同比增长 45.8%，其中每百户拥有家用电脑 71 台，比上年增加 15 台，每百户拥有移动电话 196 部，比上年增加 38 部。旅游消费也持续升温，平均每户旅游人次增长 1.1 倍，人均旅游花费 439 元，同比增长 82.4%。居民人均通过互联网购买商品或服务类支出 66 元，同比增加 55 元，其中中等收入群体增长速度最快。

随着社会调查方法和技术的不断完善，社会调查被广泛应用于社会生活的各个领域。不同领域的人们通过行政统计调查、生活状况调查、社会问题调查、市场调查、民意调查和研究性调查等获得自己需要的信息。社会调查既可以用于理论研究，也可以用于各种实践活动，但无论理论研究还是实践活动，社会调查的作用主要都体现在描述状况、解释原因和预测趋势三个方面。

1.2.1 描述状况

了解和描述社会现象的状况，就是回答社会现象“是什么”或“怎么样”这类问题，它是人们深入认识这一现象的基础。

1. 社会调查可以收集到大量的一手资料

人们了解社会情况、形成对社会的认识有多种途径，如看电视、听广播、上网、读书报等。

这些手段虽然是必要的，但它们都属于通过别人对事物的认识来感知社会，即通过二手材料来认识社会。这样得到的认识往往是片面的，因为别人的经验不能代替个人的感知，所以只有自己亲身实践，获得第一手材料，才能对事实本身有一个全面、客观的认识。正如毛泽东所说："没有调查就没有发言权……要了解情况，唯一的方法是向社会做调查。"社会调查通过收集大量的经验事实，为人们提供了真实的第一手资料。

从练习 2 的调查数据不难看出，伴随经济社会的高速发展，人们的消费能力不断提升，消费重点逐渐改变，由满足吃、穿、住等基本生活需要向更高层次的享受型发展。同时，随着电子商务的高速发展及物流业的迅速成长，居民网上消费的支出大幅提升。

2. 社会调查能够运用科学方法客观描述社会现象

任何人在生活和工作实践中都能观察到大量的经验事实，但是要对社会现象的一般状态做出准确可靠的判断则是极为困难的。这是因为社会现象具有复杂、多样性的特点。例如，有的事实仅反映事物的表象、支流或偶然性，有的事实则反映事物的本质、主流或必然性；有的现象具有独特，有的则具有普遍性。社会调查不同于日常观察的一个主要原因在于它能够用系统的、科学的程序和方法，将复杂、多样的社会现象清楚、准确地描述出来。举例来说，每个人都可以感受到，十一届三中全会以来，我国城镇居民的收入不断增多，生活水平有了很大提高；但是收入究竟提高了多少，人们只凭个人的观察是不能够准确说明的。国家统计局通过科学的调查，将调查数据绘制成图（见图 1.1），这样就能够准确、清楚地反映城镇居民收入的上升幅度。

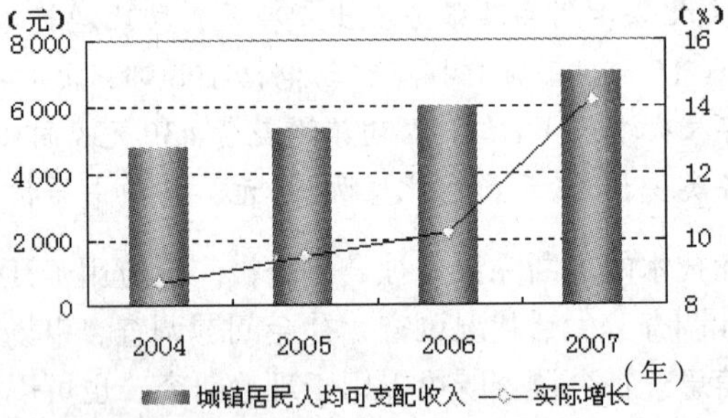

图 1.1　2004—2007 年上半年城镇居民人均现金收入情况

1.2.2　解释原因

解释社会现象发生的原因，就是回答社会现象"为什么是这样"或"为什么会如此"的问题。它比单纯地描述状况要更加深入，尤其是随着社会统计分析方法的进一步完善，社会调查在探究现象间关系方面的威力和作用也将越来越大。

1. 解释社会现象的产生、发展和变化

任何现象或事物的产生与变化都有其内在的和外在的原因，并与其他现象之间有着各种各样的联系。在大量整理、分类各种调查信息的基础上，对社会现象客观地、精确地进行多方面综合的描述，能较好地帮助人们从多种因素、多种现象的相互关系中找出最主要的原因，进而加以解释。

相关链接2

专家解析物价上涨原因

近年来，物价持续上涨，仔细分析国内外的宏观环境及内部成因，相关专家认为，有以下10个理由。

第一，世界经济继续强劲增长，加大了全球通胀压力。在全球经济持续强劲增长的情况下，供应限制因素增强，通胀风险增大。

第二，我国经济仍将高位运行。较高的经济增长速度将刺激社会总需求上升，推动物价上涨。

第三，城乡居民收入出现了少有的快速增长态势。国家统计局的相关数据显示，2010年全国城镇非私有单位在岗职工年平均工资为37 147元，同比增长13.5%，增幅提高1.5个百分点。2010年全国城镇私有单位就业人员年平均工资为20 759元，同比增长14.1%，增幅提高7.5个百分点。2010年农民人均纯收入5 919元，剔除价格因素，比上年实际增长10.9%。劳动工资水平的上升加上社会保障体系覆盖面的扩大，一方面将直接抬高企业成本和产品成本，诱发成本推动型通胀；另一方面将提高城乡居民的消费能力，导致需求推动型通胀。

第四，以股市、房地产为代表的资产价格持续上涨。

第五，固定资产投资高位反弹的压力较大。

第六，消费增长势头明显回升。近几年，高速增长的投资资金必然释放出巨大的消费能力，而强劲的出口也会提高企业的效益、增加就业岗位，另外政府对农业和农村的扶持政策在很大程度上提高了农民的实际收入水平，这些因素累积起来将共同促进消费增长。

第七，食品价格上涨有蔓延之势。受国际粮食库存下降、国际价格传导等因素的影响，近期国内粮价有可能继续保持小幅上涨趋势。

第八，市场流动性充裕，货币信贷投放过多。

第九，国际原油价格飙升和主要有色金属价格高位波动，这给我国带来较大的价格上涨压力。

第十，资源价格和服务价格改革的全面推进推动相关产品的价格上涨，从而直接或间接地促使未来价格总水平上升。

2．揭示社会现象的本质和发展规律

社会现象总是个别的、多样的、变化的、不可再现的，总是带有某种程度的偶然性。社会规律则不同，它是同类事物中具有普遍性、可重复性和相对稳定性的东西，是事物内在的、本质的、必然的联系。因此，只要通过各种社会调查，从大量个别的、复杂多变的同类现象中寻找那些共同的、不断重复的、相对稳定的东西，从各种各样的偶然事件、偶然现象中寻找那些内在的、必然的东西，调查者就有可能揭示社会现象的内在本质及其发展规律。

1.2.3　预测趋势

社会调查还可以对未来的社会现象（或者对社会现象的发展趋势）做出一定的预测，回答“将会怎样”的问题。这种预测要以对这一现象的准确描述和正确解释为基础。

相关链接3

比萨盒的诞生

20世纪80年代，美国人外带（餐馆）食物的数量有明显的增多趋势。一项调查表明，平均有81%的家庭每4周要买一次外带（餐馆）食物；许多人每周买一次，每人每周的平均花费为16.50美元。传统的卖外带食品的地方还是最受欢迎的，有76%的消费者都在那些地方买；有66%的人更喜欢外带比萨饼。该项调查预测，送餐上门服务将是外带餐馆食物服务的未来。同时，该项调查还预测有一天快餐和糕点也会送货上门。根据这一预测，为了能够更好地将比萨饼带出餐馆和送货上门，一家比萨饼店的老板设计了方便、结实、安全的比萨盒，从此生意越做越好。

预测是根据现象之间的因果关系所做的逻辑推论。如果调查结论符合实际，就可以依据结论预测现象的发展变化，并通过制定一些政策和计划、采取一定的措施，在某种程度上控制现象的发展与变化。

在社会科学领域中，调查者不可能像自然科学那样做出完全准确的预测，因为调查所得到的结论有可能是错误的。任何理论都不是绝对真理，它们都不可能完全解释和预测客观现象，尤其是社会理论。这就需要调查者结合其他的经验、信息等，进行综合的分析、理解与判断，必要时做进一步的调研和分析。

1.3　社会调查的发展

社会调查的起源可追溯到公元数千年前古埃及和古中国的人口统计，但较系统的社会调查是17世纪以后才得以广泛开展的。这一方面是由于资本主义工业化和城市化的发展，另一方面是由于近代科技的成熟。前者产生了对社会调查的迫切需要，后者为社会调查提供了科学的方法。

1.3.1　近代社会调查（17世纪末至20世纪初）

17世纪下半叶，欧洲的一些思想家和政治家意识到，要想有效地进行社会管理和社会改良，就必须客观地、准确地了解社会经济状况。因此，这一时期的调查多为实用性的行政统计调查和社会问题调查。这些调查首先是从几个最早进入工业化阶段的国家（如英国、法国、德国）开始的，其中较著名的人物是英国的威廉·配第。

威廉·配第在《政治算术》(1690年）一书中指出，对任何社会现象都应当用数字、重量和尺度来说明并加以比较。在分析英国的社会经济状况时，他运用了统计分组法、图表法和一系列统计指标。他被马克思称为“政治经济学之父”，在某种程度上，也可以说是统计学的创始人。

18 世纪，随着人口统计学的建立和国家行政管理的完善，欧洲各国的行政统计调查盛行于世，并逐步制度化。英国和法国都于 1891 年开始全国性的人口普查，英国还规定每 10 年普查一次。其后，欧洲各国也先后效仿。此外，继法国 1801 年设立国家统计局后，各国的行政统计机构也陆续建立并完善。

19 世纪以来，社会问题调查，如犯罪调查、贫民调查、监狱调查、工业调查、城市调查、家计调查等也都得到了广泛开展，这些调查的主要目的是进行“社会诊断”，找出社会问题的症结，以便对症下药加以治疗。可以说，早期的社会调查主要是为国家行政管理、为医治社会弊病、为社会改良服务的。

同期，在欧洲启蒙思想的影响下，在理性化和世俗化潮流的冲击下，社会调查进入了政治领域。为改革社会制度、建立新型社会体制和社会组织，许多思想家开展了一系列“社会实验”，如傅里叶、圣西门、孔德等人制定了一些“理想”的计划，试图改造社会。但有意识地为推翻资本主义制度、为创建新制度而进行的社会调查研究是从马克思、恩格斯开始的。

马克思为剖析资本主义社会做了大量的调查研究。早年担任《莱茵报》编辑期间（1842—1843 年），他深入社会、采访调查，实地考察了农民的贫困状况；流亡英国期间，在《资本论》的写作过程中，他收集了世界各国的资料、档案、文件，还通过对英国工厂和产业工人的考察、观察、访谈，收集了大量材料。在此基础上，他深入分析了资本主义经济关系的运行机制，并对其发展趋势进行了预测。恩格斯早年利用在英国工厂的便利条件长期深入工人住宅进行实地调查，并将调查报告写成《英国工人阶级状况》一书。在调查方法上，马克思和恩格斯主要运用观察、访问和文献法，他们对先进的分析技术也极为关注。例如，马克思对凯特勒等人的社会统计方法给予了高度评价，他在《资本论》中运用凯特勒的“平均人”概念对产业工人进行了分析；恩格斯系统地研究了自然科学的方法论问题，写出了《自然辩证法》这一著名论著，并将这些观点运用于社会研究。在方法论上，马克思和恩格斯创立了唯物史观和唯物辩证法，为科学地研究社会奠定了基础。

19 世纪和 20 世纪初期是社会调查飞速发展的时期，社会调查在各个国家、各个领域都得到了广泛的开展。其中较著名的调查有法国黎普莱的家庭调查、杜卡特列的妓女调查、英国辛克莱的乡村调查、霍华德的监狱调查、夏特沃斯的纺织工人调查、德国恩格尔的家计调查及美国 20 世纪初期的匹兹堡（钢铁中心）调查和春田调查等。

上述社会调查的主要目的在于解决当时社会中的尖锐问题，如贫困、犯罪、工人生活等，但这些调查一般都缺乏理论指导，因此调查结果很难上升到理论高度。这些调查对于了解社会现实、认识社会现象、解决社会问题起到了相当大的作用，如果没有这些调查提供的丰富经验和翔实的资料做基础，后期的理论研究和社会改革便很难深入地进行。

1.3.2 现代社会调查（20世纪）

20世纪以来，经验社会调查开始与理论研究和政策研究密切结合，法国社会学家杜尔克姆的《自杀论》（1897年）标志着社会研究进入实证阶段。杜尔克姆创立了社会调查研究的实证程序，即研究假设—经验检验—理论结论。他还为如何利用统计分析构建社会理论提供了范例。

早期的研究性调查是从美国社会学的芝加哥学派开始的。在布恩的影响下，这一学派于20世纪20年代前后对美国的移民问题和城市的贫民、种族、社区规划等问题进行了大量的调查，如托马斯、兹纳涅茨基的《欧洲和美国的波兰农民》（1920年）和帕克等人的城市生态学研究。前者被誉为个案研究的范例，后者开创了都市病态研究的领域。人类学家林德夫妇也将人类学的社区研究方法运用于现代城镇的研究，他们在《中镇》（1929 年）一书中刻画了美国中部城镇的市民生活。

20世纪二三十年代，因为经济、政治需要，舆论调查和市场调查大行于世，一些国家相继建立专门的民意调查机构，其中以美国1935年创办的“盖洛普民意测验所”最为有名。民意调查在很大程度上得益于费希尔1928年创立的抽样理论，此后，抽样调查逐渐在社会调查中占据重要地位。1948年，美国社会学家斯托福等人在《美国士兵》一书中创立了目前仍在广泛应用的统计调查模式。在以拉扎斯菲尔德为首的哥伦比亚学派的努力下，社会调查的多变量分析方法也得以成熟。

可以说，20 世纪 40—70 年代是社会调查的数量化方法发展最为迅速的时期。这些方法和技术来源于多个学科，如社会学、统计学、人类学、心理学、经济学、政治学、人口学等。现代调查方法与技术的进展表现为：抽样调查的广泛应用，问卷法和访问法的精密化，态度测量方法的精密化，社会计量法即人际关系测量法的精密化，多变量统计分析和统计检验的普及，实验法和心理测验方法的引入，内容分析方法的发展，结构式观察法的发展，计算机及其他现代技术的广泛应用，研究程序的标准化，综合以上调查方法和技术的情况增加。

随着经验资料的积累和对社会现象认识的深入，当代的社会调查已不仅是提供经验材料和统计数据，而是更多地、更直接地担负起理论研究的政策研究功能。要有效地发挥这些功能，还需要调查研究方法的进一步发展和完善。

1.3.3 中国社会调查简史

我国早在几千年前就开始进行人口调查了，中国历代王朝都有一些专门机构（如户部）负责掌握户口人丁数、田亩数等，但对其他社会状况则缺乏系统的调查记录，只能从大量的史籍、游记和文学作品中窥见一斑。

在我国，较系统的社会调查是在20世纪初开始发展起来的，早期的社会调查大多在外籍学者和传教士的指导下进行，如最早记载的北平社会实进会所做的“北平305名洋车夫生活状况调查”（1914—1915 年）就是由美国传教士伯吉斯主持的。中国人最早主持的社会调查是清华大学教授陈达带领学生对北平海淀居民和清华校工所做的生活状况调查（1923年）。

20 世纪二三十年代是我国学术界社会调查发展最快的时期。这是由于当时的中国处于贫穷、落后的地位，在帝国主义和官僚买办阶级的压迫下，中国的工业化发展十分缓慢，科学家和社会革命者都在寻找救国之路，他们从了解中国国情入手，进行了大量的社会调查。社会科学工作者的社会调查涉及各个领域，其中较著名的调查论著有社会学家陈达的《社会调查的尝试》(1926 年)、李景汉的《北京无产阶级的生活》(1929 年)、陶孟和的《北平生活费用之分析》(1930 年)、严景耀的《中国犯罪问题与社会变迁的关系》(1934 年)、吴文藻的《中国社区研究计划的商榷》(1936 年)、经济学家陈翰笙的《中国的地主和农民》(1936 年)等。此外，在民族学和社会人类学领域的著名调查有王同惠、费孝通的《花篮瑶社会组织的调查》(1934 年)、吴泽霖的《铲山黑苗生活调查》、费孝通的《江村经济》(1938 年)等。

中国共产党人在其革命实践的过程中，对中国社会调查事业的发展作出了重要贡献。毛泽东在 20 世纪二三十年代为解决中国革命理论和策略问题，对中国社会特别是对当时的阶级状况和农村土地问题进行了一系列的社会调查，如《湖南农民运动考察报告》(1927 年)、《寻乌调查》(1930 年)、兴国调查(1930 年)、《才溪乡调查》(1933 年)等。在毛泽东的倡导下，党中央于 1941 年做出了《关于调查研究的决定》，动员全党广泛开展调查研究。此后，在张闻天等党政领导人的亲自带领下，共产党人对陕北地区进行了大规模的调查，写了《绥德、米脂土地问题初步研究》、《米脂县杨家沟调查》、《临固调查》、《保德调查》等一大批调查报告，它们对于制定中国土地革命的政策和策略具有重要影响和作用。

毛泽东在长期的调查实践中总结出"深入实地"、"召开座谈会"、"典型调查"、"解剖麻雀"等工作方法和调查方法，以及他所提倡的"实事求是"、"走群众路线"、"没有调查就没有发言权"等观点，这些在思想上、方法上为全党的调查研究工作提供了指导，并极大地推动了社会调查的普及。

抗日战争期间，学术界的调查研究受到很大影响，但是社会科学工作者在西南地区仍然进行了一些调查研究，如陈达第一次用科学方法在云南几个县进行了人口普查；费孝通、张之毅对西南农村做了深入调查，并将调查报告合编为《乡土中国》一书；史国衡通过对工业企业和工人状况的调查，写成了《昆厂劳工》(1934 年)一书。抗日战争胜利后到新中国成立前夕，由于战乱和国民党的反动统治，学术界的社会调查没有恢复到抗日战争以前的水平。

新中国成立以后，我国社会调查事业的一个重要进展是建立了全国性的行政统计机构，从而改变了以往在基本国情调查上的落后状况。仅以人口为例，我国过去从未进行过全国性的人口调查，国民党政府于 1928 年进行的"全国人口调查"也只是调查了 13 个省，因此直到 20 世纪 50 年代以前，谁也无法讲清中国的人口究竟有多少。而新中国成立后，我国已成功进行了 5 次全国人口普查(1953 年、1964 年、1982 年、1990 年、2000 年)，此外，行政统计机构的建立还为国家的行政管理和经济建设提供了详细、全面的数据资料。

20 世纪 50—70 年代，我国各个领域、各条战线上的政策性调查研究得到了广泛开展。一般来说，我国任何政策的制定、任何部门做出的任何决策都是以调查研究提供的材料为基础的。例如，1955 年的农业合作化期间，在全国农村进行了大规模调查，毛泽东同志还为此次调查的汇编《中国农村的社会主义高潮》撰写了 100 多篇按语；1956 年为制定工业发展计划、1958 年为制定"总路线"、"大跃进"和"人民公社"的方针政策、1961 年为纠正"左"倾冒进错误都进行过全国范围的调查研究。这些调查研究既提供了成功的经验，也提供了失败的教训。它们说明，在调查研究中，如果不坚持"实事求是"的态度，调查的结论就会脱离实际，制定的政策就会违反客观规律。

十一届三中全会以后，政策性调查研究的科学性和客观性有了很大提高，学术性调查研究也开始恢复和发展。随着社会经济体制改革的深入和中国社会的急剧变迁，社会调查研究越来越被人们所重视。在各级政府和实际工作部门的主持或协助下，科学社会调查研究工作在全国各地广泛开展了起来。此外，民意调查和市场调查也开始发展，社会问题调查则更为广泛，如对城市问题、农村问题、青少年问题、老年人问题、独生子女问题、犯罪问题、农村发展问题、物价问题、企业管理问题和职工积极性问题等，都做了大量调查研究。

1.3.4 社会调查的发展趋势

进入 21 世纪，社会调查出现了一些新的发展趋势，具体体现在以下几个方面。

1. 广泛化趋势

（1）调查主体日益广泛。由于经济、政治、文化、社会情况急剧变化，及时掌握瞬息万变的社会信息已成为做好各类工作的必要条件，因而社会调查的主体已扩大到党政群团、工农商学等各种行业、各种单位、各种实际工作者和理论工作者。

（2）调查内容日益多样。社会的每个领域——政治、经济、文化、社会等，以及人们生活的每个方面——生老病死、衣食住行等，都已成为社会调查的重要内容。

（3）调查范围日益扩大。社会调查，特别是抽样调查，往往在整个地区（县、市、省）、整个部门的范围内进行，有时还做跨地区、跨部门的调查。至于人口、单位、工业、农业、第三产业等基本国情普查，常常也要在全国乃至国际范围内进行。

2. 科学化趋势

科学化趋势的主要表现是社会调查方法日益程序化、规范化、数量化和精确化。在这一方面，社会学家作出了比较突出的贡献。此外，现代社会调查还从其他学科移植、吸收了一些科学方法或技术，如从统计学中吸收了统计方法，从心理学中吸收了社会心理测量法，从民族学中吸收了参与观察法，从新闻学中吸收了访谈法，从数学、计算机科学中吸收了数据处理方法和技术等。所有这些方法和技术都使现代社会调查方法变得越来越丰富、越来越科学。

3. 现代化趋势

随着科学技术的发展，照相机、录音机、绘图仪、电话、手机、计算器、摄放机、GPS 等现代工具在社会调查中普遍应用，社会调查基本上不再采用手工方式进行，其效率和质量大大提高；整个社会调查的工作程序、组织方式、标准化和规范化程度，以及抽样方法、问卷设计、调查方式、统计分析等都发生了深刻变化；社会调查的应用范围和科学性、精确度等都达到了一个前所未有的新高度。

4．专业化趋势

社会调查专业化是社会调查广泛化、科学化和现代化的客观要求和必然结果。它主要表现在两个方面：一是各调查主体单位的调查机构和人员日益专业化。例如，各级党政群团组织的调研处（科），各高等院校的调查研究中心（所），各科研机构的情报所（室），各新闻出版单位的群众工作部和新闻信息中心，各大型厂矿和商贸机构的商业调查部或市场调查室等。二是独立的营业性调研机构不断涌现并日益壮大。例如，在美国，除盖洛普的美国民意测验所外，还有兰德、斯坦福、哈里斯、赛林格等若干全国性调研公司，美国民意测验所则成为在二十多个国家设有分支机构的著名跨国公司。我国也有北京零点调查公司、海信市场研究公司等一大批调查机构。

复习思考题

一、填空题

1．社会调查的目的是__________、__________、__________、__________。

2．社会调查的对象是__________。

3．在研究性质上，社会研究可以划分为__________和__________。

4．社会研究具有四种具体的研究方式，它们是__________、__________、__________和__________。

二、选择题

1．抽样调查属于（　　）的子类型。

A．调查研究　　B．实验研究　　C．实地研究　　D．文献研究

2．以下哪些是定量研究的特点（　　）。

A．局内人视角　　B．局外人视角　　C．客观的　　D．主观的

3．（　　）只运用定性分析方法，而不用定量分析方法。

A．调查研究　　B．实验研究　　C．实地研究　　D．文献研究

三、简答题

1．社会调查的特点是什么？

2．社会调查的作用有哪些？

四、讨论题

1．怎样正确理解社会调查的含义？

2．为什么在现代社会人们越来越重视社会调查？

第 2 章 社会调查的方法、类型、过程和伦理

引　言

本章讲述了如何按照不同标准对社会调查进行分类，社会调查的方法体系包括方法论、调查方式和具体的方法与技术三个层次，社会调查的过程分为明确定义调查问题、设计调查方案、收集资料、整理与分析资料和撰写调查报告五个步骤，以及实施社会调查应遵循的道德标准等知识，帮助学习者从总体上把握社会调查的全貌。

本章学习目标

1. 掌握社会调查的分类标准。
2. 掌握社会调查的方法体系。
3. 了解社会调查的过程。
4. 掌握社会调查伦理的具体内容。

学习导航

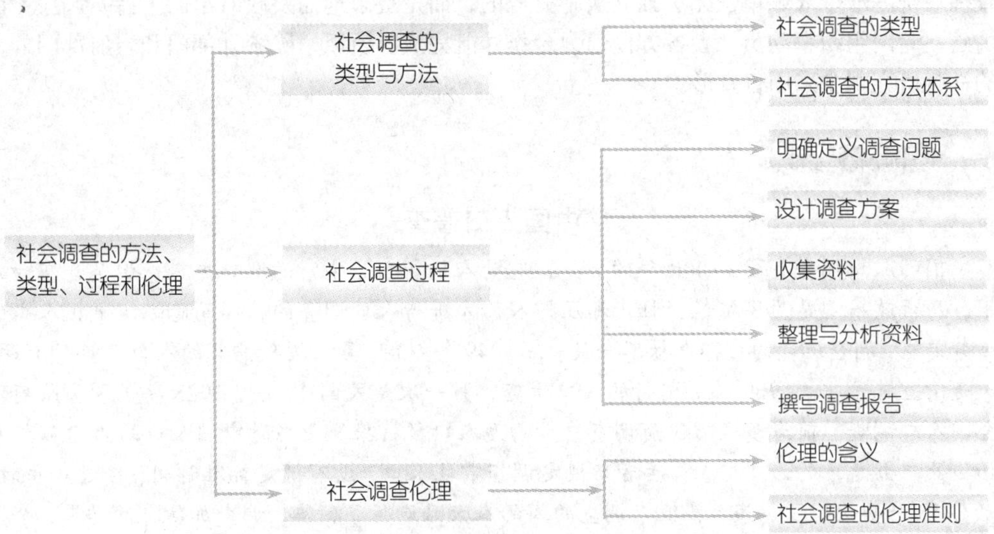

2.1　社会调查的类型与方法

2.1.1　社会调查的类型

确定社会调查类型是进行社会调查的首要任务。根据不同标准，可以把社会调查划分为多种类型。下面介绍最主要的四种分类。

1．以调查对象的范围为标准进行分类

根据社会调查对象的范围，可以把社会调查划分为全面调查和非全面调查。全面调查即普遍调查（普查），是对调查总体的全部单位进行的调查；非全面调查是对调查总体中一部分单位进行的调查，它又分为抽样调查、典型调查和个案调查等。在社会调查的各种分类中，按调查对象范围划分的调查是最基本的调查分类。

（1）普查。普查是对所要调查的总体中的每个个体进行逐个的调查。一般来说，普查往往是对较大范围的地区或部门进行的调查，如在全国、全省、全市、全行业、全系统等进行调查，其规模很大，属于宏观的社会调查。普查能够对社会的整体状况做出全面而准确的描述，为了解整个国家或地区的基本情况及大规模总体的概况提供最基本的资料。普查往往能够得出具有较高概括性和普遍性的结论，为国家及各级部门制定政策、计划提供可靠的依据。此外，普查的成果也为各种社会科学研究工作提供重要的参考资料。

但是，调查对象多、分布范围广等特点也导致普查的工作量较大，需要的人力、物力和资金较多。普查的高代价使其不能频繁开展，只能按一定周期、间隔较长时间进行。普查的范围广、涉及人员多、工作量大等特点也限制了普查的内容，因而普查的项目较少，缺乏深度，只是调查一些最基本、最一般的情况，对调查对象的了解不如其他调查形式深入、细致。因此，普查往往是一般个人和单位无法独立实施完成的，而是更多地需要政府出面主持，调拨专门经费、建立专门组织、动员社会各方面通力合作才能完成。所以，除统计部门和政府部门外，一般的社会研究很少采用普查形式。

相关链接 1

中国人口普查

中国的人口调查有近 4 000 年的历史，它为人们留下了丰富的人口史料。但是，在封建制度下，历代政府都是为了征税、抽丁和压榨人民才进行人口调查的，因而隐瞒、匿报人口的现象十分严重，调查统计的口径也很不一致。在 1949 年以前，具有近代意义的人口普查只有两次：一次是清宣统元年（1909 年）进行的人口清查，另一次是民国 17 年（1928 年）国民政府试行的全国人口调查。前者多数省仅有调查户数而无人口数，推算出当时中国人口约为 3.7 亿人，包括边民户数总计约为 4 亿人。后者只规定调查常住人口，没有规定标准时间；经过 3 年时间，也只对 13 个省进行了调查，其他未调查的省的人数只进行了估算；调查加估算的结果，全国人口约为 4.75 亿人。

中华人民共和国建立后，先后于 1953 年、1964 年、1982 年、1990 年、2000 年和 2010 年进行过六次人口普查。前三次人口普查是不定期进行的。根据《中华人民共和国统计法实施细则》和国务院的决定，人口普查自 1990 年开始改为定期进行，即每 10 年一次，在年号末位逢“0”年份举行。两次普查之间，进行一次简易人口普查。

六次人口普查都是由国务院发布命令，制定调查方案，经过必要的准备，统一组织进行的。国务院和各级政府都成立了人口普查领导机构和普查办公室。

经过严格培训的普查人员按照统一的项目和调查表式，在全国人口调查登记计算的标准时间，在全国范围内，逐户逐人通过直接询问进行调查登记。普查的数据按照统一的方法进行汇总和编印，具备了现代科学人口普查的基本特征。普查的质量都是很高的。1953 年的普查，根据抽查，重复人口占 1.39‰，遗漏人口占 2.55‰。1964 年的普查，重复人口占 0.38‰，遗漏人口占 0.39‰。1982 年的普查，重报人口占 0.71‰，漏报人口占 0.56‰。1990 年的普查，人口数重登率为 0.1‰，漏登率为 0.7‰，重漏相抵，人口数净差率为 0.6‰。而 2010 年的人口普查，人口漏登率为 0.12%。

（2）抽样调查。抽样调查是从所要调查的总体中，按一定方式抽取一部分个体作为样本，通过对样本进行调查的结果来推论总体状况的一种调查。

抽样调查可以节省时间、人力和经费，可以迅速获得数据，可以收集到内容丰富的资料，其准确性高，应用范围广泛。但由于抽样调查是由部分来推论总体的，而部分与总体之间总会存在差别，所以抽样的结果只能近似总体而不能等于总体。抽样调查存在抽样误差。同时，在资料处理和分析上，抽样调查需要运用大量的数理统计知识和复杂的技术，工作量较大，对工作人员的要求也较高。这种调查方法会在第4章做详细的介绍。

相关链接2

现代家庭，谁当家

随着社会的发展，城市家庭对“当家人”的要求越来越高。要当好家的确不是一件容易的事，“当家人”既要负责家庭的财政管理，又要控制家庭的日常支出。从某种程度上，“当家人”的储蓄理念及消费习惯决定了家庭的经济管理模式。那么，城市家庭的“当家人”是谁呢？他们的家庭经济管理呈现何种特征呢？

零点研究咨询集团在《中国城市女性及家庭消费行为研究》报告中专门对这些问题进行了研究。该项研究是对北京、上海、广州、哈尔滨、成都、西安、绍兴、新乡、曲靖九城市的547名18～60岁的普通女性居民进行的入户调查。研究结果表明，不同城市的家庭消费观念各异，五成家庭有制定月度支出总额度计划的习惯；家庭收入中占主导地位的为男性，然而家庭的消费支出主要由女性负责。值得注意的是，高达九成的40岁女性掌管着家庭日常支出的话语权。

（3）典型调查。典型，就是同类事物中具有代表性的事物。典型调查是指根据调查研究的目的和要求，在对所要研究的对象进行初步分析的基础上，有意识、有目的地选择有代表性的单位作为调查对象，通过对典型单位进行周密细致的调查，达到了解研究总体目的的一种调查方法。其目的是通过深入地“解剖麻雀”，以少量典型来概括或反映全局。

典型调查选择最有代表性的典型单位，进行面对面的直接调查，侧重对事物质的方面做深入研究，可以反映调查对象的内在本质及其发展变化的规律。其方式简便灵活，大大节省了人力和资金，缩短了调查时间。典型调查大多只适用于范围较小、同质性较强的研究总体，不太适用于较大范围的总体。典型调查是指由个别的典型推论一般的总体，如果典型选择得不正确，则往往不能保证推论的准确性，得出的结论也不一定能适用于总体或全局，导致调查结论的适用范围难以确定。典型调查收集的资料只能用于定性分析，难于进行科学的定量分析。

相关链接3

北京暴力拆迁典型案例调查

记者在调查过程中发现，若拆迁协议谈不拢，一些拆迁方连房地局裁决、法院强制执行判决都没有，就先行强制拆除被拆迁户的房子，致使被拆迁户流落街头，时间之长可达两三年。

家住东城区北池子大街的一位男性居民与其他两个兄弟共同拥有房屋67.3平方米，房屋为三个兄弟平分。1995年，三个兄弟已经在法院签订了房屋分享协议书，兄弟三人每人22.4平方米，而且约定“如遇拆迁，任何一方不得侵害对方房屋财产权”。

但在1999年2月20日该地公告拆迁，3月24日晚上，在没有任何协议、房地局裁决和法院强制执行书的情况下，拆迁方将他的房子强拆了。他找到拆迁办讨说法，拆迁办方面的答复是：被拆迁人虽然有该房的产权证，但没有在此房居住，户口也不在本地拆迁现场，因此把22.4平方米的房子平均成11.2平方米分别补给了他的两个哥哥。

他不服气，向区房地局申请裁决，裁决结果与拆迁办的说法一样，只是多给了他房屋建筑材料折旧款8 440元。他再向法院提起行政诉讼，法院维持区房地局的裁决。

据了解，这是拆迁方惯用的手段：使地上标的物消失，被拆迁户就是想申诉、想讨说法，都没有了最现实的证据。最后，拆迁方将被拆迁户晾在一边，补偿金不管多少，被拆迁户要是这么多，不要也是这么多，而且被拆迁户不跟在拆迁方屁股后面讨个一到三年，就这点儿补偿金你还拿不到手。

（4）个案调查。个案调查是选取某一社会单位，如个人、家庭、组织、社区等作为调查对象，通过对其进行深入、细致的调查，收集与其有关的一切资料，并详细描述和分析其产生与发展的全过程的一种调查方式。

个案调查与典型调查存在明显区别。一是调查对象的特点不同。个案调查的调查对象都是特定的、不可代替的，不存在选择问题；典型调查需要选择有代表性的单位作为调查对象。二是调查的主要目的不同。个案调查的主要目的是就事论事、解决特定具体问题，一般不存在推论总体、探索规律性等问题；典型调查需要以少量典型概括或反映全局。

个案调查具有调查深入细致、调查对象确定、调查内容具体独特、调查结果真实可靠、调查方法灵活多样等特点。但是，由于个案调查是对个别的、具体的个案单位进行的调查，其调查结果缺乏普遍性。

相关链接4

我失去的只是锁链

姓　　名：毛毛（为保护隐私，这里隐去真名）

年　　龄：46岁

文化程度：大学

职　　业：高级编辑

调查内容：婚姻暴力

婚后，毛毛不能忍受丈夫的殴打与谩骂，先后两次提出离婚。经过两年的努力，她终于摆脱了前夫对她身体上和精神上的折磨。在以下的叙述中，既有她对自己受暴经历的描述，又有一个知识女性对婚姻的理解，对丈夫施暴原因的分析，以及对家庭暴力的认识和感受。

我们俩是大学同学，但我们的生活态度、生活志趣、世界观都不一样，两个人之间很难协调。毕业以后，我这个人事业心很强，而他比较懒散。这样就造就双方心理都不平衡。日积月累，双方的反差就开始大起来……

他打我的另一个原因和他脾气不好有关系。他的脾气很恶劣。他在常人还不至于发脾气时就爆发，而且是喷射出来。他了解我，专拣我最容易受伤的地方刺痛我，这是我最受不了的。他控制自己情绪的能力很差，但是他伤害别人的能力很强……

家庭暴力是女性弱势造成的。一个女人不可能比一个男人劲儿大，这是不可能克服的。我觉得女性自爱最重要。对孩子付出一片真诚，他也会理解你、尊敬你。我很反对为了孩子什么都不要，甚至连尊严都不顾了。

相关链接5

婚姻暴力的城市社区干预个案研究

作者在对北京市丰台区右安门街道社区婚姻暴力干预的研究中发现，政府机构是主要的婚姻暴力干预主体，其中妇联和居委会的作用尤其显著；调解是处理婚姻暴力事件的主要方式；心理治疗、心理辅导对预防和制止婚姻暴力的发生非常有效，但居民的接受程度普遍较低。因此，作者认为，社区干预婚姻暴力必须充分利用社区已有的资源，以预防、调解为主，最大限度地减少婚姻暴力的发生。具体措施包括建立以政府为主导、社会各种力量共同参与的反婚姻暴力支持网络；提升公共意识，营造反对婚姻暴力的社区文化；提升社区工作者的专业素养和工作技巧，加强对居民的心理辅导和心理咨询等。

2. 以调查研究的性质为标准进行分类

（1）应用性调查研究。应用性调查研究是发现和解决现实社会中存在的具体问题的调查研究。这类调查研究比较集中地关注那些社会生活和社会发展中不断出现的新现象和新问题，侧重于从总体上描述社会现象和社会问题的状况与特征，并运用社会理论对这些现象和问题进行科学的说明和解释，从而有针对性地提出解决问题的方案及特定的政策性建议。应用性调查研究的课题涉及现实社会的各个领域，如社会管理、社会保障、社会福利、劳动就业、社会分配、社会控制、社会治安、城市建设、区域发展、文化教育、公共卫生、人口问题、环境问题、青少年问题、老龄化问题等。

相关链接6

城市“蚁族”幸福感影响因素调查

城市“蚁族”是对高校毕业生低收入聚居群体的典型概括。为了更好地了解影响城市“蚁族”幸福感的因素，姚明、曲泽静两位学者对江苏省南京市鼓楼区、玄武区、白下区的求职公寓等城市“蚁族”集中的地区进行实地调查。调查共发放调查问卷400份，回收有效问卷339份，有效问卷率达84.7%，受试者年龄为21～29岁，全部为大专以上学历。

调查发现，城市“蚁族”幸福感普遍不高，且随着学历的提高呈现递减趋势。影响城市“蚁族”幸福感的因素排在前三位的依次是：物质生活水平、精神生活质量和社会保障水平。调查建议通过提高收入、完善社会保障制度、建立心理与情感宣泄化解机制等方法提高他们的幸福感。

（2）理论性调查研究。理论性调查研究是旨在发现社会运行的内在规律，发展和丰富社会科学理论的调查研究。这类调查研究具有明显的理论倾向，往往侧重于通过对现实社会的观察、概括和抽象来理解和解释社会现象之间的内在联系及因果关系，从而解答社会科学领域中的各种理论问题，建立或检验新的社会科学理论学说或假说。

理论性调查研究的领域也十分广泛。例如，社会学的专门研究中包括社会文化、社会行为、社会群体、社会组织、社会结构、社会分层、社会流动、社区、社会制度、社会控制、社会变迁、社会现代化等方面的研究。与应用性社会调查研究不同，理论性调查研究往往要经过较长时间的探索和钻研，其研究成果也不能迅速、直接地应用于现实社会实践，但理论性调查研究常常会对社会未来或全局的发展产生影响。

相关链接 7

城市移民的政治参与：一个社会网络的分析视角

1978年之后，大量农村劳动力人口进入城市中的工作领域，中国出现了人类历史上最大规模的劳动力流动。目前，中国有超过一半的农民工离开“生于斯，长于斯”的农村地区，进入城市社区生活甚至定居。同时，第二代移民也开始进入城市的劳动力市场，与父辈相比，他们更疏远籍贯意义上的农村，而更渴望进入城市社会，因此，移民群体在城市中的社会融合成为一个非常紧迫的研究议题。按照Gordon（1964）进行的划分，社会融合过程包括7个方面：文化适应、结构融合、婚姻同化、认同性融合、态度接受、行为接受和民主性融合，民主性融合是社会融合的一个重要维度。孙秀林通过“上海市社会网络与职业经历问卷调查”，对于城市移民群体的政治参与进行了初步探索。研究采用社会网络的分析视角，运用社会活动参与网络、讨论网、拜年网三种不同的测量方式，探讨社会网络是否能够有效地提高城市居民的政治参与，尤其是对城市移民群体而言，更广泛的社会网络，是否有助于促进其政治参与？

最后的实证结果显示，拜年网的规模对于城市居民的政治参与是一个负向的效果；讨论网的规模只对移民群体具有正向的促进作用；而“社会参与网”则表现出了正向的显著作用，城市居民参与社会活动如“同乡、校友、战友聚会”、“居委/物业组织的会议/活动”、“宗教聚会”、“兴趣群体的聚会”、“志愿者活动”的频率越高，其“参加投票选举区人大代表”的概率就越高，而且，城市移民参加上述社会活动的效果要显著高于本地户籍市民。

3. 以调查方式为标准进行分类

根据社会调查的方式，可以把社会调查划分为直接调查和间接调查。直接调查是调查者与被调查者直接接触的调查，如实地调查、口头访问、实验调查等。间接调查是调查者通过某种中介向被调查者间接进行的调查，如通信调查、电话调查、问卷调查、文献调查等。

4. 以调查时间为标准进行分类

按照社会调查的时间，可以把社会调查划分为一次性调查、经常性调查和追踪调查。一次性调查是指只进行一次的调查。例如，为解决某种具体问题进行调查，这个问题解决了，就不再进行调查了。经常性调查包括周期性调查、阶段性调查和不定期调查。周期性调查是指以月、季、年或若干年为周期进行的调查，如我国的人口普查就是以十年为一个周期进行的周期性调查；阶段性调查是指以事物发展阶段为依据的调查，如根据蔬菜销售淡旺季进行的市场调查、根据青少年不同年龄阶段进行的教育调查等；不定期调查是指根据工作需要进行的无固定期限的调查，如根据物价管理需要不定期进行的物价调查、根据社会治安情况不定期进行的犯罪调查等。追踪调查是指在不同时间对同一类型调查对象进行的调查。追踪调查可分为周期性追踪调查和不定期追踪调查。一次性调查属于静态调查，经常性调查和追踪调查则属于动态调查。

练习 3

了解社会调查类型

到图书馆或上网，每位同学查找三份不同类型的调查报告，然后将全班同学的调查报告按照不同标准进行汇总、分类。学会识别不同类型的调查，分析不同类型调查的优缺点。

2.1.2　社会调查的方法体系

社会调查是社会研究的一个重要组成部分。因此，社会调查也同样遵循社会研究所遵循的方法体系。社会研究方法体系可分为三个层次：最高层次的方法论、中间层次的研究方式或研究法、低层次的具体方法与技术。按照社会研究的方法体系，社会调查的方法体系也分为方法论、调查方式、具体方法与技术三个层次（见图 2.1）。

- 社会调查的方法体系
  - 方法论
    - 哲学与科学方法论
    - 学科方法论
  - 调查方式
    - 以调查对象范围为标准
      - 普查
      - 抽样调查
      - 个案调查
      - 典型调查
    - 以调查研究的性质为标准
      - 应用性调查研究
      - 理论性调查研究
    - 以调查方式为标准
      - 直接调查
      - 间接调查
    - 以调查时间为标准
      - 一次性调查
      - 经常性调查
      - 追踪调查
  - 具体方法与技术
    - 资料收集方法
      - 问卷法
      - 访问法
      - 观察法
      - 量表与测验法
    - 资料分析方法
      - 统计分析方法
      - 理论分析方法
    - 其他技术手段
      - 问卷设计技术
      - 图表制作技术
      - 计算机技术

图 2.1　社会调查的方法体系

社会调查方法体系的三个层次是有机地联系在一起的，它们在调查中缺一不可。没有方法论的指导，调查结果就只能停留在日常观察的水平上；不掌握正确的调查方式，就无法系统地、有步骤地、有条理地进行调查；不会使用具体的方法与技术，就无法收集到所需要的资料或无法对调查资料进行整理和分析。

1. 方法论

“方法”和“方法论”是两个意义不同的概念。提到社会调查，人们往往马上想到的是选择什么样的人进行调查？用问卷调查，还是用电话访问？这是人们在考虑调查所使用的“方法”。其实，作为社会调查的基础，调查方法论是在调查背后支撑着这个调查的那些社会研究方法的理论（如研究方式或范式）和调查内容所归属的学科理论。这些理论构成了社会调查的方法论。

方法论主要探讨调查的基本假设、逻辑、原则、规则、程序等问题，它是指导调查的一般思想方法或哲学，是人们的思想方法和一般的科学方法在社会调查中的体现和应用。它提供了调查研究的指导思想，主要回答社会调查中的这些问题：调查（包括调查指标设计、调查方式方法、数据统计分析等）的理论依据是什么？调查结果是否能够真实、科学地反映客观事实？

任何调查都要以一定的理论和方法论为指导，所以，人们在进行调查之前一定要认真研读调查所需要的相关社会研究理论和相关学科理论，使自己的调查建立在理论基础之上。在调查报告的第一部分详尽地阐述调查所依据的理论，一个内行的读者往往首先看的就是这个部分，因为只有这个部分是全面、严密、科学的，后面的调查才是可信的，否则这个调查就是“无本之木”，毫无意义。下面相关链接中的“青少年基于网际互动的影响因素分析”和“大众传媒与儿童发展”分别是以社会研究方法理论和以调查内容所归属的学科理论为调查基础的例子。

相关链接 8

青少年基于网际互动的影响因素分析（分析方法的使用）

由于所研究的因变量（青少年是否使用OICQ网际互动）是一个二分变量（使用、不使用），古典的多元回归分析模型不适用，本文选择了适合于因变量为二分变量的罗吉斯蒂回归模型（Logistic Regression），来估计所选自变量的每一类取值相对于参照组的相对风险比。这种分析可以找出各自变量与因变量的相关性及其作用的大小和方向。现以青少年与父亲的关系、与母亲的关系、现实生活中好朋友的数目、所在城市类型、年级、性别、所在学校是否是重点、父亲文化程度、母亲文化程度、是否独生子女、是否有电脑、个人网龄、父母对于其上网的态度13个变量为自变量（考虑到年龄与年级、是否独生子女与家庭规模、父母文化程度与职业这三对变量之间有着很高的相关性，为了避免多重共线性问题，这里只选择了其中三个：年级、是否独生子女、父母文化程度），采用Forward Wald方法逐步选择变量进入回归方程，使各自变量依统计显著性大小依次进入模型。这样可以避免在变量选择上受主观因素的干扰，也可避免强行引入法大量的统计累赘。模型中使用 OICQ 网际互动的为 1，不使用 OICQ 网际互动的为 0。模型中 13 个自变量都为虚拟变量，定类变量的虚拟化用 Indicator 方法，即 1 表示发生，0 表示不发生。参照组为第一组。包含 N（$N>2$）个类别的原始变量在运行时均自动转换为一组 $N-1$ 个虚拟变量，未被转换的一个类别作为参照类。经过五步迭代回归，13 个自变量共有 5 个进入了回归方程，给出了利用带有虚拟变量的罗吉斯蒂回归模型进行逐步分析的结果，从中可以看出各类自变量对于因变量的解释力。

相关链接 9

大众传媒与儿童发展（儿童道德发展调查内容的确定）

对于道德，学术界有不同的定义……“一切的道德都是一个包括有许多规则的系统，而一切道德的实质就在于个人学会去遵守这些规则。”（皮亚杰，1932）依据皮亚杰的定义，在本次调查中主要探讨目前社会为儿童提供的道德内容和规范，以及儿童的学习和遵守状况。

根据我国国家教委于 1993 年公布的儿童道德纲要，并参考以往的学者对道德内容和规范的研究结果……我们认为，儿童所学习的道德准则和内容应该涵盖儿童个人生活和社会生活的主要方面，它分为两大类：一是个人道德。个人道德主要指儿童为发展自己，要求自身学习和遵守的社会道德规范。它包括物质生活和精神生活两个方面。物质生活方面主要指饮食有益于身体健康；穿着朴素、整洁；崇尚体育运动；学习勤奋、独立完成作业；热爱劳动；节俭。精神生活方面主要指对知识、信息有较强烈的认知需要；热爱艺术。二是社会道德。社会道德主要指儿童在协调与他人、集体或社会的关系时所应遵守的道德准则和品质及行为规范。它包括正直、平等、独立、乐于助人、关心集体、热爱祖国。我们将从这些方面展开调查……

2．调查方式

调查方式表明贯穿于调查研究全过程的程序、步骤与操作方式，它说明调查者是通过何种具体途径得出调查结论的。调查方式可以按照不同的标准划分为不同的类型，每种类型在具体操作上都具有与其他类型不同的优点，也都有自己的局限性。这部分内容已经在“2.1.1”节中介绍得很清楚，这里不再赘述。

3．具体方法与技术

具体方法是在调查的某一阶段中使用的方法、技术、工具等，它包括资料收集方法、资料分析方法和其他技术手段三个方面的内容。在本书后面的章节中，将详细介绍资料收集方法中的问卷法、访问法、观察法、量表与测验法，资料分析方法中的统计分析方法，以及资料整理、图表制作和计算机技术等其他技术手段。每种具体方法与技术都有其各自的适用范围和优缺点，在具体进行调查时，一定要根据调查项目本身的特点，在全面考虑的基础上有选择地使用。

练习 4

你的日常研究技能

你的调查可以利用的一个关键资源就是你自己。在日常生活中，你已经拥有了很多生活技能。在教育体系中，这些技能都被认为核心的、关键的、通用的、可以转移的技能。它们也是重要的研究技能，学者和其他研究者一直在使用。这些技能其实都能够用于你将要开始的调查。它们是读、听、看、选择、提问、总结、组织、写作、表述、反思。

考虑一下，你最擅长什么的技能及你喜欢用什么技能。这些技能适合你开展调查吗？

你可以问问自己，你喜欢跟人交谈吗？你喜欢观察别人吗？你是喜欢坐在桌子前阅读文献，还是更喜欢处理储存在计算机里的数据？每种偏好都会提示你选择最适合的特定技能：访谈、观察或文献分析，这样你会发现，如果有可能让你使用自己最擅长或最得心应手的技能进行社会调查，那么这件工作就是最容易完成的。

练习 5

列出调查题目

现在，你已经对社会调查有了一个整体的、大概的了解。请试着列出五个你想要进行调查的题目，这些题目既可以是你关心的社会问题，也可以是你想要了解的周围的同学、朋友、同事身上的事。总之，无论事情是大是小，是远是近，只要你能想到，都可以将它们作为调查的题目。

1.　　2.　　3.　　4.　　5.

如果你实在不知道调查什么，试着从以下几个方面想一想：最近最令你困惑的事情，你和朋友们经常讨论的事情，你最感兴趣的事情，你最想了解的别人的想法，你读过或看过的资料，老师最近布置的作业或领导最近布置的工作，你突然冒出的一个想法，问问别人有什么最想知道的等。当然不止以上这些，这些只是在你想不出来题目时给你的一点启发。本书在第 3 章中详细讲述选择调查题目的方法。

练习 6

比较调查类型和方法

想一想，针对你列出的五个调查题目，你准备采用什么样的调查类型和什么样的调查方法进行调查？分析一下你所选用的调查类型的优势在哪里？缺点是什么？有没有其他方法可以选择？

如果你对“练习 6”中提出的问题都能做出清楚的回答，说明你对社会调查可能利用的调

查类型和方法已经有了一个总体的认识，你对开展社会调查的第一步已经很清楚，可以继续下面的学习了。如果你不能清楚地回答，那就请再看看前面的内容吧！

2.2　社会调查过程

不同的调查所针对的调查对象和采用的调查方法存在很大差异，因此关于社会调查的过程，不同的学者有不同的观点，如水延凯主编的《社会调查教程》一书认为社会调查包括准备、调查、研究和总结四个阶段。虽然专家们持有不同观点，但本书认为社会调查的基本步骤还是大致相同的。一个完整、科学的社会调查一般要经历明确定义调查问题、设计调查方案、收集资料、整理与分析资料、撰写调查报告五个步骤（见图 2.2）。

图 2.2　社会调查过程示意

2.2.1　明确定义调查问题

明确并定义需要解决的问题是所有社会调查的第一步，也是最重要的一步。问题的定义包括对整个问题的叙述及确定调查问题的具体组成部分，并将调查问题的各个组成部分进行精细的陈述，形成调查问答题（注意：每个组成部分可能要细分为多个调查问答题）。只有问题定义清楚了，才能进一步去设计和执行。如果对问题没有正确理解或定义有问题，那么所有的努力，包括花费的人力和物力，都没有用在真正需要解决的问题上，这将是很大的浪费。这一点往往是初学社会调查的人最容易忽视的。因此，在开始社会调查时，一定要牢牢记住，如果对调查问题没有明确地去定义，必将导致调查的失败。

在定义调查问题时，调查者应当考虑调查的目的、相关的背景资料、相关理论、所需的信息等，为此需要查阅相关文献、访问有关行业的专家，必要时还可以召开小组座谈会等。一旦问题得到了准确的定义，调查者就可以很好地设计和执行调查。

2.2.2　设计调查方案

明确定义了调查问题之后，调查者就要进行详细的调查方案设计。方案设计是进行调查的基础工作，一份设计方案就是调查项目的一个框架或蓝图，它应该包括开展调查的全部过程，应该规定具体的实施细节。一个好的设计方案应该能够保证调查项目有效并高效地进行。本书在第 3 章详细介绍方案设计的具体内容。

2.2.3　收集资料

收集资料就是根据调查方案要求，开始实施调查工作。收集资料是调查者与被调查者直接接触的唯一阶段，是获取第一手材料的关键阶段。这个阶段是调查受外部因素影响最大而管理者却无法完全控制调查工作进程的阶段。在这个阶段，调查员工作最分散、接触面最广、工作量最大，情况也最复杂，变化最迅速，实际问题也最多。因此，这个阶段的关键在于挑选、培训、监督和评价调查员，调查员良好的自身素质是调查实施能够成功的最重要保证。

挑选调查员时，应该挑选那些有高度责任心、不怕困难、坚忍不拔、对调查有兴趣、正派、诚实、有较高的文化素质、仪表大方、客观公正的人做调查员，并对他们进行调查目的、调查方法、问卷内容、现场处理、调查技巧等方面的培训。在调查过程中，要督促调查员按照要求正常地实施调查，控制伪造或欺骗的调查，保证调查员能够按照所培训的方法和技术进行调查。

2.2.4 整理与分析资料

整理资料是对调查的文字和数字资料进行全面复核，区分真假和精粗，然后对审核后的资料进行初步加工，使之条理化、系统化，并以集中、简明的方式反映调查对象的总体情况。

分析资料是运用统计学的原理和方法，与调查项目有关的各专门学科的科学理论和方法，以及形式逻辑、辩证逻辑思维方式，在对审查、整理后的资料进行统计分析，获得准确、系统的数据的基础上，揭示事物的本质及其发展规律，得出理论性结论，或者对实际工作提出进一步的对策性建议。

2.2.5 撰写调查报告

调查报告是调查研究成果的集中体现，是对调查工作质量及其成果最重要的总结。因此，一定要花费足够的时间和精力认真地写好调查报告。动笔之前，可以先做好以下准备工作。

1. 整理与本次调查有关的资料

这些资料包括过去已有的调研资料、相关部门的调查结果、统计部门的有关资料（包括统计年鉴）、本次调查的辅助性材料和背景材料等。

2. 整理分析统计数据

要认真研究数据的统计分析结果，可以先将结果整理成各种便于阅览与比较的表格或图形。在整理这些数据的过程中，自然就会对调查报告中应重点论述的问题逐步形成思路。

3. 对理论假设做出接受或拒绝的结论

并不是所有的调查研究都要事先建立假设。一般来说，应用性调查研究的目的是对现象的一般状态和主要特征进行描述和概括，它一般不需要建立明确的研究假设。只有在理论性的调查研究中才有比较明确的研究假设，因为这类研究的目的是要探寻现象间的因果关系，发现社会现象的一般规律。

4. 处理难于解释的数据

对难于解释的数据，要结合其他方面的知识进行研究，必要时可针对有关问题找专家咨询或进一步召开小范围的调查座谈会。

5．确定调查报告的类型和阅读对象

调查报告有多种类型，阅读的对象也多种多样，因此要根据具体的要求来决定报告的风格、内容和长度。

做好这些准备工作，就可以开始撰写调查报告了。本书将在第 12 章中详细介绍如何撰写调查报告。

练习 7

开展调查需要回答的关键问题

其实，社会调查的五个步骤需要调查者在调查过程中回答以下几个关键问题。

（1）我们为什么要做调查？这个问题确立了调查的目的。

（2）要做什么样的调查？这个问题需要我们确切地决定调查中所要询问的各种问题。

（3）如何设计方案以达到所要求的调查目标？这包括选择调查的类型和方法、手段、技术。

（4）怎样做进一步的研究？一旦收集好了数据，接下来的工作就是如何分析、如何解释、如何从结果中为进一步的行动或决策提出合理的建议。

（5）调查报告准备给谁看？这个问题需要你确定好撰写调查报告的角度。

试着回答一下这些问题。

2.3　社会调查伦理

2.3.1　伦理的含义

伦理又称做道德规范，通常是指人与人之间相互关系的道德准则，它是指导个体或团体行为的原则和价值观的总和。

任何个人或组织都不可能摆脱社会而独立存在。为了自身的生存和发展，社会组织或个人都必然要与其他组织或个人发生这样或那样的关系，它们之间也都有可能产生这样或那样的冲突。为了消除冲突、缓解矛盾、维护社会秩序的稳定，除了法律法规以外，还必须有某些道德准则来调整人们的行为，这些道德准则就构成了道德规范体系。道德规范体系一般由核心的道德价值取向，基本的道德原则，重要的道德规范，最本质、最普遍的道德范畴，以及由此产生的各个特殊领域的道德要求组成。

现阶段常讲的用于指导和影响人们道德行为的重要道德范畴主要有善恶、义务、良心、公正、诚信和勤奋等。

2.3.2 社会调查的伦理准则

练习 8

如何处理调查中的伦理问题

考虑一下你会怎样处理下列情况。

（1）你为某家报纸进行了一个关于某社区居民读书情况的调查。编辑对你的调查报告非常满意，但她认为如果在报纸上发表，你调查的 50 人好像说服力不够，建议你不修改调查报告，只是将调查人数改为 200 人，否则就不予发表，你会改吗?

（2）你和你的朋友小明都是某项调查的调查员。调查规定今天要完成 20 份入户调查问卷，不巧外面下起瓢泼大雨，你准备出门，小明说："这么大的雨，怎么去呀? 咱俩在家自己画完得了，反正没人知道。"这时你怎么办?

（3）你在网上找到了一篇对你的调查非常有用的文章，但此网站已经明确说明："严禁任何形式的引用!" 你仍会在你的调查中引用此文章吗?

（4）李桦和自己的老师一起完成了一项调查，这项调查从调查方案的设计到调查的实施，直到最后调查报告的撰写，李桦是主要完成者，老师在关键问题上给予指导和建议。现在，调查报告就要被某核心期刊刊载，作者是两个人，你认为谁应该排在第一?

（5）你找到了一篇对确定你的调查问题的范围很有帮助的文章，你会在自己的调查报告中使用这份材料的相关部分却不注明出处吗?

（6）假如你是一个 48 岁的调查员，正在针对 18～28 岁的青年人进行一项关于交友状况的电话访问。你访问的第一个对象认为你的年纪太大了，没有共同语言，因此拒绝访问。你是否还会再试一次? 为了调查成功，你假装自己也是一个年轻人，并且用年轻人的语气和声调，你觉得这样做有必要吗?

（7）你的调查对象是 8 岁以下的儿童，你怎么保证他们能够"知情且同意"。

（8）你得到了 2 000 元的调查经费资助，用于社区健身器材使用情况的调查，而资助人却是一家经销健身器材的公司。你会接受这项资助吗?

社会调查是社会研究的一部分，因此社会调查人员和社会研究人员一样必须遵循社会研究的道德准则，也就是社会研究伦理。

遵循伦理准则进行社会调查应该是所有社会调查者追求的目标。进行任何一项调查，调查者都应该在伦理问题上做出选择。每个社会调查者都应该认识到，所有调查项目都必须遵守社会调查的伦理准则；这些伦理准则贯穿社会调查的全过程，即从最初计划到资料收集，再到调查报告的撰写乃至传播；很多情况下，对于你必须面对的伦理问题，答案并不一定是简单的"对"或"错"。

目前，我国还没有一套完整的社会研究道德准则。通过研究国内外各种文献资料，人们将从事社会调查应遵循的伦理准则归纳如下。

1．保证调查的客观性和真实性

（1）调查者应遵守调查研究的科学标准，以客观、科学的态度进行调查，不能有任何个人的偏见和动机，不应当隐瞒事实真相。调查设计的问题具有诱导性；样本设计时有意抽取那些偏向调查者意愿的被调查者；调查人员只披露部分事实，断章取义，窜改调查结论；做引人误解的描述，以统计数字“撒谎”等，这些都是不道德的。

相关链接 10

《看看他们》：我们竭力走进真实

《看看他们》是一本通过对100个在北京的外来贫困家庭的深度访谈呈现这个群体的生活形态的书。以下及第7章中的“相关链接”是主要编著者周拥平博士接受《新京报》记者的访问谈话。

记者：一般来说，人在陈述个人经历时，不可避免地会夸大和隐瞒某些真相，访问员和研究者如何辨认这种陈述的真实性?

周拥平：你讲的是很普遍的现象，在社会调查中经常会遇到。我们要求访问员在提问过程中一定要避免带有主观色彩的暗示，把问题设计得细一些，而且要当场鉴别，对有疑点的问题要深入了解。书中也呈现了一些受访者“隐瞒真相”的情形，主要是受访者超生的孩子，他们一般有隐瞒的倾向。另外还有一些问题他们也不敢“敞开说”，害怕访问人员上报而影响他们的生活。对于受访对象陈述中的部分“不实”，我们要分析原因，有的情况下出于道德考虑，不一定“点破”，但我们自己一定要心中有数。

（2）不因为某些调查手段和方法特别能获得某种所向往的结论而选择这样的调查手段和分析方法。

（3）在所有调查报告中都应该准确地、适当而详细地描述调查结果和调查方法。

（4）在没有充分数据支持的情况下，调查者不能有意散布从调查项目中得出的结论。调查者必须随时准备好必需的技术信息，以评价其发布的调查结论的有效性。

2．保护被调查者的权利

（1）尊重。不能对被调查者说谎，不能对被调查者使用谩骂、胁迫或凌辱等手段以达到调查目的。应该记住，被调查者的利益永远高于社会调查研究的利益。

（2）知情且同意。在实施调查之前，一定要向被调查者讲清调查的目的，在被调查者知情、允许的情况下实施调查。在调查过程中伤害任何一个人都是不道德的，这种不道德的行为包括向被调查者隐瞒某项调查的真实目的，向被调查者询问的问题使之感到极度窘迫，因提及某件伤心事而激起被调查者感情混乱或引起内疚，侵犯他人私事隐秘权，对一个不知道自己正在被调查的人进行调查等。

当被调查者是儿童或年轻人时，应经过其父母或监护人（如学校教师）的许可。

（3）保密。要维护被调查者的隐私权和匿名权。未经被调查者允许，调查者不能暴露他们的身份。如果对被调查者做过不记名的保证，那么这个保证就应该严格执行，最后调查所得到的数据应该是合计或无记名的每个人的答案。

被调查者所提供的各种信息，即使是不享有法律保护或被调查者没有特别说明不许泄露的信息，调查者（包括访谈员、编码员等所有接触信息的人员）也必须以机密信息对待，不应对外泄露。任何个人资料都必须保密，只有整体的统计结果可以公开。不能允许调查结果的使用人识别被调查者的身份，以报复那些做反向回答的人。

3. 按标准撰写调查报告

（1）在任何公开发表的与调查有关的文章中，均应包括关于如何进行调查的基本情况，具体包括所调查问题的明确表达、实际抽样的样本总体、样本数、允许的抽样误差数、调查的具体方法、调查时间的选择、结论是如何得出的等。

（2）调查者必须在报告中对所有在调查过程中做过贡献的人，包括调查员、编码员、数据录入员、打字员、同事、学生助手等致以感谢！

（3）调查报告的署名顺序必须准确反映在调查研究和写作过程中包括学生在内的所有主要参加者所作出的贡献，应按照对调查所作贡献大小的标准来排定名字的顺序。

（4）从其他已发表或未发表的著作中逐字引用的材料，必须照原作核对清楚并注明出处与原作者。外来的观点或资料，即使未直接引用，也必须明确说明。

4. 调查研究资料可以为人所用

调查人员完成了自己的调查之后，应在不违反保密原则的前提下，让自己的调查研究资料可以为更多人所用。

练习 9

分析社会调查伦理

分析你收集来的调查报告，或者在课堂上由老师从大家收集来的调查报告中选出几篇供大家讨论，看看这些调查报告哪些在遵守社会调查伦理方面做得很好，哪些做得还不够，具体相差在哪个方面？

复习思考题

一、填空题

1．根据社会调查对象的范围，可以把社会调查划分为__________和__________。

2．非全面调查又分为__________、__________和__________。

3．根据调查研究的性质，把社会调查划分为__________和__________。

4．社会调查的方法体系分为__________、__________、__________三个层次。

5.社会调查的具体方法与技术包括__________、__________和__________三个方面的内容。

6．现阶段用于指导和影响人们道德行为的重要道德范畴主要有__________ 、__________、__________、__________、__________和__________。

二、选择题

1．个案调查属于（　　）。

A．全面调查　B．典型调查　C．抽样调查　D．非全面调查

2．我国的人口普查属于（　　）。

A．一次性调查　B．周期性调查　C．阶段性调查　D．不定期调查

3．收集资料属于社会调查过程的第（　　）步。

A．一　B．二　C．三　D．四　E．五

4．整理与分析资料属于社会调查过程的第（　　）步。

A．一　B．二　C．三　D．四　E．五

5．社会调查过程中最重要的一步是（　　）。

A．明确定义调查问题　B．设计调查方案　C．收集资料

D．整理与分析资料　E．撰写调查报告

三、简答题

1．抽样调查的优点和缺点分别是什么?

2．普查的优点和缺点分别是什么?

3．“方法”和“方法论”有何不同?

4．调查方案设计中应包括哪些内容?

5．在撰写调查报告之前应做哪些准备工作?

四、讨论题

1．如何理解社会调查方法体系中三个层次之间的关系?

2．为什么社会调查伦理准则在社会调查中具有重要的作用?

第3章 调查设计

引　言

明确定义调查问题并根据调查问题设计详细的调查方案是调查的出发点，也是所有社会调查都必须做的最重要的两项工作，这两个环节决定一个调查项目的成败。但是，初学社会调查的人往往最容易忽视这两个环节，从而导致调查结果缺乏科学的理论依据，经不起推敲。本章详细介绍明确定义调查问题的方法、如何提出研究假设、确定调查对象与调查内容、设计调查方案等内容，为下一步收集资料做好准备。

本章学习目标

1. 了解选择调查题目的重要性。
2. 掌握明确定义调查问题的方法。
3. 了解研究假设的意义。
4. 掌握研究假设的形式。
5. 掌握调查对象与调查内容。
6. 掌握调查研究方案的设计。

学习导航

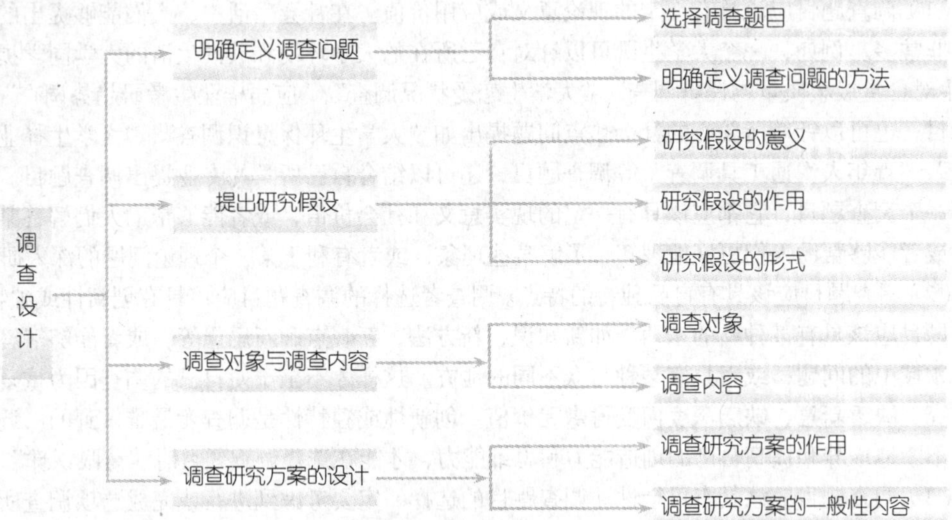

3.1　明确定义调查问题

3.1.1　选择调查题目

1．选择调查题目的意义

一项具体的社会调查开始于对调查题目的选择。调查题目说明了一项调查所要解答的具体问题，它是调查任务的明确化。选择调查题目是调查者进行社会调查所要做的第一个决定，也是最重要的一个决定，它在整个社会调查过程中有着十分重要的意义。

（1）决定着调查研究的价值。题目的选择是否正确、恰当，这直接影响一项调查研究的价值和成效。如果调查题目选得好，就能有效地解答社会生活中的重大理论问题或应用问题。如果题目选择得不恰当或过于笼统，就会抓不住要点，在调查中只能泛泛地收集一堆无价值的或作用不大的材料；或者即使收集到重要的资料，也看不出它的价值，不懂如何去分析。因此，调查题目的选择集中体现了调查者的调查研究能力和专业能力。

（2）明确了调查研究的方向。好的题目能够保证调查的顺利进行并最终获得成功；反之，则会增加调查难度，甚至使调查半途而废，造成人力、物力、财力和时间上的浪费。

（3）制约着社会调查的全过程。不同的调查题目需要选择不同的调查内容、调查方法和调查对象，调查人员的选择、调查队伍的组织、调查工作的安排也就不同。因此，不同的调查题目需要制定不同的调查方案，不同的调查方案使调查的具体过程也各不相同。

2. 选择调查题目的标准

一个好的调查题目应该符合以下几个标准。

（1）调查题目应该具有一定的理论意义或应用价值。在社会生活中，人们能够提出的调查题目非常多。例如，一个大学生既可以针对自己所在的大学环境和共同生活的大学同学提出如“学生对食堂饭菜质量的评价调查”、“大学生恋爱状况调查”、“应届毕业生考研趋势调查”等调查题目，也可以针对所关心的社会热点问题提出如“大学生环保意识调查”、“大学生择业意向调查”、“青年人沟通工具调查”等调查题目，还可以结合自己所学的专业提出调查题目。但无论哪一个调查题目，它都应该具有一定的现实意义和社会价值，或者能够帮助人们解答某类问题，或者能够帮助人们更好地理解、了解某些现象，或者有利于某一个理论问题的深入研究。

（2）调查题目应该具有自己独特的特点。调查者选择的调查题目应该具有创新性或独特性。调查题目应该具有某种新的东西，如新知识、新方法、新观点和新思想等；或者能够解答“空白”领域中的问题；或者具有某种与众不同的地方。这样才不至于使自己的调查因为重复别人的研究、缺乏新意、缺乏深度而变得毫无价值。创新性或独特性是调查者最难做到的。调查者只有不断地培养和提高自己的创造能力和思维能力，才能在选择调查题目时“慧眼识珠”。

（3）调查题目应该具有可行性。调查题目的选择一定要考虑到进行或完成这项调查所需要的主客观条件是否具备。主观方面要考虑调查者的专业和能力是否能够胜任、调查者的时间是否允许等，客观方面要考虑调查可以利用的资源是否容易寻找、调查所需费用是否充裕等。只有调查人员已经具备了必要的专业能力和实践经验，对于调查题目已有初步了解和初步设想，以及调查在经费、人力、物质条件上有了可靠的保证，并能得到社会各部门及被调查地区、单位和个人的支持与协助，调查题目才具有可行性。

（4）调查题目应该适合调查者的个人特点。调查者应该从自己感兴趣的、熟悉的领域中选择调查题目。调查其实是一项烦琐、复杂、费力的工作，需要调查者有耐心、有恒心，还要耐得住寂寞。如果调查题目不适合调查者，调查者就不会有强烈的动机来完成这项调查。只有对调查题目充满兴趣，调查者才会在调查过程中充满激情，并最终享受到成功的喜悦。对于初学社会调查的人来说，一定要注意从自己感兴趣的、自己能够驾驭的领域中选择调查题目，题目应相对简单、浅显一些；从小题目开始，逐步积累经验，然后再扩大调查研究的范围，由浅入深、由简单到复杂，切不可急于求成。

练习 10

确定调查题目

根据选择调查题目的标准，评价你上一章提出的五个调查题目。综合衡量后，从中选出一个，把它作为你开始调查的调查题目。

注意：一定要慎重选择，因为随着本书的学习，你真的要根据这个题目进行一个完整的调查，直至最后写出调查报告。看看你的调查题目是否满足那些标准，如果你觉得五个题目都不好，那就再想一个新的吧。

3．选择调查题目的方法

调查题目的来源多种多样，归纳起来，可以从以下几个方面去选择。

（1）从现实生活中寻找。人们生活在千姿百态、丰富多彩的现实社会之中，各种可以作为研究问题的社会现象、社会行为、社会问题、社会事件总是客观地存在于人们的周围，如城市社会治安、城市交通、城市居民邻里关系、城市社区居委会和村民委员会的选举、农民工子女的教育、城市网吧、大学生就业、独生子女就学等。如果多留意、多观察、多思考，就可以从中提炼出值得研究和探讨的调查题目。

（2）从感兴趣的领域中寻找。每个人都会有很多兴趣爱好，如文体活动、志愿活动、旅游、读书、交友等，如果能够根据调查需要，将自己所学的专业与爱好联系起来，寻找一些有联系的调查题目，这将会大大提高调查者的调查兴趣。例如，一个爱好体育锻炼的社会工作专业学生将调查题目定为“社区健身器材的使用状况调查”，由于从自己感兴趣的事情出发，又与专业要求完美结合，他最终顺利地完成了调查。调查者还可以选择工作中会吸引你的、需要你投入时间的调查题目。调查者的好奇心和学习的欲望是进行调查的最好起点。

（3）从个人经历中寻找。人们自己在社会生活中的各种经历、各种体验、各种观察、各种感受等，常常都是众多合适的调查题目的最初来源。许多有价值、有创造性的调查问题正是从个人特定的生活环境及特定的生活感受中发展起来的。例如，一次社区会议可能让一位社会工作者进一步思考以下问题：“社区居民委员会在城市基层社会管理中的作用如何？”“社区居民委员会应被赋予的法律地位是什么？”“建设和谐社区的关键因素是什么？”“怎样才能提高社区居民对社区事务的关注度？”从这些问题出发，他可能进行一项“城市社区居民委员会组织建设状况调查”。又如，一个离过婚的知识分子可能去思考：“当前社会中的哪些人最容易产生离婚的行为？”“为什么知识分子的离婚率比较高？”“有哪些主要的原因会导致人们选择离婚？”“离婚所带来的主要后果是什么？”这些问题可能促使他进行一项“知识分子离婚状况调查”。从某种意义上说，这种从个人自身经历中寻找问题的方式是一种十分简单实用的方法，在许多情况下，它经常可以帮助人们找到非常有价值的调查题目。

（4）从以前的研究中寻找。在开始一项调查之前，有些人可能已经做过一些调查，或者为了写一篇文章和短文而研究过一个具体的领域，或者虽然没有写过东西、没有做过调查，但一直关注于某类事情。如果能从已经研究过的领域中寻找调查题目，这将有利于研究的进一步发展和深入。

（5）从相关文献中寻找。调查题目还常常可以从学术著作、教科书、报纸杂志、各类文献、文章及学习笔记、谈话记录甚至电视节目中得到。尤其是各种社会学、政治学等社会科学的报纸杂志、教科书、专著、文章等，常常成为引发调查灵感、启迪调查研究心智、催生调查想法的重要来源地。人们在阅读各种文献时，应该始终带着审视的、提问的、评论的眼光，从不同的角度进行思考和联想，从中找到值得研究的问题并展开调查。

（6）向其他人征询有益的建议。如果调查者是一个学生，他可以通过与老师的谈话寻找调查题目，老师可能提供很多有用的建议；如果调查者已经参加工作，工作单位的同事和领导可能提供一些有价值的想法，这些想法可能对调查者所在单位的工作至关重要；而邻居、朋友也许会对改善社区的工作提出自己的想法。这些都可以成为调查题目的来源。所以，调查者可以向任何人征询调查建议，他们既可以是专家、与项目有关的人，也可以不是专家、与项目无关的人。

相关链接1

我研究“村落终结”的方法

中国正在发生村落的巨变。从1985年到2001年，在这不到20年的时间里，由于城镇化和村庄兼并等原因，中国村落的个数从940 617个锐减到709 257个。仅2001年一年，中国那些延续了数千年的村落就减少了25 458个，平均每天减少约70个。人们原来以为，村落的终结与农民的终结是同一个过程，也就是非农化、工业化或户籍制度的变更过程，但在现实中，村落作为一种生活制度和社会关系网络，其终结过程要比作为职业身份的农民更加漫长和艰难，城市化并非仅仅是工业化的伴随曲，它展现出自身不同于工业化的发展轨迹。

李培林为深入这项研究而选择的调查对象是华南大都市里的“城中村”。“城中村”在整个珠江三角洲地区是一个非常普遍的现象和非常热门的话题。围绕着“城中村”，街谈巷议中也有各种各样的故事。近20年来，珠江三角洲的工业和城市以令人目眩的速度扩张，这种高速扩张似乎是引发“城中村”这种独特事物产生的直接原因。但问题并非如此简单，因为在其他国家的城市化过程中，这种“城中村”现象还几乎从来未出现过。所以，“城中村”现象的产生一定与中国的一个比较独特的因素相关联，这就很容易使人们联想到中国已经实行了几十年的城乡分割的户籍制度。但这种户籍制度是所有的中国村落共有的，所以还应当有另外的特殊机制在起作用。而这种机制究竟是什么，这一“悬念”则成为激发作者研究热情的一个动力。

3.1.2 明确定义调查问题的方法

明确并定义需要解决的问题是所有社会调查的第一步，也是最重要的一步。如果对问题没有正确理解或定义有问题时就匆匆开始实施调查，那么所有的努力，包括花费的人力和物力，就都没有用在真正需要解决的问题上，这将是很大的浪费。这一点往往是初学社会调查的人最容易忽视的。因此，在开始社会调查时，一定要牢牢记住，如果对调查问题没有充分明确地去定义，必将导致调查的失败。选择一个有价值、有新意、切实可行、自己也很感兴趣的调查问题，同时这一调查问题又经过了明确的界定和清楚的表述，那么这项社会调查的质量和水平，以及整个社会调查过程的顺利进行，从一开始就有了基本的保证。

1. 明确定义调查问题的含义

问题的定义是根据调查的目的、相关背景资料、相关理论、所需的信息等，对整个问题进行界定叙述并确定调查问题的具体组成部分，最终将调查问题的各个组成部分进行精细的陈述，并将每个组成部分细分为多个调查问答题。只有问题定义清楚了，才能进一步去设计和执行。

举例来说，像“我国社会中的青少年犯罪问题研究”、“农村青年的价值观研究”、“当前我国社会中的家庭问题研究”等这类题目实际上并非调查研究问题，而是问题领域或研究主题。这几个问题都具有很重要的意义，但是在可行性上都比较欠缺，而造成这种欠缺的一个重要原因是这些问题在内涵上过于宽泛，过于一般。同样的道理，如果只说“我打算研究民工潮的现象”，或者“我准备做一个有关民工潮的研究”，这都是很不够的，因为这种研究问题的内涵不够确切，焦点不够集中。还应该进一步将这些问题具体化、明确化、清晰化，要学会将研究主题转化为研究问题。仔细问问自己：我究竟是想了解民工潮的规模、地区分布、形成原因、后果及影响，还是其他内容？我所感兴趣的又是哪种类型的民工潮，或者哪个时期的民工潮？只有经过调查问题的明确化工作，调查者才能十分清楚地认识到自己真正想调查什么。

2．明确定义调查问题的方法

要使所希望调查的问题明确化，可以从两个不同的方面做出努力。

（1）缩小问题的内容范围。对于初学者来说，要使所调查的问题明确化，可以采取将宽泛问题转化为狭窄的问题、将一般性问题转化为特定问题的做法，通过不断缩小问题的内容范围来达到这一目标。例如，“青少年犯罪问题”是一个十分宽泛的问题领域，其内涵并不是某一个具体的社会调查所能包含的。一项具体的社会调查，通常只能选择其中的一个方面来进行。人们可以通过限制和缩小问题的内容范围，将其转化为如“青少年犯罪的原因调查”或“青少年犯罪的特点调查”等问题。更好的调查问题是通过进一步缩小问题的范围，突出基本的研究变量后得到如“家庭关系与青少年犯罪”、“青少年初次犯罪的原因”这样的问题。又如，“农村青年的价值观调查”内容也十分宽泛，可以通过限制和缩小内容范围，将其转化为如“某省青年农民的生育观调查”或“家庭结构与农村青年的生育意愿调查”这样一些比较具体、比较确切的研究问题。同样，也可以将“我国社会中的家庭问题研究”进行限定，缩小其内容范围，分别转化为如“城市家庭中的代际关系状况调查”、“家庭结构对家庭关系的影响调查”、“当前城乡家庭生活方式比较研究”等问题。

在将宽泛的问题转化为狭窄的问题的过程中，文献回顾往往具有十分重要的作用。例如，人们打算研究“青少年犯罪的原因”，通过阅读有关文献，发现已有一些研究专门探讨了家庭因素、学校因素、社区因素、大众传播因素等对青少年犯罪的影响，但是很少有研究去探讨同辈群体的因素对青少年犯罪的影响。这时，就可以专注于这一特定因素，选择一个类似于“同辈群体与青少年犯罪”或“不良伙伴对青少年初次犯罪的影响研究”这样的调查问题。

相关链接 2

“独生子女研究”（问题的限定）

1987 年，我在攻读博士学位时，导师给我提出了博士论文的选题：中国独生子女问题研究。可以说，导师所定的题目只是确定了研究的主题。由于独生子女这一主题中包含众多的内容，涉及众多的方面，如独生子女人口的结构及分布、独生子女家庭的结构与关系、独生子女家庭的生活方式、独生子女的教育问题、独生子女的社会化、独生子女的心理特征、独生子女家庭老年保障等，所以需要将比较宽泛的研究主题转化为比较具体明确的研究问题。经过阅读和分析当时国内这一领域中的已有文献和一部分国外文献，我发现，国内还没有独生子女家庭基本状况的研究结果，因而从社会学角度讨论各种独生子女问题尚缺乏经验的基础。另外，我发现独生子女的教育问题是当时最为集中的研究焦点，但运用较大规模的调查资料进行分析和探讨的研究很少，且多为一般性的、空泛的议论；而与独生子女家庭密切相关的养老问题则还没有引起人们的注意。根据这一情况，我确定了三个方面的研究问题：第一，独生子女家庭在结构、关系等基本方面具有什么样的特征；第二，独生子女究竟是不是“小皇帝”，独生子女家长是不是更加“望子成龙”，独生子女的出现对当前的教育带来哪些冲击和影响；第三，独生子女家庭养老面临哪些挑战。

练习 11

使用图书馆和网络查找文献

参观你所在学校或城市的图书馆，了解如何使用图书馆里的藏书、电子信息资源来查找你所需要的相关文献，学习图书馆的各种规章制度。如果你还不会利用图书馆查找资料，请向有关人员咨询。

网络是一个巨大的资源，现在越来越多的人认为上网查资料要比去图书馆容易得多。但是，网络所包含的信息是由大量不同的机构和个人提供的，里面有很多信息根本毫无价值，人们经常使用的像Google、百度这样的搜索引擎，它只会搜索出所有包含你所给的关键词的网页，而不会考虑这些信息的品质。这就要求你必须有能力对所有发现的信息进行评估，区分出有用信息和无用信息。所以，如果不想被众多无用信息所淹没，你在搜索时需要仔细地限定。

通过图书馆和网络尽量多查找一些与你的调查题目有关的文献，总结每篇文献的主要观点，将那些与你的调查密切相关的内容记录下来。

（2）清楚明确地陈述调查问题。陈述调查问题是使调查问题能够明确化的十分重要的一步。这种重要性主要体现在它划定了与调查相关的问题范围，使调查者知道哪些资料必须调查、哪些资料可以放在一边。与此同时，这种陈述还在一定程度上帮助调查者选择和确定了调查方法。好的问题陈述必须做到以下两点。

1）问题的外延界定得清楚、明确。一定要对所调查问题的外延进行准确界定，以便让人明确地知道此项调查是在什么时间、在一个多大的范围内、针对哪个群体、运用何种方式进行的一项关于什么内容的调查。

陈述调查的时间、范围、对象等内容时，最好用陈述句的形式。而在陈述调查所要解决的问题时最好能运用变量的语言，且采用提问的形式。

只包含一个变量的调查，其问题的陈述通常为描述性的问题。例如，“这一代独生子女的社会化发展状况究竟如何？”“当前的大学毕业生具有什么样的择业意愿？”它们分别只包含了“社会化发展状况”这一个变量和“择业意愿”这一个变量。

对于含有两个以上变量的调查，一个常用且有效的提问形式是：“现象（或变量）A 与现象（或变量）B 之间存在什么关系？”例如，“看电影的频率与看电影的动机之间存在什么关系？”这里包含了“看电影的频率”与“看电影的动机”两个变量；“下岗职工培训班是否明显地改善了下岗职工的就业能力？”这里也包含了“参加培训班与否”与“就业能力”两个变量。在学术刊物发表的调查报告中，问题的陈述有时在调查目的的陈述中出现，有时则在文献评论的结尾处作为一种小结出现。

需要注意的是，对调查问题的陈述必须是可检验的。可检验是指所调查的问题必须能够产生不止一种的答案。那种只有一种答案的问题陈述则是不合格的问题。前面所列举的例子中，“看电影的频率”与“看电影的动机”之间可能有关系，也可能没有关系；“参加培训班”可能改善了下岗职工的“就业能力”，也可能没有改善下岗职工的“就业能力”。这些调查问题能够产生的答案不止一种，因此是可检验的。

2）问题的内涵描述准确、可操作性强。问题外延的陈述确定了所要调查的整个问题及问题的具体组成部分，接下来就是要将调查问题的各个组成部分进行精细的陈述。这种陈述主要是将每个组成部分细分为多个调查观测点，这些调查点都必须是各个组成部分所要收集资料的关键内容，由这些调查观测点可以直接设计问卷和访谈提纲。在对这些调查点进行陈述时，陈述得越详细、越具体、操作性越强越好，尽量用简单易懂的日常语言，表述不能模棱两可、含混不清，而必须是可以清楚、明确地进行回答的。

相关链接 3

“城市在职青年的婚姻期望与婚姻实践”调查问题的确定

本研究通过利用 2004 年在全国 12 个城市对 1 786 名 18～28 岁的在职青年（包括未婚和已婚）进行的同一项大型抽样调查所得到的资料，同时探讨青年的婚姻期望与婚姻实践两方面内容，在将青年的主观愿望与他们的实际行为进行对照后，发现青年在这些方面的特点与规律，以增强人们对这一问题的深入了解和认识。

本项研究所关注的主要问题是：“在我国改革开放的背景中成长起来的这一代青年的婚姻期望如何？”“他们的婚姻实践又是怎样的？”“他们的婚姻期望与其婚姻实践之间具有什么样的联系？两者之间是否存在着明显的差别？存在什么样的差别？”“这一代青年在婚姻期望与婚姻实践上的关系及其调适过程具有什么样的特点？”

本研究将青年的婚姻期望界定为青年对恋爱结婚的合适年龄、男女双方的年龄差、选择对象的标准、婚后居住方式等方面的主观愿望，而将青年的婚姻实践对应地界定为青年在婚姻期望的各个方面的客观行为及其结果。调查中，将青年的婚姻期望操作化为以下五个变量：① 认为合适的恋爱年龄；② 期望的结婚年龄；③ 期望的双方年龄差；④ 选择对象的标准；⑤ 期望的婚后居住方式。而将青年的婚姻实践相对应地操作化为下列五个变量：① 实际的恋爱年龄；② 实际的结婚年龄；③ 双方实际的年龄差；④ 选择对象的标准；⑤ 婚后实际的居住方式。

练习 12

明确你的调查问题

针对你选定的调查题目，在查阅了相关文献后，写下你希望调查的四个关键问题。在每个问题的开头，请使用“如何”、“谁”、“什么”、“何时”或“为什么”这样表示提问的词语。

1.　　2.　　3.　　4.

想一想，哪个问题对你的调查是最关键或最核心的？如果你有四个或更多题目，考虑一下，你是否有能力、有条件完成这些任务，你也许应该考虑去掉几个，集中调查其中的一两个问题。

3.2 提出研究假设

科学研究在收集资料之前通常要针对研究课题提出具体的研究假设，然后收集事实来检验假设，并针对所要研究的问题提出解答。社会调查也大致经历同样的过程。

3.2.1 研究假设的意义

假设是未经实践充分证实的理论，它是科学研究中广泛应用的一种方法。研究假设又称理论假设，是根据已知的科学理论和事实，对调查对象的特征及有关现象之间的相互关系所做的推测性判断或设想，是对问题所做出的一种尝试性的解释。例如，“城市在职青年的婚姻期望与婚姻实践”这一课题，可能的情形有：① 城市在职青年的婚姻期望高于婚姻实践；② 城市在职青年的婚姻期望低于婚姻实践；③ 城市在职青年的婚姻期望与婚姻实践基本一致。研究者通过查阅有关青年婚姻的各种资料，请教有关的专家，以及运用自己所积累的经验与知识，最后选定“城市在职青年的婚姻期望高于婚姻实践”作为研究假设。

研究假设概括地说明了社会现象的特征及其相互关系，因此它是对现象的一种理性认识。这种理性认识具有两个特点：第一，有一定的科学事实为根据，因而它与毫无事实根据的迷信、臆测和缺乏科学论证的猜测、幻想有所区别。第二，研究假设是针对所要研究的问题而做出的尝试性的理论解释，具有一定的推测的性质，所以它不同于一般的或普遍的理论解释。

研究假设虽然是在调查之前由研究人员提出的，但它并非是主观臆造或凭空想象出来的，它的来源主要有以下两种。

（1）由以往的实践经验或实地初步探索得出的假设。实际上，研究人员在调查之前就已初步观察到了一些现象，研究课题就是依据这些现象提出的。依据经验和实地观察就能够提出一些尝试性的解释。

（2）由理论文献中得出的假设。理论的作用是概括性地解释各类具体现象，因此对于所要研究的现象可以通过查阅文献找出不同的理论解释，然后经过选择和判断，就能依据某一种或某几种理论得出研究假设。

3.2.2　研究假设的作用

1. 指导调查研究

有了研究假设，就可以明确研究的重点和主要方向，使调查任务具体化，并明确针对什么问题去收集资料、收集哪些资料，这样就能够避免资料收集的盲目性和片面性。研究假设是设计调查方案的主要依据，有了假设，就能够明确要在哪些地区展开调查、要调查哪些人、如何抽取样本和采用什么程序去调查等。

2. 将抽象的概念与具体的经验事实联系起来

人们对事物的理性认识是运用一些抽象的概念来概括同类事物，而研究假设是对这些概念之间的特定关系所做的尝试性说明。抽象概念表明事物的共性、一般性和普遍性，它与个别的、具体的、特殊的现象之间有很大距离；但是假设中的概念是被清晰定义的，并且能够精确地观测，因此通过逻辑推演就能从抽象的理论推演到具体的现象上。例如，由“工业化导致家庭规模缩小”这一假设，可以推论出“由于农村比城市的工业化程度低，所以农村家庭的规模比城市家庭的规模大”这一假设。后一个研究假设说明了比较具体的现象，由它可设计出具体的调查指标和调查项目，分别在城市和农村做调查，这样就能够根据经验事实来检验假设。理论假设虽然来源于经验观察，但它必须返回到经验世界中加以应用和检验。人们的认识过程就是在理性认识与感性认识之间不断循环，形象地说，社会调查研究需要清晰、明确而又富于想象地往返于抽象层次和经验层次之间。在调查研究中，研究假设具有推演作用，因此它是连接这两个层次的桥梁，它可以将理性认识与感性认识、抽象层次与经验层次、理论与实践联系起来。

3. 探求新的理论知识

研究假设或者由某一理论推演而出，或者在经验观察中得出，它们的目的都是要探求新的理论知识。在科学研究中，研究假设不管是被经验事实证实，还是被经验事实否定，它都可以促进科学知识的发展。研究假设如果在对具体现象的研究中被证实，就能支持它所依据的一般理论或发展新的理论；如果被否定，则说明原有的理论认识需要修改、补充和完善。

3.2.3　研究假设的形式

假设是由概念（或变量）构成的，它是“以一种可检验的形式加以陈述，并对两个（或两个以上）变量之间的特定关系进行预测的命题”。因此，假设所陈述的是两个或数个变量间的可能关系。其陈述表达的主要方法有四种，即条件式陈述、因果式陈述、差异性陈述和函数式陈述。

1. 条件式陈述

在条件式陈述中，假设是以“如果 A，则 B”的形式表述的，其中 A 代表某种条件，B 代表其他条件。通常，A 所代表的条件称为先决条件，B 所代表的条件称为后果条件。一个假设的先决条件与后果条件大都以陈述性的语句表示。例如，如果 A 代表“一个团队的内部团结”，B 代表“该团队的工作效率就高”，用条件式“如果 A，则 B”的形式陈述，所获得的假设应该是“如果一个团队内部团结，该团队的工作效率就高”。条件式的假设容易使人产生一种错觉，以为其中的先决条件是后果条件的原因，事实上这可能是对的，也可能是不对的。条件式陈述并不是说前一个（或一组）条件导致后一个（或一组）条件，而只是说如果一个条件成立，则另一个条件也将为真。换言之，条件式陈述只是说两个（或两组）条件可能一起出现而已。

2. 因果式陈述

因果式陈述中，A 是 B 的原因，B 是 A 的结果。A 与 B 之间存在因果关系必须符合三个条件：第一，A 与 B 之间有关系；第二，A 与 B 之间的关系不是由于其他因素造成的；第三，A 的变化先于 B 的变化。例如，根据一些资料的研究，可以提出“城市化导致人际关系疏远”这样的假设。

3. 差异性陈述

差异性假设陈述的形式是涉及组之间差异的有或无，其基本形式为“A 与 B 在变量 Y 上有（或无）显著差异”，其中 A 与 B 表示某一变量（X）的不同类别或不同的组。例如，研究人员对不同类别电影片爱好的差异，可先以性别的不同（变量 X）将受访者分为男性（A）与女性（B）两组，然后预测各组之间在不同类别电影片爱好（Y）上的差异。在这种情况下，研究者的假设可能是“不同性别的人对不同类别电影片（如爱情片、侦探片）的爱好互有差异”。这一假设涉及两个变量，一个为“性别的不同（X）”，另一个为“对电影种类的爱好（Y）”。差异性的假设所叙述的也是变量间的关系。

4. 函数式陈述

假设也可采取函数式的陈述，其基本形式是“Y 是 X 的函数”，其中 X 为自变量，Y 为因变量。如果以数学方程式加以表达，则函数式陈述可写作 $Y = f(X)$；实际的方程式可能很简单，也可能很复杂。与前面三种陈述方式相比较，函数式的陈述更能表现出假设的叙述变量之间可能关系的特点。例如，“个人的理想子女数目是其教育程度的函数”这一假设，它所陈述的是“个人的理想子女数目”与“个人教育程度”两个变量之间具有关系。这个假设仅说明这两个变量有关（或称为相关），并未说出两者有何关系。如果研究者将上述假设改做“个人的理想子女数目是其教育程度的递增函数”，那此假设就不仅预测了两个变量有关系，而且预测了理想子女数目随其教育程度的提高而增加这一具体关系。

以上是研究假设的四种基本类型。在实际工作中，研究者完全可以采用其他的行文方式来表达假设，有些学者将假设分为描述型假设和关系型假设两种形式。虽然可以从不同角度对假设进行分类，但要建立一个理想的假设，就必须采取严谨的态度。一个理想的假设一般应具备下列条件：第一，针对所要研究的问题做出尝试的理论解释；第二，能够将假设详尽地加以说明并界定范围；第三，假设如经证实即应该成为提出问题的答案；第四，假设应该可以用现有的技术加以检定；第五，假设最好能用定量的方式来表示；第六，假设最好能导出较多的推论，以便解释更多的尚未得到解释的事实；第七，假设的设立应以事实为根据，而且可以与实地观察的结果相比较。

练习 13

提出研究假设

试着为你的调查题目提出研究假设，看能不能用不同的方式表述出来，并体会研究假设的作用。如果你提不出假设，这也没有关系，因为并不是所有的社会调查都需要事先建立假设。

需要说明的是，并不是所有的社会调查都需要事先建立假设。一般来说，应用性调查研究的目的是了解客观情况并从中发现问题，或者对现象的一般状态和主要特征进行描述和概括，它们一般不需要建立明确的研究假设。只有在理论性的调查研究中才有比较明确的研究假设，因为这类研究的目的是探寻现象之间的因果关系，发现社会现象的一般规律。

3.3　调查对象与调查内容

在确定调查课题和提出研究假设之后，接着就要着手进行研究方案的设计工作。而在设计方案时，研究者必须首先明确调查对象和调查内容。

3.3.1　调查对象

调查对象是研究者所要调查和描述的对象，它是调查和抽样的基本单位，是调查者所要调查的一个个“点”。调查对象又称分析单位，一般情况下，分析单位等同于抽样单位。例如，要描述大学应届毕业生的择业倾向，可以抽取一个个学生作为调查对象；要了解高校新生入学率，则可以抽取不同的学校作为调查对象。

但是，分析单位和抽样单位有时可能不一致。例如，调查分析独生子女家庭家长对子女的关爱状况时，调查对象是家长，而抽样单位则可能是户或社区等。另外，研究结论中的解释单位未必一定与调查对象一致。例如，对当前城乡居民生活水平进行调查时，调查对象是具体的个体，但做结论时则将城市居民与农村居民这两个群体进行比较分析。简言之，在社会调查中，主要有五种类型的调查对象：个人、群体、组织、社区和社会产物。

1．个人

个人是社会调查中最为常用的调查对象。鉴于其自身的学科特征，社会调查以个人为调查对象，它不像生物学、医学等学科那样去调查分析人类的一般共性，而是以不同社会角色的个性特征为调查分析单位，解释与说明各种社会现象。例如，个人在具体的调查中各不相同，或是学生、工人、农民，或是顾客、服务员等。社会调查不仅是停留在个人层次上，而是通过对个人特征的描述，并将其汇总处理，以便描述或解释由个人或其行为组合而成的社会现象或事件。

2. 群体

作为调查分析对象的群体，主要是指那些具有某些共同特征的一群人。如家庭、团伙、青少年、老年人、工人、农民、民营企业家、网民、球迷等，它们可以作为调查对象，以此为单位来收集资料，描述其特征，解释其联系。当以群体作为调查对象时，群体特征与群体中个人的特征有关。有些群体的特征可以由个人特征汇集或抽象归纳出来，如家庭经济收入是由每个家庭成员的收入所决定的。不过，作为调查对象的群体，它与研究群体中的个体不同。例如，可以根据家庭年收入或是否拥有私家小汽车的比例描述家庭经济状况，判断年平均收入高的家庭是否比年平均收入低的家庭更可能拥有私家小汽车，这样，调查对象就是一个个具体的家庭。再如，如果通过带黑社会性质的团伙成员去研究犯罪，调查对象是犯罪的个体；但如果通过研究某地区范围内的各“涉黑团伙”来了解它们之间的差异（如大小团伙之间的差异、市区与非市区团伙之间的差异、本地区团伙与跨地区团伙之间的差异等），那么调查对象则是一个一个的团伙，即群体。

相关链接 4

中国网民·世界评价（群体调查）

截至 2011 年年底，中国互联网络信息中心公布中国网民总数为 1.37 亿人，占全国人口的 10.5%。“世界经济论坛”发布的《2010—2011 全球信息技术（IT）报告》显示，就网民每日或每周在互联网上发言频度而言，中国网民在全球是最勤奋的。调查报告称，在回答是否每日或每周都会在互联网上发言的问题时，45%的中国受调网民都选择肯定的回答，这个比例位居全球之首，紧跟其后的是巴西网民（35%），印度网民以 32%位列第三。

3. 组织

所谓组织，即指人们为了达到某种共同目标，将其行为彼此协调与联合起来所形成的社会团体，如企业、学校、商店、医院、政党等。组织特征包括组织规模、组织方式、组织规范、管理模式等。许多社会现象是在组织内部及组织之间产生的，把组织作为调查对象，可以通过对组织的特征进行分析来解释和说明某些社会现象或事件。例如，要调查研究不同企业对社会效益的关注程度不同，可以通过对企业规模、年纯利润、管理模式、管理者及普通员工的素质等方面的特征进行比较分析。

相关链接 5

一个草根 NGO 的行动策略（组织调查）

一般观察中国社会团体的发展，大多会将焦点集中于已注册的社会团体、民办非企业或基金会等，并将其视为代表中国的所有社团。然而，事实上在民政部门登记注册的组织仅占中国社团的一小部分，大多数社团并未在民政部门登记注册，这些活跃却又没有“合法”身份的团体大多是草根NGO。有学者指出，对于中国真正的NGO进行研究，就是要将眼光置于这些草根NGO，特别是其对地方政治的影响。

本文以珠三角地区的一个草根NGO组织——“广州业主委员会联谊会筹备委员会”（以下简称业联会）为研究个案，试图考察纯民间组织影响地方政府的行动策略，由此观察在一个国家占主导地位的社会中，纯民间组织如何利用种种手段尝试改变自己与国家的关系，使之朝着有利于自身发展的方向变化，进而有效地实现组织目标及影响政府。

研究试图回答几个问题：① 草根NGO如何影响地方政府并以此弥补自身由于法律程序上的缺失而造成的合法性不足？② 草根 NGO 如何利用政府网络和资源实现自己的组织目标？③ 草根NGO的行动策略意味着什么？

4. 社区

社区是以一定地域为基础的人们生活共同体，如乡村、城市、街区等。社区内的居民往往依地缘、血缘与业缘等关系结合为各种群体和组织，它们是社区生活的载体。正因为如此，社区内居民在社会、政治、经济等方面的活动，特别是在文化规范和价值观等方面具有较强的趋同性。因而，把社区作为调查对象，通常是描述社区居民的生活状况、文化交往活动、行为规范及社区的发展沿革等。从每个具体的社区收集资料，既可以用来描述每个社区的具体特征，又可以将若干个社区之间进行比较研究，还可以把较小范围的不同社区的情况汇集起来，放到更大的范围内进行研究。这样，社区研究可以进一步延伸到对整个社会的研究，从而使研究上升到宏观层次。

相关链接 6

江村经济（社区调查）

《江村经济》是一本描述中国农民的消费、生产、分配和交易等体系的书，是根据对中国东部——太湖东南岸开弦弓村的实地考察写成的。它旨在说明这一经济体系与特定地理环境的关系，以及与这个社区的社会结构的关系。同大多数中国农村一样，这个村庄正经历着一个巨大的变迁过程。因此，此书将说明这个正在变化着的乡村经济的动力和问题。

这种小范围的深入实地的调查对当前中国经济问题的宏观研究是一种必要的补充。在分析这些问题时，它将说明地区因素的重要性并提供具体的例子。

这种研究也将促使人们进一步了解传统经济背景的重要性及新的动力对人民日常生活的作用。

5. 社会产物

调查对象还可以以社会人为事实，即各种类型的社会活动、社会关系、社会制度等人类行为及其产物。例如，调查分析各个历史时期不同国家或地区的政治制度、经济制度、主流文化、家族关系、婚姻关系等；把犯罪、离婚、罢工、游行等行为作为调查对象时，不是把其行为主体作为对象，而是侧重于描述各个行为本身的特征，如分析不同历史时期的离婚现象的主要原因、影响、社会认可度等。人类行为的产物或社会产品通常包括建筑物、书籍、图画、服装、电影、歌曲及食谱等，它们也可以作为独立的研究对象。例如，研究者可以分析不同时代不同国家歌曲的歌词、旋律、影响力等特征；也可分析不同时代或不同国家的中小学教材的内容、价格、所含图片的数量、发行量、使用率等。

相关链接7

男人的私房钱

钱只有两种——家用钱和私房钱。在家庭主妇掌握财政大权的今天，男人到底该不该有私房钱呢?

腾讯网调查了 25 920 人，其中 56.16%的人认为男人应该有私房钱，25.18%的人认为男人的私房钱应该跟老婆说，11.99%的人认为不能告诉老婆；在男人有多少私房钱的选项中，34.2%的人认为男人的私房钱应低于 1 000 元，17.31%的人认为男人的私房钱应保持在 5 000 元到10 000 元之间。女性心理学专家认为，随着女性社会地位的提高，妻子控制家庭财产支配权的现象现在越来越普遍，主要原因是女性在用钱方面一般比男子节俭、精明，家庭理财极具原则性和计划性。

表面上看，私房钱是经济问题，究其根本是信任问题。有些女人认为，掌握财政大权，等于控制了丈夫的经济命脉，控制了丈夫的一切，他就不能去花天酒地，其实夫妻之间需要空间、需要自由，最重要的是需要信任。牢牢地控制丈夫的钱，既说明了妻子的不自信，又是对夫妻关系没有信任感的体现，夫妻双方一旦连基本的信任感都没有，妻子即使在家庭中再有权威，也难言这种权威能给妻子真正带来多大的快乐和幸福。

所以，聪明女人应该少管制男人的钱，多观察男人的心。

以上五类分析单位层次从低到高，逐级递进。个体是最低层次的分析单位，社会产物是最高层次的分析单位。上面的讨论并非列举了所有可能的调查对象，但社会调查基本可以根据研究需要从上述五个方面选择调查对象。在选择分析单位时应注意以下几点。

第一，研究者可根据社会现象的复杂程度和研究目的选择并确定分析单位。一般而言，研究者只需要选用一两个主要的分析单位，但对于复杂的现象，也可以选用多种分析单位，以便从不同角度、不同层次去获取更真实、更详尽的信息。

第二，若以某一分析单位进行调查时收集的资料不能满足研究需要，则可以增加或改变分析单位。例如，要解释“学习风气”问题，若以个人为单位不能满足需要，则可以考虑以学校或班级为分析单位。

第三，调查所用的分析单位和利用调查资料分析所用的分析单位应该是一致的。在社会调查研究中，同一项调查课题可以选择不同的分析单位，但用哪种分析单位做调查，就一定要用哪种分析单位做结论，否则就会导致逻辑错误，如简化论和层次谬误。

简化论是指用对低层次的分析单位所做的调查来对高层次的分析单位下结论。在社会调查研究中，这种逻辑错误常常表现为研究者仅仅用微观层次上个人行为的资料就试图得出宏观层次上群体、组织等如何运行的结论。层次谬误是指用对高层次的分析单位所做的调查来对低层次的分析单位下结论。例如，研究者发现越穷的农村（分析单位为社区）生育率越高，从而立即推论农民（分析单位为个体）越穷越要生孩子。这一推论在逻辑上是站不住脚的，因为这也许是由于地区越穷、富人生孩子越多而造成的。

练习 14

确定分析单位

以下是一些真实的研究问题，看你是否能确定每个例子的分析单位。

（1）女人看电视的时间比男人长。因为女人在家庭之外工作的时间比男人短。

（2）在某市 130 个居民人数超过 4 000 人的小区中，有 126 个小区拥有至少一家社区医院。

（3）早期的环保志愿组织规模小，且不正式。北京环保志愿组织最初聚会的地方是一个会员的家。

（4）护理人员对于改变护理制度有着强烈的影响力。相反，决策权却掌控在管理阶层及医生阶层手中。

（5）某县雇员在 1 000 人以上的企业有 13 家，其产值占工业增加值的 60%。5 年后，此类企业降至 11 家，其产值占工业增加值的比重也降到了 48%。

3.3.2　调查内容

调查内容是指调查对象的属性和特征，是一项调查研究所要了解的调查项目和调查指标。调查对象的属性和特征包含诸多方面。例如，一个人不仅具有社会属性、生物属性等多重属性，而且具有政治、经济、心理、态度、行为等多方面的特征。一般而言，可以将调查内容分为状态、意向性与行为三大类。

1. 状态

状态是指调查对象的基本特征或基本情况。它常用一些客观指标来调查。例如，个人的状态包括性别、年龄、文化程度、婚姻状态、职业、收入等；群体、组织与社区的状态包括规模、结构及地点等；社会产品则可根据其大小、重量、颜色、形式等进行描述；若以社会行动作为调查对象，则可根据事件发生的时间、地点及相关的人或群体等进行描述。任何一项社会调查总是从了解调查对象的基本情况开始。

2. 意向性

意向性反映调查对象的内在属性，是一种主观变量。意向性往往先于行为并影响人们行动的方式。当调查对象为个人时，意向性常常表现为个人的取向，如人格、心理、态度、观念、信仰、个性特征、偏见、偏好等；当调查对象是群体、组织或社区时，意向性也可以表述为群体、组织或社区的目的、政策、规范、关系结构、利益关系、内部凝聚力、行为过程及其成员的整体取向等；当以社会行动或社会事件作为调查对象时，意向性也可以做出类似的描述，如可以把游行行为分为有政治动机的和无政治动机的。类似的对象或事件还有商业谈判、工作会议、购物、宴会、舞会、郊游等，这些都可根据其组织者的目的或期望做出类似区分。

意向性总是集中在某个事物上，事物可以是有形的，如一个人或一个群体；也可以是无形的，如一个想法或一个问题。对调查对象进行某一主题的意向性调查，一般都从以下三个问题入手：① 关于该主题，调查对象知道或相信什么？② 关于该主题，调查对象是如何感受和评价的？③ 调查对象采取行动的可能性如何？

对于这三个问题，调查时一定要按照上述顺序进行询问。从是否知道和了解开始，如果了解程度不够充分，就不能询问下面两个问题；对于第二个问题，常常采用的测量方法是给出关于某一主题的多个表述，然后用等级量表（如非常满意、满意、一般、不满意、非常不满意五级量表）进行测量（本书会在第5章中详细介绍测量量表）；对于第三个问题，最常用的测量方法是测量面对该主题在过去、现在和假设的将来要采取什么行动，或者规定一组假设条件，然后询问被调查者在这些情况下会如何行动。

3. 行为

行为是反映调查对象属性或特征的外显变量，即研究者可以通过直接观察或第二手资料来了解的各种社会行为和社会活动，如选举、入党、辍学、聚会、旅游、就业等。行为的测量一般包括四个相关概念：被调查者做了什么或没做什么、行为是在什么地方发生的、是什么时间（包括过去、现在和将来）发生的、行为的频数或持续情况如何。换句话说，对于行为的调查，通常要调查清楚“做什么、何时做、在何处做、行为有多频繁”等问题。

（1）做什么。当要了解被调查者有什么行为时，通常就将各类行为都列举出来，让被调查者选择一项或多项答案。

（2）何时做。可以询问被调查者这样的问题：什么时候施行这一行为？是否目前仍从事这一行为？将来是否还要打算行动？这些行为是不是习惯性的？是不是要持续下去？

（3）在何处做。最好是按照一定的标准（如按地理位置）规定一组可能的地点让被调查者挑选。因为如果让被调查者用自己的语言来描述，可能没有任何两个人会使用完全相同的词汇来描述同一个地点。

（4）行为有多频繁。调查者通常关心的是一个行为发生的相对次数而不是绝对次数。因此，行为的频度最好用单位时间内的次数表示，如用每天或每周的次数来表示。

相关链接8

小学生看电视情况调查

做什么？　（1）请问你在前两周内使用过哪些媒介？

A. 电视　B. 报纸　C. 广播　D. 连环画　E. 录音带　F. 字书

G. 杂志 H. 电影 I. 游戏机 J. 计算机 K. 录像带 L. 计算机

何时做？ （2）请问你每天看电视的平均时间是多少？

A. 25分钟及以下 B. 26～45分钟 C. 46～60分钟 D. 61分钟及以上

在何处做？ （3）你在哪里看电视的时间最多？

A. 自己家里 B. 同学家里 C. 学校 D. 亲戚家里 E. 其他

为何做？ （4）你在什么情况下最想看电视？

A. 需要放松时

B. 没什么事情可做时

C. 需要娱乐时

D. 需要忘记烦恼时

E. 害怕时

F. 需要了解新闻时

G. 孤独时

行为有多频繁？（5）请问你在上周看过几次电视？

A. 没看过 B. 1～2次 C. 3～5次 D. 6～7次 E. 8次以上

一项调查不可能面面俱到，因此，调查者只能根据需要从这三类中选择某些方面来进行调查分析。在选择调查内容时，调查者要从调查题目、调查方法、调查者的能力、各种客观条件等方面进行综合考虑，确定适当的调查内容。

练习15

确定调查内容的类型

考虑一下，你已经确定的调查问题属于调查内容的哪一类，你准备如何进一步分解、细化你的调查问题。

3.4 调查研究方案的设计

3.4.1 调查研究方案的作用

调查研究方案是通过对一项调查研究的程序和实施进程中的各种问题进行详细、全面的考虑之后，制定出的调研总体计划和切实可行的调查大纲。它是整个社会调查工作的行动纲领，是保证社会调查顺利进行的重要前提，在社会调查工作中有着十分重要的作用。其作用具体体现在以下三个方面。

第一，它是调查课题、研究设计得以实现的保证；它指导整个调查的全过程，使调查有明确的方向和目标。

第二，它是全体调查人员的行动纲领，便于对整个调查研究过程实施监督、管理和控制，可以增强全体调查人员工作的自觉性、主动性，减少工作的盲目性，能够最大限度地减少或避免偏差和失误。

第三，它可以为调查工作争取一定的物质保障。调查组织者可以按此调查方案向有关方面申请调研项目和经费，它是立项和获得经费的主要依据。

3.4.2 调查研究方案的一般性内容

一个完整的调查研究方案的具体内容应该包括从确定研究题目开始，直到收集资料、分析资料、撰写报告为止的整个过程。人们在设计具体方案时应将它与研究过程中的各个阶段、各个方面联系起来统筹考虑，既要使各个阶段相互衔接，又要使各方面的内容都紧紧围绕研究的总目标。从大的方面说，一项研究的具体方案应当包括下述几个方面的内容。

1. 界定调查问题

界定调查问题主要是说明调查题目的产生过程及调查要解答哪些问题，确定调查问题的具体组成部分。

2. 阐述调查目的

阐述调查目的即说明为什么要进行这项调查，调查要达到什么目的，从事这项调查在理论上或实践上具有什么价值和意义。

调查者必须首先对自己的调查课题有一个清楚而明确的认识。这种认识既包括对调查课题本身含义的理解，即本调查究竟要探讨和回答什么问题；也包括对调查课题在人们认识社会、改造社会中所具有的作用的理解。如果调查者本人对调查课题的目标和意义都说不清楚，那么这一课题是否值得去做，以及是否能够真正做好，显然很值得怀疑。

3. 选择调查类型

选择调查类型就是选择调查是普查，还是抽样、个案研究或典型调查？或者是几种类型相结合的调查？

4. 确定调查对象及分析单位

确定调查对象及分析单位即确定调查对象是人，还是户？或者单位、部门或地区？

5. 选择收集数据的方法

选择收集数据的方法即确定调查用问卷法，还是观察法或访问法？或者将上述方法相结合？

6. 规定变量的测量方法和量表

通过对要调查问题所涉及的概念进行界定，明确调查研究的变量及其具体指标，据此就可以具体设计调查问卷、观察表格或访问提纲等。

7. 设计抽样方案

一般应该根据调查者的主、客观条件，先确定一个恰当的调查范围，再通过抽样方案，选择那些具有代表性的地区或单位进行调查。关于抽样方法，将在第 4 章中进行详细介绍。

8．设计调查问卷或调查提纲

设计调查问卷或调查提纲即对研究内容具体化和操作化，将所要调查的项目系统地编排在调查提纲或问卷中。这里涉及的关键问题是如何说明调查对象的属性和特征、如何制定调查指标。将在第 5 章和第 6 章中对此做详细讲解。

9．制定数据分析方案

收集到的数据是用比率还是用平均数进行统计分析？是进行相关分析，还是进行回归分析？这些问题在调查开始前都要考虑好。第 10 章将为你介绍各种数据统计分析方法及适用范围。

10．考虑研究人员的构成

一项较大规模的社会调查往往需要很多调查者共同努力才能完成，同时还可能涉及挑选、培训调查员的问题。因此，在研究方案设计中，必须对调查课题的组成人员及其在研究中承担的任务进行全盘考虑，明确他们的分工，制定相应的组织管理办法。对调查员的挑选、培训工作也要事先进行规划，制定切实可行的培训方案，以保证调查工作的顺利进行。

11．选择调查时间与地点

调查时间包括调查时期（调查工作何时开始、何时结束）和调查时点（调查那一确定时间的社会情况）。调查时间的安排要受调查主体和客体的制约，不同的调查课题有各自的最佳调查时间，如人口调查的最佳时间是人口流动最少的时期，农贸市场调查的最佳时间是市场交易最活跃的时间。调查规模和方法不同，调查工作的周期也不相同。

一项调查课题从确定题目到完成报告，往往有时间上的限定或要求。为了在规定的时间范围内保质保量地完成调查任务，顺利达到预定的调查目标，调查者应该在开始调查之前对整个调查工作的时间分配和进度进行安排。每一阶段所分配的时间要合适，同时要留有余地。特别要注意给调查的设计和准备阶段多安排一些时间，不能匆匆忙忙地开始收集资料的工作。

调查地点是指实施调查的具体地点。例如，问卷调查一般是短期的，由各个调查员分发和回收问卷，要确定是进入各家各户进行调查，还是在单位、机构集中填写，或者在街道、商场等公共场所进行询问。而参与观察则是长期的，研究者和调查员需要生活在所调查的地区或单位，长期进行观察和访问。进行调查之前，还需培训调查员或编制调查员指导手册。

12．编制调查经费使用计划

调查经费主要包括调研人员的差旅费、协作人员的劳务费、课题资料费、问卷表格的印刷费、资料处理费（或计算机的使用费）、调查报告的印刷装订费等。调查经费是影响调查方案设计的重要因素，它直接限制了调查范围和调查方法的选择。

需要注意的是，没有哪种方案设计可以适用于所有类型的调查项目，因此在设计方案时必须针对具体问题进行具体分析。

相关链接 9

“蒙汉通婚研究”调查方案

1. 调查问题

赤峰地区农牧区蒙族与汉族的通婚研究。

2. 调查目的

通过对影响蒙汉通婚的各种因素的分析，探寻民族通婚的一般模式，建立一种理论模型来说明中国的民族通婚问题。这一研究对于认识目前的民族关系、制定民族政策有一定的参考价值。

3. 调查类型

抽样调查为主，结合实地研究。

4. 调查对象及分析单位

调查对象：赤峰地区农牧区的蒙族与汉族居民。

分析单位：赤峰地区农牧区的蒙族与汉族两个民族中的个人。

5. 收集数据的方法

问卷法为主，结合访问法、观察法。

6. 变量的测量方法和量表

本研究的基本设想是影响蒙汉通婚的主要因素有六类：① 经济活动；②居住特点；③ 人口迁移；④ 语言文化；⑤ 历史因素；⑥ 政策因素。由于后两种因素具有独立的影响作用，所以本研究通过对前四类因素的界定、分解和操作定义，筛选出十个影响民族通婚的变量：① 某一民族在一个村的总户数的比重；② 居民的平均文化水平；③ 户主的年龄；④ 户主的文化水平；⑤ 户主的职业；⑥ 户主的户口类型；⑦ 户主是否移民；⑧ 户主掌握另一民族语言的能力；⑨ 邻居中另一民族成员的多少；⑩ 户主与另一民族成员的交友情况。将这些自变量与因变量（民族通婚的程度）联系起来，建立了一组研究假设和一个复杂的因果模型。

7. 设计抽样方案

调查总体是赤峰地区的居民。根据地区特点选择4个有典型意义的旗（县），在这4个旗（县）中选择5个有代表性的乡，再在这5个乡中各选择2～3个村，共选出12个村。这12个村共3 200户，从中随机抽取（每4户中选3户）2 439户。每户调查户主1人，共2 439人。

8. 设计调查问卷或调查提纲

调查指标和项目包括户主的年龄、文化水平、职业变动、婚姻史、配偶情况、生育史、语言能力、社会交往、邻居情况、个人收入、个人对居住地的满意程度等，它们是对变量③～⑩的测量。针对每一指标或项目设计一个或几个问题进行调查。以上是主要问卷的内容。此外，还应设计两个辅助问卷，一个用于了解家庭情况，一个用于了解迁移情况。在了解村、乡、旗的历史与现状时，要根据事先设计的调查提纲进行了解。

9．制定数据分析方案

主要采用统计分析（包括相关分析、回归分析和路径分析），结合理论分析。

10．研究人员的构成

课题组共 5 人，其中 3 人是调查员，另外 2 名研究人员带队，起示范作用并负责检查、核对工作。

11．调查时间与地点

调查时间：2012 年 6 月—2012 年 8 月

调查时点：2012 年 6 月 1 日。6 月 1 日以后迁入的户主不在调查范围之内，6 月 1 日以后结婚的不做统计。

调查地点：直接进入家庭访问，填写问卷。

调查时间计划：

① 准备阶段：2012 年 2 月—2012 年 5 月，查阅文献，到调查地区实地初步考察，设计问卷，问卷试调查。

② 实施阶段：2012 年 6 月—2012 年 8 月，问卷调查，考察 5 个乡及 41 个村的概况。

③ 研究阶段：2012 年 9 月—2012 年 11 月，资料整理、数据处理、输入计算机汇总分析，打印统计表格、计算相关系数等。

④ 总结与应用阶段：2012 年 12 月—2013 年 3 月，结合资料的统计分析和理论分析撰写调查研究报告。

12．编制调查经费使用计划（略）

练习 16

设计调查研究方案

仔细阅读“相关链接 9”，根据自己确定的调查问题、提出的研究假设（也可以没有假设）、选择的调查对象与调查内容，结合调查方案的设计步骤，试着设计一份详细、完整的调查方案。

复习思考题

一、填空题

1．明确定义调查问题的方法有_________和_________。

2．研究假设的三个作用是_________、_________和_________。

3．研究假设表达的主要方法有_________、_________、_________和_________等几种类型。

4．在社会调查中，调查对象主要有_________、_________、_________、_________和_________五种类型。

二、选择题

1．用对低层次的分析单位所做的调查来对高层次的分析单位下结论所犯的错误是（　　）。

A．简化论　B．层次谬误　C．操作化错误　D．伪假设

2．一般而言，可以将调查对象的属性和特征分为（　　）三大类。

A．状态　B．意向性　C．行为　D．趋势

3．一项调查回答“调查是普查，还是抽样或个案研究”这个问题是在确定（　　）。

A．调查问题　B．调查内容　C．抽样方案　D．调查类型

三、简答题

1．一个好的调查题目应该符合哪些标准？

2．如何清楚且明确地陈述调查问题？

3．调查研究方案的作用是什么？

4．调查方案的一般性内容包括哪些？

四、讨论题

1．提出几个研究假设，并用不同陈述方式进行表达。

2．在《中国社会科学》或《社会学研究》、《社会》等杂志上，选择一份社会调查研究报告，分析并评价其所体现的调查方案的一般性内容。

第 4 章 抽 样

引 言

调查对象是调查资料的主要来源，可以将符合调查目的和要求的所有个体（包括个人、团体、组织、社区等）均作为调查对象，但在大部分情况下，没有必要也不可能对调查对象的全体做调查研究，而只是将其中一部分作为调查对象。这就需要解决以下问题：选择什么样的部分作为调查对象？这一部分包含的个体有多少？用什么样的方法进行选择？所选的这一部分调查对象与总体之间的关系是什么？本章通过介绍抽样的一般原理和概念、抽样的程序、各种抽样方法及有关问题的讨论对上述一系列问题做出回答。

本章学习目标

1. 掌握抽样调查的概念。
2. 掌握抽样的术语。
3. 掌握抽样的基本程序。
4. 掌握概率抽样方法与非概率抽样方法。
5. 了解抽样误差的估计。
6. 了解样本容量的确定。

学习导航

有句谚语说：“你不必吃完整头牛，才知道肉是老的。”这就是抽样的精髓，即从检查一部分来得知全体。抽样调查（sample survey）是很重要的一种观测研究。它只研究调查对象中的一部分人，而选中这些人并不是因为对他们特别感兴趣，而是因为他们具有代表性。

4.1 抽样与抽样调查

抽样是一种选择调查对象的程序和方法。一般来说，对于由千差万别的个体所组成的总体，如果能做全面的、普遍的调查，即对研究对象的所有个体无一例外地全部作为调查对象进行调查，其所得结果应该是最具普遍意义、最能反映总体特征的。但是在很多情况下，实施这种整体调查非常困难，因此常常代之以抽样调查。

社会科学中的抽样调查始于 1891 年挪威的人口调查。第二次世界大战后，随着电子计算机技术的迅速发展，抽样调查法得到迅速推广，并被越来越广泛地应用于社会科学的各个领域。

目前，抽样调查已成为社会调查的主流。

4.1.1　抽样的含义

1．抽样的定义

关于抽样，《现代汉语词典》将其简单地解释为“取样”。在社会科学中，抽样的定义多种多样，这里引用如下定义：所谓抽样，就是从研究对象的整体中选出一部分代表加以调查研究，然后用所得结果推论和说明总体的特性。这种从总体中选出一部分的过程就是抽样，所选出的这部分代表称为样本。

练习 17

认识抽样

想一想，为什么厨师做汤时常常从一大锅汤中舀一勺汤尝一尝，便可知道整锅汤的味道如何？顾客买米时往往从一大袋米中随手抓一把看一看，就知道这批米的质量好不好？

2．抽样调查的优势

抽样作为一种从部分到总体、从个别到一般的认识方法，与整体调查相比，它具有下列优越性。

（1）调查费用较低。当总体包含的研究对象数目较大时，普查所需费用将非常可观。例如，我国 1982 年第三次人口普查，动用普查工作人员 710 多万名，正式普查期间还动员了 1 000 多万名干部群众参加，花费人民币约 4 亿元。而抽样调查由于调查的仅是整体中的一部分，特别是当研究对象的数目相当大时，只从中抽取一小部分就可以保证足够的精确度，因而其所需费用较整体调查要少得多。

（2）速度快。调查全部研究对象比调查它的一部分要费时得多，而某些社会现象需要及时了解，随时掌握，因此时间往往成为限制调查的一个因素。例如，国家制定年度预算计划需要掌握一年的人口变动情况，普查无法满足这一要求，因为一次人口普查往往需时数年，像我国第五次人口普查就用了 3 年时间。在迅速提供有关信息和掌握变动的社会现象方面，抽样调查具有很大的优越性。

（3）应用范围广。抽样调查可广泛应用于各个领域、各个部门、各个课题，如市场调查、家计调查、民意测验调查和社会调查等。它不像普查那样只适用于统计部门或政府部门。

（4）可获得内容丰富的资料。为了节约费用、减少工作量、使调查适合各地区的情况，整体调查通常只了解少量项目。例如，我国 1953 年第一次人口普查仅调查了 6 个项目，2002 年第五次人口普查也仅有 19 个项目，并且多是一些行政上的基本资料，很少有关于行为、态度、意见方面的内容，且没有时间对其进行深入的调查分析。抽样调查因调查对象的数目远少于普查，因此可以设置较多和较复杂的调查项目，并能集中时间和精力做详细的分析。

（5）准确度高。整体调查需要大批访问员，而这些访问员许多缺乏经验和专业训练，这往往会降低调查质量。抽样调查则可以使用少量素质较高的工作人员，并对他们进行充分的训练，在他们的实地调查中还可以给予更仔细的检查监督，调查资料的处理也能较好地完成（见表 4.1）。值得注意的是，任何调查研究都不可避免地会出现误差，抽样调查也是如此，它的准确性是相对而言的。但是，抽样调查的抽样误差可以事先计算出来，并可以通过调整样本数和组织形式来控制误差大小，因而在推及总体时也就可以知道总体数据是在一个什么样的精确度范围之内，从而使调查研究的准确程度较高，这是其他调查所做不到的。

表 4.1　抽样调查与整体调查的比较

比较方面	比较适用于所给条件的调查方式	
	抽样调查	整体调查
预算经费	低	高
时间要求	短	长
总体大小	大	小
总体特征的方差	小	大
抽样误差的可能损失	小	大
非抽样误差的可能损失	大	小
测量（试验）的性质	毁灭性的	非毁灭性的
是否需要特别注意个体调查单位	是	否

相关链接 1

抽样技术与美国总统大选预测

现代抽样技术始于美国大选民意测验的发展。《文学文摘》是美国 1890—1938 年期间的一份普及型新闻杂志。1920 年，该杂志第一次尝试对当年的美国总统大选进行预测。他们根据电话号码簿和汽车执照登记名单向全美 6 个州的公众发出明信片，询问在即将进行的总统大选中，是会投“哈丁”的票还是会投“科克斯”的票。《文学文摘》根据回收的明信片统计调查结果，准确地预测出哈丁将当选总统，该杂志由此声名鹊起。在接下来的 1924 年、1928 年和 1932 年连续三届的总统大选中，《文学文摘》杂志用同样的方式，均准确地预测了结果。

1936 年，美国总统大选在罗斯福和兰登之间展开，大选之前《文学文摘》杂志发出了空前的 1 000 万张明信片，并回收了 200 万张，预测罗斯福和兰登的得票比例为 43∶57，认为兰登将当选。就在人们表示信以为真时，最后的选举结果却是罗斯福以 61%的选票当选，《文学文摘》杂志从此名声下降。而正是在这一次的大选预测中，另一个年轻的民意测验者盖洛普获得了首次成功，他采用配额抽样技术准确地预测罗斯福将获胜。后来的总统大选预测中，盖洛普和他的美国民意测验中心（American Institute of Public Opinion）取代了《文学文摘》杂志的地位。此后，最著名的一次是 1984 年共和党人里根和民主党人蒙代尔竞选，结果里根以 59∶41 的选票当选，这个比例与盖洛普事前用抽样技术预测的结果完全一致。

现代总统大选中使用的民意测验技术已经相当成熟，取 2 000 左右的样本规模就可以得到非常好的预测结果，而早年《文学文摘》杂志动辄回收几百万份问卷却预测失败，这正是抽样技术的奥妙所在。

3．抽样调查的适用范围

抽样调查具有其他调查方法无可比拟的优势，因此它被公认为非全面调查方法中用来推断现象总体的最完善、最有科学根据的方法，在现代社会调查中被广泛应用。概括起来，抽样调查主要适用于以下几种情况。

（1）总体范围较大，调查对象较多。

（2）实际工作中，不可能进行全面调查，而又需要了解其全面情况的调查。例如，对炸弹的爆炸威力、灭火器的合格率、电风扇的使用寿命、药品的成分等进行检验时，就不能进行全面调查，因为被抽取单位经过调查检验后会失去它们的原有形态或原有功能，所以只能采用抽样调查的方法。

（3）虽可以进行但不必要进行全面调查的事物。例如，调查某地城乡居民家庭收支情况，运用普查的方法收集资料是可能的，但这样工作量太大，困难很多；如果采用抽样调查，只要组织得当，设计科学，也能通过统计推断而达到了解全部情况的要求。

（4）对普查统计资料的质量进行检验、修正。全面调查对总体内每个个体逐个调查，由于涉及范围广、资料容量大、工作环节多、调查人员能力限制等原因，会使全面调查的资料出现一些误差。为了保证调查质量，可以在全面调查后，采用抽样调查的方法，对全面调查的质量予以检查，并补充、修正全面调查的资料。例如，人口调查完毕后，一般需抽取 5%～10%的人口，对一些重要指标进行详细复查，以复查结果修正普查资料。

在许多情况下，还可以把抽样调查与普查方法结合起来使用。例如，日、美等国家每 10 年进行一次人口普查，每 5 年进行一次工业普查和农业普查；在其余年份，则通过抽样调查取得人口和工农业生产的实际情况。我国每 10 年进行一次人口普查，其余年份进行 1%的人口抽样调查，从而获得完整的人口变动资料。

4.1.2 抽样的术语

在抽样调查中，会用到一些特有的术语。了解这些术语，对于理解和掌握抽样调查的原理和方法是十分必要的。

1．总体

总体就是根据一定的研究目的和要求所确定的被研究对象的全体，也称母体。例如，当人们对广东省大学生的择业倾向进行研究和探讨时，广东省所有在校大学生的集合就是我们研究的总体。又如，人们打算研究广州市居民的家庭生活质量，那么广州市所有的居民家庭就构成人们研究的总体。抽样调查时，确定总体是非常重要的。如果不能很好地确定总体，将其范围算大或算小了，接下来的调查无论做得多么仔细、多么认真，调查结果都不会令人满意。

2. 样本

样本就是从总体中按一定方式抽取出来的那一部分进行调查的分析单位的集合体。或者，一个样本就是总体的一个子集。例如，人们从广东省大学生中按一定方式抽取1 000名大学生进行“择业倾向”情况调查，这1 000名大学生就构成了一个样本。样本中含有的分析单位的数目叫样本容量，也称样本大小。上例中，1 000就是样本容量。从一个总体中可以抽取出若干个不同的样本。在社会研究中，资料的收集工作往往是在样本中完成的。

练习 18

总体和样本是什么

想一想，下面三个调查中，总体是什么？样本是什么？

（1）国家统计局每10年进行一次的中国的人口基本情况调查，如总人口数、出生率、死亡率、各年龄人口比重、文化程度等。此项调查的总体是什么？有样本吗？

（2）某调查机构在规定的时间内，使用多阶段随机抽样方式，针对北京、上海、广州、武汉、成都、沈阳和西安7个城市的1 888名18～60岁女性进行入户访问，以了解我国城市女性的家庭观念。此项调查的总体是什么？样本是什么？

（3）央视—索福瑞（CSM）的电视收视率调查结果往往影响广告商愿意花多少钱来买某节目的广告，以及该节目是否能够办下去。对于央视—索福瑞进行的全国电视收视率调查来说，总体是什么？样本是什么？

3. 抽样单位

在社会调查研究中，分析单位是人们进行信息收集和分析的基本单位，而当人们确定采用抽样调查进行社会调查时，习惯于把分析单位称为抽样单位。抽样单位可以是一个人，也可以是一个家庭、一个群体或组织，如公司、学校等。例如，从广东省大学生中按一定方式抽取1 000名大学生进行调查，单个的大学生就是人们从总体中一次直接抽取1 000名大学生的样本时所用的抽样单位。但是，如果人们从总体中一次直接抽取的是40个班级，而以这40个班级中的全部学生（假定正好1 000名）作为人们的样本时，抽样单位就变成了班级。显然，在一个既定的抽样调查中，抽样单位和分析单位是同一个概念。不过，在抽样设计阶段，人们习惯于以抽样单位相称；在资料分析阶段，人们还是习惯于以分析单位相称。

4. 抽样框

抽样框又称抽样范围，是指一次直接抽样时总体中所有抽样单位的名单，即抽样单位的具体化的实际名单。例如，从一所大学的全体学生中直接抽取2 000名学生作为样本，那么这所大学全体学生的名单就是这次抽样的抽样框；如果从这所大学的所有班级中抽取部分班级的学生作为调查的样本，那么此时的抽样框就不再是全校学生的名单，而是全校所有班级的名单，因为此时的抽样单位已不再是单个的学生，而是单个的班级。

5. 随机原则

随机原则，是指抽样时在完全排除主观上人为选择的前提下，使总体中每个单位有相同的被抽中的机会。例如，总体中共有 10 000 个单位，样本容量是 2 000，则每个单位被抽样的机会皆为 20%。福利彩票的中奖就是按随机原则产生的。随机原则也叫机会均等原则（或等概率原则）。遵循随机原则的抽样，叫做随机抽样或概率抽样，否则叫做非随机抽样或非概率抽样。

6. 总体参数

总体参数又称参数值或总体值，它是关于总体中某一变量取值的综合描述，即根据总体中各单位的已知量计算出来的关于总体的统计指标。统计中最常见的总体值是某一变量的平均值。例如，某市待业青年的平均年龄、某厂工人的平均收入等，它们分别是关于某市待业青年这一总体在年龄这一变量上的综合描述及某厂工人这一总体在收入这一变量上的综合描述。需要说明的是，总体值只有通过对总体中的每个元素都进行调查或测量才能得到。

7. 样本统计量

样本统计量又称统计值或样本值，它是关于样本中某一变量的综合描述，或者是样本中所有元素的某种特征的综合数量表现。样本值是从样本的所有元素中计算出来的，它是相应的总体值的估计量。例如，样本的平均值就是通过对样本中的每个元素进行调查或测量后计算出来的，它是相应的总体平均值的估计量。抽样的目的之一就是通过这些样本值去估计和推断各种总体值。由于从个相同的总体中可以根据不同的抽样设计得到若干个不同的样本，所以从每一个样本中所得到的估计量都只是总体的许多个可能估计量中的一个。抽样设计的目标就是尽可能使所抽取的样本的估计量接近总体的参数值。

8. 抽样误差

抽样误差是指样本统计量和总体参数之间的差异。随机原则本身就决定了概率抽样不可能为总体参数提供一个唯一的估计值，所以用样本统计量去推断总体参数时，误差总是不可避免的。科学的抽样设计的目的在于尽可能地减少这种误差。

抽样误差是衡量样本代表性大小的标准，它主要取决于总体内个体的差异性和样本所含个体的多少。一般来说，样本所含个体越多，代表性就越高，抽样误差就越小；反之，则代表性越低，抽样误差越大。总体中个体差异程度越高，含同样数目样本的代表性越低，抽样误差就越大；反之，代表性越高，抽样误差就越小。必须注意的是，抽样中因误抄、计算等人为过失和其他一些违反随机原则而产生的误差，不是这里所指的抽样误差。

9. 置信水平和置信区间

置信水平，是指总体参数值落在样本统计值某一区间的概率，它用于反映样本统计量估计总体参数的可靠性（信度）。置信区间，是指在一定置信水平下，样本统计量与总体参数偏差的最大允许范围。例如，人们可以说，有 90%（置信水平）的把握认为身高的样本统计量将落在

总体参数不超过 ± 1cm 的范围（置信区间）之内。

4.1.3 抽样的基本程序

不同的抽样方法具有不同的操作要求，但它们通常都要经历以下几个步骤。

1. 界定总体

在具体抽样前，首先要对从中抽取样本的总体范围与界限做明确的界定。这一方面是由抽样调查的目的所决定的。因为抽样调查虽然只对总体中的一部分个体实施调查，但其目的却是描述和认识总体的状况与特征，是发现总体中存在的规律性，所以必须事先明确总体的范围。另一方面，界定总体也是达到良好抽样效果的前提条件。如果不清楚明确地界定总体的范围与界限，即使采用严格的抽样方法，也可能抽出对总体严重缺乏代表性的样本。

相关链接 2

什么原因导致《文学文摘》杂志的预测失败

在前面“抽样技术与美国总统大选预测”链接中，是什么原因导致《文学文摘》杂志预测失败？除了抽样方法及邮寄方式上的原因外，对抽取样本的总体缺乏清楚的认识和明确的界定也是极为重要的原因。因为杂志预测当时抽样所依据的并不是美国全体已登记的选民名单，而是依据电话号码簿和汽车登记簿编制抽样范围，再从这些号码上进行抽取。这样，那些没有家庭电话和私人汽车的选民就被排除在抽样总体之外。而在当时，由于受 1933 年美国经济大萧条的影响，一方面大量人口滑落到下等阶层，另一方面此时的劳动阶层选民希望选民主党人，所以很多人出来投票。结果，未被抽到的较穷的选民都投了罗斯福的票，使《文学文摘》杂志的预测惨遭失败。

这一实例告诉人们，要有效地进行抽样，必须事先了解和掌握总体的结构及各方面的情况，并依据研究目的明确地界定总体的范围。样本必须取自明确界定后的总体，样本中所得的结果也只能推广到这种最初已做出明确界定的总体范围之中。

再来看一个例子，《武汉人研究》课题组对调查总体进行界定时，首先明确其内涵，即所有武汉市的人。但这还不够，还必须对其外延做出明确界定，即在武汉市（不包括郊区）生活、工作且有武汉市户口的年龄在 16 ~ 65 岁的中国公民。只有如此，才便于抽样的实际操作。

由此可以看出，为了组织有根据的抽样研究，必须根据研究对象的性质界定总体，要明确整体所包含的内容、规定空间与时间的范围，同时要确定调查对象的内涵、外延及数量，还要使调查对象与研究目标及要求相符合，并且要使调查具有理论依据。

练习 19

确定你要开展的调查题目的总体，最好能编制出抽样框。

2．编制抽样框

这一步骤的任务就是依据已经明确界定的总体范围，收集总体中全部抽样单位的名单，并通过对名单进行统一编号来建立供抽样使用的抽样框。例如，人们要在某大学进行一项该校大学生择业倾向的抽样调查，第一步就要先对总体进行界定。如果本次调查的总体是该大学所有在读的全日制本科生和研究生，那么该校的专科生、夜大生及其他不符合上述界定的学生就被排除在总体之外。而制定抽样框这一步的工作就是要收集全校各系所有在读本科生及研究生的花名册，并按一定的顺序将所有花名册上的名单统一编号，形成一份完整的既无重复又无遗漏的总体成员名单，即抽样框，从而为下一步抽取样本打下基础。

对于不同类型的总体，抽样框的形式也有多种。在学校、企业、机关等正规社会组织中进行抽样时，可以利用现成的人员花名册；而在某一个地理区域内抽样时，常可使用人口普查资料编制抽样框。

抽样框是概率抽样一个最基本的要求，它的质量关系着抽样的质量。在实际抽样时，一个良好的抽样框通常不太容易获得，其编制需要具备一定的技巧并采取认真细致的态度。多数抽样框是不完全的，或者一部分模糊不清、难以辨认，或者含有未知的重复部分。例如，对社区人口调查时，制定完全准确的抽样框几乎是不可能的，因为出生和死亡随时都会发生，人们的住址可能更换，已提供的地址和电话号码也可能有错误。在做较大规模的调查（如对一个城市的调查）时，因调查总体包含易变因素（如城市移民），建立比较理想的抽样框不但难度高，时间和财力的耗费通常也比较大。

需要注意的是，当抽样分几个阶段、在不同的抽样层次上进行时，则要分别建立几个不同的抽样框。例如，为了调查某市小学生的学习情况，需要从全市 500 所小学中抽取 10 所小学，再从每所抽中的小学中抽取 3 个班级，最后从每个抽中的班级中抽取 10 名小学生。这就需要分别收集并排列全市 500 所小学的名单、每所抽中的小学中所有班级的名单，以及每个抽中的班级中所有学生的名单，形成三个不同层次的抽样框。

3．决定抽样方案

在具体实施抽样之前，依据研究的目的与要求，根据调查范围、调查对象、各种抽样方法的特点，以及其他有关因素决定具体采用哪种抽样方法。除了抽样方法的确定外，还要根据调查的要求确定样本的规模及主要目标量的精确程度。一个完整的抽样方案应包括以下内容：① 确定抽样调查的目的、任务和要求；② 确定调查对象（总体）的范围和抽样单位；③ 确定抽取样本的方法；④ 确定必要的样本量；⑤ 对主要抽样指标的精度提出要求；⑥ 确定总体目标量的估算方法；⑦ 制定实施总体方案的办法和步骤。

4．实际抽取样本

在完成上述几个步骤的基础上，严格按照所选定的抽样方法，从抽样框中抽取一个个抽样单位，构成调查样本。例如，在一所大学中抽取 200 名学生进行调查，若这所学校学生总数不是很大，且很容易得到全校学生的花名册，那么可以事先从这份花名册中抽取 200 名学生的名单。

5. 评估样本质量

一般情况下，样本的抽出并不是抽样过程的结束。完整的抽样过程还应包括样本抽出后对样本进行的评估工作。所谓样本评估，就是对样本的质量、代表性、偏差等进行初步的检验和衡量，其目的是防止由于样本的偏差过大而导致调查失败。样本对于总体的代表性问题始终是抽样中关注的中心问题。

（1）衡量样本质量的标准。衡量样本质量主要有两个标准，即准确性和精确性。

1）准确性，即样本没有偏差。偏差也称系统误差，它可能来源于多种原因，其中最主要的原因有两个。一是抽样程序的缺点，即未能严格遵循随机原则。例如，所使用的抽样框不完整或已过时；或者抽取样本时掺入了主观判断因素等。二是无回答。无回答是样本偏差的主要来源之一。一个样本一经抽定，就应严格按选定的调查对象进行调查。但在实际调查中，有时在调查现场找不到被选定的人，或者调查对象拒绝接受调查或对某些问题拒绝回答。这些无回答者往往具有某种特征，如关于家庭收支调查，那些高收入者往往拒绝回答收入情况的问题；在外面做工的人往往无法调查到等。这就使实际调查的样本与被抽出的样本产生偏差。事实上，一个包含比初始选定的单位少于 80%的样本几乎肯定是有偏差的，这种情况下应通过二访、三访或其他手段提高回答率。

2）精确性，指抽样误差的大小。抽样误差是抽样这种方法所固有的误差，是随机误差。抽样误差可以定量进行估计，因此调查人员对于抽样误差的估计具有很大的主动性，如调查人员可以通过控制样本容量来有效控制抽样误差。

从理论上讲，如果能严格遵照随机原则和抽样程序，并提高回答率与问卷回收率，就可以得到一个无偏差即准确性很高的样本，但实际上是很难做到完全无偏差的，而且没有确定的数学模型可以从资料内部对样本的偏差进行测量，这给人们对样本代表性的评估带来了很大困难。由于有技术和有经验的抽样专家可以最大限度地减少偏差，所以可以假设这种情况下抽取的样本是无偏的，这时就可以用抽样误差对样本进行评估。

（2）评估样本的基本方法。评估样本的基本方法是，将可得到的反映总体中某些重要特征及其分布的资料与样本中的同类指标的资料进行对比。若两者之间的差别很小，则可认为样本的质量较高，代表性较大；若两者之间的差别十分明显，那么样本的质量和代表性就一定不会很高。举例来说，如果从学校 3 万多名学生中抽取 200 名学生作为样本，同时，从学校有关部门得到下列统计资料：全校男生占学生总数的 78%，女生占 22%；本省学生占 98%，外省学生占 2%。那么，可以对抽出的 200 名学生进行这两方面分布情况的统计。假定样本得到的结果为：男生占 76%，女生占 24%；本省学生占 97%，外省学生占 3%。比较之后，不难发现两者之间的差距很小，这在一定程度上说明样本的质量和代表性比较高。从这样的样本中得到的结果就能够较好地反映和体现总体的情况。当然，用来进行对比的指标越多越好，各种指标对比的结果也是越接近越好。

4.2　概率抽样方法

上面谈到了“随机原则”，概率抽样就是按“随机原则”产生样本的抽样。概率抽样又称随机抽样，即在抽样时，总体中每个抽样单位被选为样本的概率相同。随机抽样具有健全的统计理论基础，可用概率理论加以解释，是一种客观而科学的抽样方法。

一般而言，概率抽样调查的基本组织形式分为单阶段抽样和多阶段抽样两大类。单阶段抽样是指只需一次抽样的过程。它包括简单随机抽样、系统抽样、分层抽样等。多阶段抽样是指将总体分层，再逐层抽取样本的过程。多阶段抽样在总体特别大时使用。

4.2.1　简单随机抽样

简单随机抽样又称纯随机抽样，它适用于调查总体内单位不多的情况。它是最基本、最简单、最容易的概率抽样方法，这种方法类似于抽签。进行简单随机抽样的先决条件是必须有一个具体的抽样框，即必须取得一份含有总体所有元素的名单。抽样时，必须对抽样框中的每个个案按顺序一一编号；然后，根据总体规模是几位数来确定从随机数表中选几位数码；接着，或者根据随机数字表，或者根据计算机软件自动产生的随机数字，决定哪些个案应该被选入样本；最后，根据样本规模的要求选择足够的数码个数，并在抽样框中找出它所对应的元素。按照上述步骤选择出来的元素的集合，就是所需要的样本。简单随机抽样不进行任何分组、排列，它使总体中任何个体都有被抽取的平等机会，即对总体中的任何分子一视同仁。

相关链接3

随机抽样的例子

1．随机数表介绍

随机数表是一连串的0，1，2，3，4，5，6，7，8，9这些数字，并且满足以下两个条件。

（1）表中任一位置的数字，其为0~9中任何一个数字的概率相同。

（2）不同位置的数字之间是独立的。也就是说，知道表中某一部分是什么数字，不会提供给你任何关于其他部分是什么数字的信息。

2．随机抽样步骤

步骤1：编代码。对个体中每个个体指定一个数字代码，要保证每个代码都是同样的位数。

步骤2：利用随机数字表随机选取代码。

假设人们的任务是从一个900人的总体中抽取一个150人的样本进行调查。这900人的名单就是抽样框。首先，需要对这900人中的每个人都按001~900的顺序编号。在使用随机数字表时，只需要使用3位数字就够了。那么，从哪个数字开始呢？第二，从数字组中选择哪3个数字呢？第三，在选择数字组时，使用哪种模式呢？对第一个问题做出决定非常简单，只需要在书本上随意一指，指到的数字组就是选样的开始组。也可以在纸上随意写下某一行与某一列，然后找到这个数字组作为开始。第二个问题包含三种选择：① 选择从左到右的前 3 位数字；② 选择中间的 3 位数字；③ 选择从左到右的最后 3 位数字。第三个问题也包含几种选择，可以顺着每行从左到右选、自上而下选、自下而上选，甚至还可以按对角线选。不管采用什么模式，关键是必须自始至终采用同一种模式，直至符合样本数为止，不要人为地选择和跳跃。在选择过程中，如果碰巧遇到了两个相同的号码或溢出的号码，对其应视为无效而舍去。

练习 20

简单随机抽样练习

假设你们教室旁边正在施工，影响了你们的学习。你们班决定向院长反映情况，大家同意在班上随机选 4 个人去见院长。拿一份班上同学的名单，用随机数表选一个大小为 4 的随机样本。

简单随机抽样法最符合抽样的随机原则，且简便易行。但这种方法要给予每个调查单位同等被抽中的机会，这意味着必须设法使每个单位只能根据其编号来辨认。试想，给 1 000 人编号已经很不容易，如果调查对象是 1 万人、10 万人，甚至更多，那么编号的工作量该有多大？另外，如果在大范围内使用这种方法抽取样本，样本分布有可能很分散，这会给实际的调查工作带来困难。例如，从全国家庭中以简单随机法抽出来的样本家庭，其地址非常分散，有时一个调查员只能调查一个家庭，调查费用很大，调查人员的挑选、训练等也有种种不便。由于存在上述局限性，简单随机抽样法一般不单独使用，它适用于总体单位数目不大、总体单位之间差异程度较小的情况。否则，所抽样本可能缺乏代表性，抽样误差可能会较大。

练习 21

应该用随机选取吗

在多人竞争一样好东西时，随机选取是公平的决定方法，因为每个人赢取的机会都一样。但是随机选择并非永远都是好主意，有时人们并不想对所有的人一视同仁，因为有的人或许比别人更有资格。下面的情况中，你觉得哪个可以进行随机选取，说明理由。

（1）篮球比赛的场地有 4 000 个座位，但是有 7 000 名学生想要得到球票。是否应在 7 000 人中选出 4 000 人？

（2）等着换肝的病人，人数远远超过能用来移植的肝脏数目。在决定把肝脏移植给谁时，应该完全用随机方式吗？

（3）越南战争期间，美国用抽签的方式决定年轻男子谁必须去打仗。请问要决定谁得去越南，谁可以留在家里，抽签是不是最好的方式？

（4）某社区有 1 000 位男居民和 500 位女居民。为了调查居民对社区的工作是否满意，从 1 000 位男居民中随机抽取了 100 位，从 500 位女居民中随机抽取了 50 位，人们的样本就包括了 150 位抽出来的社区居民。请问用这样的抽样方法，每位居民被抽到的机会是一样的吗？这是一个简单随机抽样吗？

4.2.2　系统抽样

系统抽样又称等距抽样或机械抽样，它将总体中全部个案按某种顺序排列、编号，再按抽样比例分成间隔，并在第一个间隔内选取第一个个案，然后每经一个间隔就选取一个个案。这样选出的个案就是人们所需要的样本。它和简单抽样一样，需要有完整的抽样框，样本的抽取也是直接从总体中抽取个体，没有其他环节。

系统抽样的关键在于按照一个固定的间隔抽取个案，这就涉及两个问题：第一，从什么地方开始？第二，按什么原则决定间隔？第一个问题的答案很简单，任何随机的起始点都符合要求，可以在名单上随意一点，点中的名字与号码就是样本的开始。取样的间隔是由总体的规模与样本的规模之比决定的，即取样间隔=总体规模÷样本规模。假如总体为 900，样本为 150，取样间隔就等于 6。也就是说，每隔 6 个人选出 1 个人。样本占总体的比例则由取样比决定，取样比=样本规模÷总体规模。在本例中，取样比为 150÷900=0.167，也就是说，样本约为总体的 16.7%。

由此可见，系统抽样一般要遵循以下具体步骤。

（1）给总体中的每个个体按顺序编号，即制定抽样框；

（2）用总体单位数除以样本单位数求得抽样间距，公式为

$$k\,(\text{抽样间距})=\frac{N\,(\text{总体规模})}{n\,(\text{样本容量})}$$

（3）在第一个 k 单位中，采用简单随机抽样的方法抽取一个个体，设其编号为 B，它称做随机的起点；

（4）在抽样框中，自 B 开始，每隔 k 个单位抽取一个个体，即所抽取个体的编号分别为 B，B+k，B+2k，…，B+（n−1）k；

（5）将 n 个个体合起来，就构成了该总体的一个样本。

上例中，假设随机起始点为 623，选入样本的号码依次为 629，635，641…但是，不久就数到了 899，而 150 人的样本还未抽取完毕，这时，就需要从名单的开始处接着抽取，依次选取 5，11，17，23…直到再次遇到开始点 623 为止。

在手工选样的情况下，系统抽样比简单随机抽样简便，尤其是当总体及样本的规模都较大时更是如此。另外，系统抽样的样本在总体中的分布均匀，具有较高的代表性，抽样误差小于或至多等于简单随机抽样，而且抽样过程大大简化，只要确定第一样本单位，整个样本也随之确定，因此它在社会调查中的应用较为广泛。

相关链接4

电话号码簿抽样（系统抽样）

根据电话号码簿抽样的常用方法就是系统抽样。如果要从某城市电话号码簿中产生一个容量为300的样本，已知该市电话簿共921页，每页有2栏号码，每栏有60个号码，具体做法如下。

（1）用921除以300，得3.07，取整数，即间隔为3页（k=360）。

（2）在1~3页共有360个电话号码，假设在360中随机抽中一个数为183，

你就可以确定第一个样本单位是第2页第2栏第3行上的那个电话号码。

（3）此后，按等距抽样的规则，你可在第5，8，11，14…页相同位置上确定其他样本单位，共得到307个电话号码。

（4）最后，也是最方便的处理，可以考虑将样本容量调整为n=307。

系统抽样也有一定的局限性。第一，调查总体的单位不能太多。因为使用这种方法时要有一个按某一标志排列的完整的花名册，而这在总体单位数太大时比较难于实施。第二，采用系统抽样时，要特别注意不要让总体的规模与样本的间隔相重合，即避免抽样间距与调查对象本身的周期性节奏相重合。例如，在研究夫妻对婚姻的满意程度时，如果在总体名单上采取先列丈夫后列妻子的顺序，那么当抽样间隔为偶数时，就可能全部选入丈夫，或者全部选入妻子。因此，在使用系统抽样时，一定要认真考察总体的排列情况和抽样距离。如果原有的排列次序有可能导致抽样失败或形成周期性偏差，则应当打乱原排列次序或改用其他抽样方法。第三，当总体内个体类别之间的数目悬殊过大时，样本的代表性可能较差。例如，某福利工厂内工人多，技术人员少，如果采用系统抽样，可能很少或甚至完全没有抽中技术人员。在这种情况下，一般采用另一种抽样方法，即分层抽样。

相关链接5

一次失败的士兵调查

第二次世界大战期间，美国军方委托社会学家对军队士兵进行一项抽样调查。在进行抽样之前，研究者对军方提供的总体名单未做认真考察，他们在不知道该单位名册是按照10个士兵组成的一个班内的军队军衔级别进行排序的（如上士、中士和下士）情况下，就确定将名单混在一起作为抽样框。具体调查过程中，研究者按照等距抽样的规则计算出抽样间距是10，于是在每10个士兵中选择一个作为样本，这个抽样间距正好与班内的军衔级别重合，结果导致样本中的士兵全部都是上士，中士和下士一个都没有。显然，这个抽样没有实现具有代表性的样本，而是一个上士士兵调查的样本，最后的调查结果不是说明所有士兵的情况，最多只能说明军衔是上士的那些士兵的情况。调查宣告失败。

4.2.3 分层抽样

分层抽样又称类型抽样，是一种较为常用的抽样方法。在样本大小不变的情况下，总体的一致性越高，抽样误差就越小。分层抽样是先将总体中的所有单位按某种特征或属性（如性别、年龄、职业或地域等）划分成若干类型或层次，然后再在各个类型或层次中采用简单随机抽样或系统抽样的办法抽取一个子样本，最后将这些子样本合起来构成总体的样本。

分层抽样的基本步骤是：总体分层—层中抽样—子样本集合。例如，在一所大学抽取学生进行调查时，可以先把总体分为男生和女生两大类；然后采用简单随机抽样或系统抽样的方法，分别从男生和女生中各抽取100名学生。这样，由这200名学生所构成的就是一个由分层抽样所得到的样本。

分层抽样方法的一个优点是在不增加样本规模的前提下，降低抽样误差，提高抽样的精度。总体的同质性越高，样本就越容易反映和代表总体的特征和面貌。采用分层抽样的最基本目的在于把异质性较强的总体分成一个个同质性较强的子总体，以便提高抽样的效率，达到更好的抽样效果。分层抽样的另一个优点是非常便于了解总体内不同层次的情况，便于对总体中不同的层次或类别进行单独研究，或者进行比较。例如，一项《中国妇女社会地位调查》，调查者"为了能分析比较城乡差别，提高抽样精度，并为了保证城市分析具有足够的样本容量"，他们采取了各个调查省在省内进一步按城乡分别进行抽样的做法，并使城乡两个类别的样本规模相等。

在实际运用分层抽样的方法时，研究者需要考虑分层的标准和分层的比例这两个问题。

1．分层的标准

（1）以调查所要分析和研究的主要变量或相关变量作为分层的标准。例如，如果要调查研究居民的消费状况和消费趋向，可以以居民家庭人均收入作为分层标准；要调查了解社会中不同职业的人员对经济改革的看法，则可以以人们的职业作为分层的标准。

（2）保证各层内部同质性强、各层之间异质性强、突出总体内在结构的变量作为分层变量。比如，在工厂进行调查时，可以以工作性质作为分层标准，将全厂职工分为干部、工人、技术人员、勤杂人员等几类进行抽样。

（3）以那些已有明显层次区分的变量作为分层变量。例如，在社会调查中，性别、年龄、文化程度、职业等就经常被用做分层的标准；将学生按年级、专业、学校分层等。

2．分层的比例

分层抽样包括按比例分层和不按比例分层两种方法。

（1）按比例分层抽样。按比例分层抽样是指根据各种类型或层次中的单位数目占总体单位数目的比重来抽取子样本的方法。也就是说，在单位多的类型或层次中所抽的子样本比例就大一些，在单位少的类型或层次中所抽的子样本比例就小一些。采取按比例分层抽样的方法，可以确保得到一个与总体完全一样的样本。

练习 22

分层抽样

某市老年人、中年人和青年人共计 1 920 000 人，其中老年人占 10%，中年人占 40%，青年人占 50%。要了解三个不同年龄层次的人对改革的看法，试采用按比例分层抽样方法抽取 500 人进行调查，请问老年人、中年人和青年人应该各抽取多少人。

（2）不按比例分层抽样。在有些情况下，不宜采用按比例分层抽样方法。有时总体中有的类型或层次的单位数目太少，若按比例分层的方法抽样，则有的层次在样本中个案太少，为了使该类型的特征能在样本中得到足够反映，需要适当加大该类型在样本中所占的比例，即采取不按比例抽样的方法。例如，研究某城市破裂家庭对青少年犯罪行为的影响。假定该城市的全部青少年人口中，未犯罪的青少年有 54 400 名，犯罪青少年有 960 名。人们决定从未犯罪的青少年中抽出 1%来研究，即 544 名。如果人们用相同的比例从犯罪青少年中抽取，样本就只有 10 名。这样小的样本难于提供准确的资料，因此要把它扩大，从两名犯罪青少年中抽取一名来研究，于是样本就变为 480 名。

4.2.4 整群抽样

前面介绍的几种抽样方法都是以总体单位作为抽样单位。在实践中，总体单位数目往往很大，而各单位在时间和空间上的分布又很分散，这给抽样带来很大困难。为了便于组织调查，有时可以利用现成的集体，随机地一群一群地抽取集体单位加以研究，由此推断总体的情况。

整群抽样又称聚类抽样，它是从总体中随机抽取一些小的群体，然后由抽出的若干个小群体内的所有单位构成调查样本的抽样方法。这种小的群体可以是家庭、班级，也可以是工厂中的车间等。举例来说，假设某大学共有 100 个班级，每班都是 30 名学生，则大学总共有 3 000 名学生。人们现在要抽取 300 名学生作为样本进行调查。如果人们采用整群抽样的方法，就不是直接去抽一个个的学生，而是从全校 100 个班级中，采用简单随机抽样的方法或系统抽样的方法或分层抽样的方法抽取 10 个班级，然后由这 10 个班级的所有学生构成调查样本，这便是整群抽样。

那么，这里所说的“群”与前面所讲的“层”有什么区别呢？整群抽样虽然与分层抽样有相似之处，如第一步都是根据某种标准将总体划分成若干群或层，但两者存在显著差异。对于整群抽样而言，抽中群的全部个体都是样本单位，未抽中群的样本单位都不在调查之列；分层抽样则要在所有层中均抽取一个小样本，它们合起来构成总体样本。也就是说，对于分层抽样，调查对象来自所有层，调查结果的代表性自然比较高。因此，当不同子群相互之间差异很大，而每个子群内部的差异较小时，则适合采用分层抽样的方法；当不同子群相互之间差异较小，而每个子群内部的差异较大时，则特别适合于采用整群抽样的方法。

练习23

区别整群抽样和分层抽样

有两项抽样调查，一项是某市大学生的营养状况调查，另一项是某市市民的消费状况调查。请你分析一下，哪一项适合用整群抽样？哪一项适合用分层抽样？

总的来说，采用整群抽样的方法，不仅可以简化抽样的过程，更重要的是可以降低调查中收集资料的费用，同时还能相对地扩大抽样的应用范围。但是，由于整群抽样所抽样本中的个体相对集中，而涉及的面相对较小，所以在许多情况下会导致样本的代表性不足，使调查结果的偏差较大。

4.2.5 多阶段抽样

多阶段抽样又称多级抽样或分段抽样，它是按抽样单位的隶属关系或层次关系，把抽样过程分为几个阶段进行的抽样方法。上述简单随机抽样、系统抽样、分层抽样及整群抽样均属于不分阶段的直接抽样法，即从被调查事物的总体中直接抽出所需要的全部调查单位，主要适用于调查规模较小、调查对象较集中的情况。

在社会调查中，当总体的规模特别大，或者总体分布的范围特别广时，很难直接抽取调查单位，研究者一般采用多段抽样的方法抽取样本。其具体做法是，先从总体中随机抽取若干个大群，然后再从这几个大群内抽取几个小群，这样一步步抽下来，直至抽到最基本的抽样单位为止。

相关链接6

多阶段抽样的例子

为了调查某市大学生的择业倾向，需要从全市大学生这一总体中抽取样本，显然不能把全部该市大学生名单列出来进行抽取，这样不仅花费巨大而且不切实际，因此考虑采用多阶段抽样方法。可以把抽样过程分为下述几个阶段进行。首先，以学校为单位抽样，即以全市所有高校为抽样框，从中随机抽取一部分高校；然后在抽取的高校里，以学院为抽样单位抽样，即从全部学院中抽取若干个学院；最后，再在抽取的学院内抽取大学生。需要说明的是，在上述每个阶段的抽样中，都要采用简单随机抽样或等距抽样或分层抽样的方法进行。在本例中，总共有三个抽选阶段，叫做三阶段抽样。其中前两个阶段是过渡性的，只有第三个阶段才能抽到调查单位。

这种抽样方法有几个主要优点。一是抽样前不需要总体各单位的完整名单，各阶段的名单数较小，所以抽样工作简便易行，适用于较大范围的、样本数较多的抽样调查。二是使用这种方法抽出的样本相对集中，便于调查的组织和展开，节省人力、物力、财力和时间。三是采用多阶段抽样可以使抽样方法更加灵活、更加多样。抽样调查的各个阶段可以根据具体情况分别采用各种抽样方式。上例中，抽大单位时可以用类型抽样或等距抽样，抽小单位时可以用简单随机抽样。其中任何一种方式都可以用于任何一个阶段。各个阶段的抽样数目和比例也可以根据实际情况来决定。但有一点需要注意，即要在类别和个体之间保持平衡或合适的比例。

尽管如此，多阶段抽样法也有其不足之处。由于每个阶段都有产生误差的可能，经多阶段抽样得到的样本出现误差的可能性也相应增大。在同等条件下减少多段抽样误差的方法是，相应增加开头阶段的样本数而适当减少最后阶段的样本数。

讨论完随机抽样的几种类型之后，把简单随机抽样、系统抽样、分层抽样、整群抽样和多阶段抽样用列表形式做一个比较（见表 4.2 和表 4.3）。

表 4.2 随机抽样类型的比较

类　型	何时使用	如何抽样	代表性
简单随机抽样	单位已经确定容易找到	抓阄、随机数表	高
系统抽样	单位已排成序列表或可以按某种顺序找到	每几个抽一个	较高
分层抽样	有关特征已经知道，可以辨认和找到	先将总体分成层，然后从每层中随机抽取	最高
整群抽样	单位数量很大或范围不明确	先将总体分成群，然后随机抽取群	较低
多阶段抽样	范围大、总体对象多	分阶段进行	较低

表 4.3 几种随机抽样类型的比较

类　型	一级单元	二级单元	样本量相同的准确度	提高准确度的办法
分层抽样	抽取全部	抽取部分	高于简单随机抽样	扩大层间差异，缩小层内差异
整群抽样	抽取部分	抽取全部	低于简单随机抽样	缩小群间差异，增大群内差异，增加群数
多阶段抽样	抽取部分	抽取部分	介于简单随机抽样和整群抽样之间	减少一级单元之间的差异，尽量多抽取一级单元

4.3 非概率抽样方法

如前所述，随机抽样能够排除调查者的主观影响，抽选出比较有代表性的样本，并且能够确知和控制抽样误差的大小，从而使由样本推论总体和通过对样本的分析研究达到对总体的全面认识成为可能。但在很多情况下，这种严格的随机抽样几乎无法进行。例如，由于调查对象的总体边界不清，无法编制随机抽样所应具备的抽样框，抽样就无法进行。在进行有关对残疾人的调查时，就会遇到这种情况，由于得到残疾人的齐全名单几乎不可能，所以无法进行随机抽样。

此外，有些调查研究为了符合研究目的，不得不按照需要从总体中抽取少数有代表性的个体作为样本。再者，为了保证随机原则，对抽样的操作过程要求严格，实施起来一般比较麻烦，费时费力。因此，如果调查目的仅是对问题做初步探索，以获得研究的线索和提出假设，而不是由样本推论总体，那么采取随机抽样就不是必需的。

在社会研究中，人们有时还采用非概率抽样的办法抽取样本。非概率抽样不是按照概率均等的原则，而是更多地建立在调查者对总体有所了解的基础上，根据人们的主观经验或其他条件抽取样本。由于每个个体进入样本的概率是未知的，而且排除不了调查者的主观影响，所以无法说明样本是否重现了总体的结构，所以用这样的样本推论总体是极不可靠的。这样的样本的代表性往往较小，误差有时相当大，而且这种误差无法估计，因此选择抽样方法时要十分谨慎。在正式调查中，一般很少用非概率抽样。尽管如此，非概率抽样对于帮助人们了解总体还是有益的，它操作方便、省时、省力、省钱，统计上也远较概率抽样简单，因此常常被应用于探索性研究中。常用的非概率抽样主要有偶遇抽样、配额抽样、判断抽样、滚雪球抽样等几种形式。

4.3.1　偶遇抽样

偶遇抽样又称方便抽样或便利抽样，是指研究者根据现实情况，以自己方便的形式抽取偶然遇到的人作为调查对象，或者仅仅选择那些离得最近的、最容易找到的人作为调查对象的抽样方法。例如，为了调查某市的交通情况，研究者到离他们最近的公共汽车站，把当时正在那里等车的人选做调查对象。其他类似的偶遇抽样还有在街头路口拦住过往行人进行调查；在图书馆阅览室对当时正在阅览的读者进行调查；在商店门口、展览大厅、电影院等公共场所向进出往来的顾客、观众进行调查；利用报纸杂志向读者进行调查；老师以其所教班级的学生作为调查样本进行调查等。电视台、电台和报社的记者常采用这种方法迅速了解公众对某些刚刚发生的重大事件的反应。

练习 24

偶遇抽样应注意什么问题

假设你是某大学膳食科科长，你想了解大学生对学生食堂的反应。在食堂门口采用偶遇抽样方法进行调查时，你会遇到哪些问题？

如果你申请到的经费足够调查 300 名学生对于学校食堂的看法，你是否会考虑以下问题。

（1）严格定义这项调查的总体。例如，推迟毕业的学生算不算？

（2）选择一种比偶遇抽样更好的抽样方法，说明你的抽样设计。例如，你会不会用一个以性别分层的分层样本？

（3）简单考虑一下，你预期会发生什么实际的困难？例如，你怎样联络你样本里的学生？

偶遇抽样可以由同一个人在不同地点使用，也可以由不同的人在同一地点使用。选取样本的主要目的是反映总体的情况，尽管便利样本不能代表总体的情况，也应当尽可能地把总体中的不同层次包含进去。从这个意义上说，在马路上分发问卷得来的便利样本可能是最不可取的便利样本。因为这种情况下的总体是这个城市的人口，而愿意在马路上填写问卷的人绝不可能代表城市人口的众多层次。总体的情况越复杂，便利样本的质量就越差。偶遇抽样的优点是方便省力，但样本的代表性差，且有很大的偶然性。

4.3.2　配额抽样

配额抽样又称定额抽样，进行配额抽样时，调查者首先确定所要抽取样本的数量，再按照一定的标准和比例分配样本，然后从符合标准的对象中任意抽取样本。

例如，一个访问员被要求完成某个“定额”，他必须访问30名已婚妇女，20名大学教师。具体访问哪个已婚妇女或哪个大学教师，这完全由访问员自己选择。访问员很可能为省事而找那些最容易找的人；或者访问那些在家的人而忽略不在家的人等。这就很难保证样本的代表性。

进行配额抽样时，研究者要尽可能地依据那些有可能影响研究变量的各种因素来对总体分层，并找出具有各种不同特征的成员在总体中所占的比例，然后依据这种划分及各类成员的比例选择调查对象，使样本中的成员在上述各种因素、各种特征方面的构成和在样本的比例上尽量接近总体。

练习25

配额抽样练习

假设某高校有2 000名学生，其中男生占60%，女生占40%；文科学生和理科学生各占50%；一年级学生占40%，二年级、三年级、四年级学生分别占30%，20%，10%。请用配额抽样法依据上述三个变量抽取一个规模为100人的样本。

可以想象，如果所依据的类似特征越多，样本中成员的分类也将越细，与总体的结构也将越接近。同时，可以看出，每增加一个分类特征，这种分布就会复杂一层，抽样就会困难一步。定额抽样注重的是样本与总体在结构比例上的一致性，是一种“按事先规定的条件，有目的地寻找”的方法。

定额抽样与分层抽样相似，都是按照调查对象的某种属性或特征，将总体中所有个体分成若干类或层，然后在各层中抽样，样本中各层所占比例与它们在总体中所占比例一样。不同的是，分层抽样中各层的子样本是随机抽取的，而定额抽样中各层的子样本是非随机抽取的。

定额抽样的最大优点是能在较低廉的抽样费用下获得各类人物、事物或社会现象的样本，而且不需要对总体编号、排列顺序，简便易行、快速灵活。其缺点是由于定额抽样以代表总体为目的，所以使用这种方法时必须对总体的性质有充分的了解。由于在分层时不可能兼顾总体的众多属性，而是只能考虑其中一种或几种，所以不可能做出很细的分类，加之定额抽样主要依赖调查者的主观能力，所以其结论用来推论总体指标的代表性不强。

4.3.3　判断抽样

判断抽样又称立意抽样、目的抽样或主观抽样，是研究者依据研究的目标和自己的主观经验，选取和确定可以代表总体的个体作为样本的一种抽样方法。这种抽样首先要确定抽样标准。标准的确定带有较大的主观性，所以此法的运用结果如何，往往与研究者的理论修养、实际经验及对调查对象的熟悉程度有很大关系。例如，在问卷设计阶段，为检验问题设计得是否恰当，常有意地选择一些观点相差悬殊的人作为调查对象。有时，研究者将那些偏离总体平均水平者作为调查对象，其目的是研究什么原因导致了这种偏离，如可以选择一些收入远高于社区居民人均收入水平的居民作为调查对象，以了解他们致富的途径。

判断抽样比较适合于不易接触到的特殊人群。假如想要对吸毒者进行调查，研究他们沦为吸毒者的过程与原因，就必须和一定数量的吸毒者联系与交谈。由于吸毒者在人口中所占比例极小，吸毒又是极为隐蔽的行为，用概率抽样的方法是根本不可能实现的。在这种情况下，能找到一个吸毒者，就收集一个人的材料，直到样本达到一定数量，然后对收集到的原始材料进行各种分析，这种抽样法就是判断抽样。

判断抽样的主要优点在于可以充分发挥研究人员的主观能动作用，特别是当研究者对研究的总体情况比较熟悉，研究者的分析判断能力比较强、研究方法与技术十分熟练、研究的经验也比较丰富时，采用这种方法往往十分方便。但是，它仍然属于一种非概率抽样，完全凭抽样调查者的主观印象和以往的经验进行判断，所以难以计算抽样误差。也就是说，在这种抽样中，总体中具有代表性的单位都可以作为样本，个别单位被抽取的概率是无法确定的，其抽样结果的精确度也无法判断。所以，当总体规模小、所涉及的范围较窄时，样本的代表性好；但当总体太大且涉及的范围较广时，其代表性将显著降低。另外，判断抽样可信度的大小与抽样者的专业知识及判断能力的强弱密切相关，即调查者具备相应的能力，则判断抽样有代表性，因而有利用价值；反之，样本可能出现各种偏差。

4.3.4　滚雪球抽样

很多人小时候都有过滚雪球的经验，人们把一团雪捏成一个球，在雪地上把这个球滚来滚去，这团雪就从一个小球滚成了一个大球。滚雪球抽样指的就是这种情况，即先从几个适合的调查对象开始，然后通过他们得到更多的调查对象，这样一步步扩大样本范围。当无法了解总体情况时，可以从总体中的少数成员入手，对他们进行调查，询问他们还知道哪些符合条件的人；然后再去找那些人并询问他们知道哪些符合条件的人。这样如同滚雪球一样，人们就可以找到越来越多具有相同性质的群体成员。

例如，要研究社区家政服务中的保姆问题，一个可行的办法就是滚雪球抽样法。研究者一开始因缺乏总体信息而无法抽样，这时可通过各种办法，如询问家庭服务公司、街道居委会，或者经熟人介绍等，找到几个保姆着手开始研究。由于保姆之间很有可能存在横向联系，可以请这几个保姆再介绍他们认识的保姆，后者又能提供一些名字。以此类推，顺着这个交际网络寻找，样本就会如滚雪球一般，由小变大，可供调查的对象就会越来越多，直到完成所需样本的调查。

当特殊人群是人们的调查对象时，滚雪球抽样法同样实用。假如要选取一个男同性恋的样本，可以从几个男同性恋开始调查，然后请他们再介绍，这样就可以找出更多的男同性恋。

应用滚雪球抽样方法的前提是总体单位之间具有一定的联系。如果总体单位之间缺乏联系，那么失去了“滚雪球”的依据。滚雪球的结果是，人们可能找到比自己需要的样本量大得多的人群，以至于人们不得不在某一阶段终止雪球的滚动；也可能在找到一定数量的对象以后，无法再扩大样本。出现后一种情况往往是由于人们互相介绍的对象都属于某一个圈子，在圈子里的人被介绍完以后，雪球就再也滚不下去了。用这种方法抽样可能导致许多个体无法找到，还有一些个体因某些原因被提供者故意漏掉，所以可能产生偏误。

以上是几种常用的非概率抽样，它们的共同特点是简便易行，见效快，并能通过样本大致了解总体的某些特征，通常在时间较紧、人力和物力不足的情况下采用。调查者有时无法确定总体或对调查总体并无了解，此时也需要用非概率抽样法对总体做出最一般的了解和接触，以进行探索性研究。由于非概率抽样的科学性较差，对总体的代表性较低，其抽样误差的控制和估算也很困难，所以以非概率抽样调查的结果推断总体时必须十分谨慎。

表 4.4 给出了基本抽样技术的优缺点比较。

表 4.4　基本抽样技术的优缺点比较

	抽样技术	优　点	缺　点
概率抽样	简单随机抽样	方便，易理解，结果可推广到总体	抽样框不易建立，费用高，精度低，不一定保证代表性
	系统随机抽样	比简单随机抽样易操作，代表性提高，不需要抽样框	样本的代表性不一定能保证，也可能减低代表性
	分层随机抽样	可包括所有重要的子群体，精度高	对许多变量来说不易分层，费用高
	整群随机抽样	易操作，样本集中，成本合理	样本分布不均匀，代表性差，误差较大
	多段随机抽样	精度较高，成本较低，抽样工作较简便易行	计算较复杂，误差机会多
非概率抽样	偶遇抽样	方便经济，节省时间	样本无代表性
	判断抽样	低费用，方便，省时间	主观性强，结论无推广性
	配额抽样	在某种程度上可对样本进行控制	有选择偏差，不能保证代表性
	滚雪球抽样	样本的代表性有保证	耗费时间

两类抽样方式的适用条件如表 4.5 所示。

表 4.5　选择概率抽样和非概率抽样的条件

条件因素	比较适用于所给条件的抽样技术	
	概率抽样	非概率抽样
调研的性质	结论性	探索性
抽样误差和非抽样误差的相对大小	抽样误差较大	非抽样误差较大
总体中的变差	异质性（高）	同质性（低）
统计上的考虑	有利的	不利的
操作上的考虑	不利的	有利的

练习 26

选择抽样方法

通过这一节的学习，你已经了解了各种抽样方法，现在到了该为你的调查选择抽样方法的时候了。确定你的调查项目的抽样方法，并试着说出为什么用这种方法而不用别的方法。如果你不能说清楚，你就需要再重新学习一遍。

4.4　抽样误差与样本容量

4.4.1　抽样误差的估计

1. 调查误差及分类

任何调查所获数据都存在误差。误差控制在评估调查质量时是十分必要的，研究者在调查设计阶段就要考虑所使用的调查方法可能导致的误差类型。导致误差产生的原因各不相同。根据鲍德威在 1915 年提出的调查误差分类方法，误差产生的原因一般有四个方面：① 获得的信息不正确或不真实；② 定义和标准不严格、不确切、不适当；③ 样本不能代表总体；④ 部分数据对总体的估计将要产生的误差。

在以上四大误差来源中，对抽样调查而言，前面两个可以称为系统误差，又叫非抽样误差；后面两个可以称为抽样误差。抽样误差大小可由计算公式来测量，其误差总有一定限度，并可用样本大小来调节。目前，影响调查质量的因素主要是系统误差。因此，要对系统误差在各阶段产生的原因进行认真探究，以便寻找有效的控制办法。

2. 系统误差及控制

（1）系统误差及其种类。系统误差是和“从总体取样本”这个动作无关的误差。系统误差即使在人口普查中也可能出现。系统误差可以归纳为两大类：抽样设计误差和测量误差。许多调查报告往往会给出一个误差指数，一般认为这个指数给出了总体误差，其实并非如此。这个指数仅代表随机抽样误差，它并不包括抽样设计误差，也没有涉及调研过程中发生的测量误差。

1）抽样设计误差。抽样设计误差是指因研究设计不当或抽选过程不当而产生的误差。抽样设计误差产生的原因有多种。

- 抽样框误差：因抽样框不准确或不完整而引起的误差。比如，电话调查中以电话号码簿作为抽样框就存在抽样框误差，因为电话号码簿往往并不包含所有电话用户的电话号码。
- 调查对象范围误差：因对调查对象范围限定的不准确而引起的误差。例如，某项研究对象限定为本社区户籍居民，实际上有些本社区户籍居民常住在别处，相反有不少外来人口却常住在本社区，如果调查限定在本社区户籍居民范围内，就会产生调查对象范围误差。
- 选样误差：因不完整或不恰当的抽选过程，或者正确的抽选过程未得以恰当的执行而产生的误差。例如，在入户调查时，访问员会因为不同的原因绕开被认为“不友好的”住户，这样便会产生选样误差。

2）测量误差。测量误差是指测量信息与原始信息（实际值）之间的差异。测量误差又称登记性误差，是在调研过程中由于各种主客观原因引起的技术性、操作性误差，还包括由于责任心等缘故而造成的误差。测量误差包括以下几种情况。

- 替代信息误差：指实际所需的信息与研究者所收集信息之间的差距而产生的误差。这种误差与调查设计的主要问题有关，特别是由于对一些问题定义不恰当而产生的。
- 访问员误差：指访问员在与被调查者互动过程中产生的误差。访问员有时会自觉或不自觉地影响被调研者，使之做出不真实或不准确的回答。
- 测量工具误差：指因测量工具或问卷而产生的误差。这种误差是由于所提出的问题或问卷设计中的某些因素而导致回答的偏差或回答时容易产生错误。这种类型的错误能够通过细致的问卷修改和在实地调研前进行充分的试调而加以避免。
- 数据处理误差：指调查资料和数据在录入计算机的过程中产生的误差。例如，在计算机辅助电话访谈中，访问员可能错误地输入某个问题的答案。这类错误可以通过在数据录入及调查结果处理过程中严格地进行质量控制而加以避免。
- 回答误差：指由于被调查者的原因导致的误差。它包括拒访误差和回答误差两种情况。

假设某项问卷调查计划从调查对象总体中抽取 400 个样本单位，理想的情况是对 400 个样本单位都进行调查，而这在实际操作中是很难实现的。比如，入户调查时，无论访问员如何说明情况，被访问者都拒答，这样的样本单位只好放弃。回答率越高，拒访误差的影响便越小，因为拒访者在总体中所占的比例减小。

如果被访问者在某一特定问题的回答中有特定的偏向，则会产生回答误差。回答误差的产生有两种基本形式：有意错误与无意错误。有意错误的产生是因为被调查者故意对所提问题做出不真实回答；无意错误是指回答者希望能够做出真实、准确的回答，但却给不出正确的答案，这种类型的误差可能是由于问题的格式、内容或其他原因造成的。

（2）系统误差的控制。对调查中可能出现的各种系统误差，即质量问题，组织者要采取相应措施加以控制，尽可能地把误差降到最低限度。系统误差的控制具有全程性、全员性、全局性和超前性的特点。全程性是指对整个调查的各阶段实施有效控制；全员性是指对与调查有关的人员，特别是访问员和被访人都要纳入控制范围；全局性是指与调查活动相关的所有环节，包括组织管理、技术方法、经费下达等都必须围绕调查质量这个中心统筹安排；超前性是指误差控制应该以事前控制为主、事后控制为辅。

3．抽样误差及其控制

抽样误差是抽样这个动作所造成的误差。抽样误差导致样本结果和普查结果存在差异。即使最好的抽样，一定程度的抽样误差总是存在的。因为人们只抽取总体的一部分，抽样调查的计算结果只能使人们估计总体的特征值而不能给出这些特征值。抽样本身就意味着样本是总体的近似，总体参数和样本统计量之间总会或多或少地存在着不一致之处。

抽样误差是在遵守随机原则的条件下，用样本指标代表总体指标时不可避免地存在的误差，所以抽样误差也称代表性误差。既然如此，人们是不是就应该因此而怀疑抽样调查的价值呢？其实，抽样调查的意义并不在于它能百分之百地代表总体（这是不可能的），而在于这个误差可以得到控制，以使样本统计量（这是可以计算的）总是落在总体参数（这一般是未知的）的范围之内，或大一点，或小一点。

那么，人们怎么控制抽样误差呢？常识和科学原理都告诉人们，抽样误差是与样本容量呈反向关系的，抽样误差随样本容量的增加而减小。因此，样本容量是人们手中握有的控制抽样误差的“王牌”。

练习 27

分析调查误差

以下每项都是一个抽样误差的误差来源。你能判断哪项是抽样误差，哪项是系统误差吗？说明理由。

（1）用电话号码簿当做抽样框。

（2）打了5次电话都联络不到受访者。

（3）访问员在街上找人访问。

（4）受访者隐瞒曾用过毒品的事实。

（5）记录资料时出现打字错误。

（6）通过要求人们寄回印在报纸上的购物优惠券来收集资料。

在此基础上估计一下，你的调查项目在进行过程中可能出现哪些系统误差和抽样误差，你准备怎样减少这两类误差？

4.4.2　样本容量的确定

样本容量又称样本大小、样本规模，是指样本内所含个体数量的多少。样本容量的确定是抽样设计最重要的内容之一。样本大小不仅影响其自身的代表性，而且直接影响调查的费用和人力的花费。太大的样本会浪费人力、增加工作量，抽样甚至难以完成；太小的样本则会降低调查的准确性。因此，样本大小“适当”是非常重要的。适当的样本不仅取决于研究目的和总体性质，而且受制于客观条件及抽样方法等。一般情况下，社会研究中的样本容量主要受以下六个方面因素的影响。

1. 研究的精确度要求

抽样的目的往往要求通过样本得到对总体的估计。前面介绍抽样术语时，介绍过置信度，它又称置信水平，表示总体参数值落在样本统计值某一区间的概率，或者总体参数值落在样本统计值某一区间的把握性程度。置信度反映的是抽样的可靠性程度。在探讨置信度时所说的“某一区间”叫做置信区间，它是指在一定的置信度下，样本统计值与总体参数之间的误差范围。这个范围越大，精确性程度越低；范围越小，精确性程度越高。因此，置信度所反映的是抽样的精确性程度。社会调查通常所使用的置信度是 95%或 99%。置信叙述就是对抽样精确程度的叙述。例如，某项调查将置信度确定为 95%，置信区间为 ± 2%，得出的调查结论是“中国 58%的成年人买过彩票”，那么这个调查准确的置信叙述是：“人们有 95%的信心，中国所有成年人当中，有 56% ~ 60%的人曾在过去 12 个月里买过彩票。”

需要说明的是，置信叙述永远是针对总体而不是针对样本而言的。人们访问了 1 000 个成年人，知道了他们当中有 58%的人买过彩票，置信叙述就是根据样本的结果来对“所有成年人”这个总体做某种结论。并且，置信叙述中的误差界限只包含随机抽样误差而不包含系统误差。

一般来说，在其他条件一定的情况下，置信度越高，推论的把握性越大，则所要求的样本规模就越大。比如，99%的置信度所要求的样本规模就比 95%的置信度所要求的样本规模大。在置信度相同的情况下，置信区间越小，样本统计值与总体参数值之间的误差范围越小，则所要求的样本规模就越大。

在统计学中，当人们为某项调查确定了置信度和抽样误差之后，便可以通过总体均值的样本规模计算公式和总体成数的样本规模计算公式（本书略）计算出简单随机抽样所需的样本数。表 4.6 显示了 1% ~ 7%的允许误差和两种置信水平下计算出来的样本数。

表 4.6 简单随机抽样所需样本数

允许误差	置信水平	
	95%	99%
1%	9 604	16 589
2%	2 401	4 147
3%	1 067	1 849
4%	600	1 037
5%	384	663
6%	267	461
7%	196	339

由此可以看出，样本大小视研究所要求的精确度，即允许误差与置信水平而定。对样本的精确度要求越高，所允许的误差则越小，样本就应越大；对样本的精确度要求稍低一些，所允许的误差就会大一些，样本则可以少一些。比如，对一个总数为 20 000 的总体，置信度确定为95%时，若置信区间为 ± 5%，则需要选择 384 个样本；当置信区间为 ± 1%时，则需要选择 9 604 个样本。

2. 总体性质

总体性质包括两个方面：总体规模与总体异质程度。由上面的讨论可知，抽样误差与样本大小密切相关。样本越大，越接近总体，抽样误差则越小；反之抽样误差越大。因此，在一定精确度要求下，总体越大者其样本要求也应越大。但这种情况仅仅在一定程度上是正确的，当总体规模增大时，必需的样本容量并不同它保持同样的增长速度。对一组已知的条件（总体可信度、方差、误差界限等）来说，当总体规模从 1 000 增大到 500 000 或更大时，样本必需量有所增长，但当总体规模达到足够大时，样本的必需量相对于总体来说只是受到较小影响。换句话说，在其他有关因素一定时，样本规模的增加速度大大低于总体规模的增加速度。实际上，规模在 10 000 以上的总体，样本必需量是相当接近的。因此，所要调查的总体规模越大，使用抽样调查越经济合算。

简单抽样的平均抽样误差公式 $\frac{\sigma}{\sqrt{n}}$ 表明，抽样误差还与 σ^2 有关。σ^2 为总体方差，它是衡量总体内个体间差异程度的指标，因此当精确度要求一定时，样本所需容量除受总体规模的影响外，还受总体内部异质程度的影响。总体内部异质程度越低，所需样本容量越小；相反，总体内部异质程度越高，所需样本容量越大。这主要是因为同质性越高，表明总体在各种变量上的分布越集中，波动性越小，同样规模的样本对总体的反映就越准确；而异质性越高，表明总体在各种变量上的分布越分散，波动性越大，同样规模的样本对总体的反映就会越差。比如，当总体中的个体在收入上的差别比较小，或者分布比较集中时，所抽取的样本中人均收入值的随机波动就很小，因而抽样误差也就会很小，抽样的精度就会比较高。由此可见，为了获得“适当”的样本规模，对总体的了解是必不可少的。

根据精确度的定义和简单随机抽样的抽样误差公式 $\frac{\sigma}{\sqrt{n}}$，可得允许误差（抽样精确度）$t\times\frac{\sigma}{\sqrt{n}}$，用 Δ 表示精确度，则 $n=\frac{t^2\sigma^2}{\Delta^2}$。因此，当确定了精度要求和概率度后，由于总体的异质程度，即 σ^2 是未知的，n 仍无法确定，为此常采用以下办法估计 σ^2：① 通过以往曾进行的同类调查的资料估算 σ^2；② 由专家提供有关信息，据此估计 σ^2；③ 进行试调查，以取得必要信息来估计 σ^2。

总之，要达到同样的精确性，在同质性程度高的总体中抽样时，所需要的样本规模就小一些；而在异质程度高的总体中抽样时，所需要的样本规模就大一些。

3．分析要求

许多社会研究，其目的不只是了解总体特征，而且想了解总体中某些部分的特征，或者想了解各种变量间的真实关系，这时如果样本过小，则某些类别的子样本就可能由于调查对象太少而无法进行分析。因此，在确定样本大小时，应当估计一下分析时样本需做哪些分类，并保证每个类别有一个能够统计分析的子样本，相关分析和其后的检验方法要求每一小类的子样本容量不得小于10。

研究所要求的分析程度不同，它需要的样本大小亦不同。例如，回归分析中，样本大小要依自变量的个数相应增减。

通常，大多数调查收集不止一个项目的信息资料，当项目很多时，应对其中最重要的一些项目分别确定精度要求，然后逐项确定这些项目所需子样本的大小。这时，各项目的子样本大小可能相差不多，选其中容量最大的一个作为总体样本容量就可以了；但有时各子样本相差很多，此时可降低某些项目的精确度要求或取消这些项目。

4．抽样方法

在同样的精确度要求下，样本容量还因所选择的抽样方法不同而不同。每种抽样方法都有自己计算样本容量的公式，因此在选定抽样方法后，必须分别考察和计算这一方法所需的样本数。

5．无回答

在调查过程中，由于未找到调查对象或调查对象拒绝访问等原因，调查者实际上最终收集到的样本数与理论决定的样本数不同。即使是全参与分析的样本，也因对其中各个问题的回答率不同而在不同项目上显示出不同的样本规模。因此，在确定样本大小时，应将这些情况考虑进去。例如，初步确定的样本容量是1 000，但估计可能有20%的无回答，则实际调查所用的样本容量应为$\frac{1\,000}{1-20\%}=1\,250$。

6．研究者所拥有的经费、人力和时间

除了以上几种因素外，还要考虑样本规模是否与准备用于调查的现有人力、物力、财力、时间等条件相适应。样本规模越大，同时也意味着所需要投入的人力、物力和时间越多，意味着可能受到的限制和障碍也越多，因此从抽样的可行性、简便性方面考虑，样本规模又是越小越好。有时由于上述条件的限制或抽样操作上的困难，必须缩小样本，那么需要做出选择：是减少样本规模、降低所要求的精确度，还是增加调查力量以保证样本的精确度，或者干脆放弃这次调查。

由此可以看出，样本容量的确定受各种因素的制约，这些因素往往是相互对立的。例如，为了提高样本的代表性，人们往往希望拥有一个大样本，这样抽样误差是减小了，非抽样误差却可能大大增加，经费也要增加。又如，采用多阶段整群抽样，由于样本集中，可以节约大量经费，但样本的代表性则会降低；要提高样本精确度，则要增加样本容量。

实际上，在设计样本规模时，精度要求与费用、抽样误差与非抽样误差始终是两对难以处理的矛盾。随着抽样理论的发展和抽样调查的广泛应用，其中一些成功的经验逐渐成为样本设计的依据。例如，美国的民意测验样本数一般为1 600～2 000人，最多不超过3 000人，而最重要的全国调查则为15万～20万人。一般的社会调查研究实际上并不要求很高的精确度，调查人员一般是凭经验确定样本容量的大致范围。

应当指出的是，由经验确定的样本调查，其结果不能推论总体，只能作为了解总体状况的参考。要想精确地推论总体的状况，不仅要对代表性进行检验，而且要检查抽样方法是否科学。精确的抽样调查需要抽样专家和专业研究人员进行严格指导。

练习 28

确定样本容量

确定你的调查项目的样本容量。试着这样描述：在允许误差为_______时，在_______的置信度下，由于样本的同质性比较_______（高或低），此项调查的样本容量为_______。

相关链接 7

相信调查结果之前该问的问题

如果调查者使用很好的统计技巧，而且认真准备抽样框，注意问题的措辞，并减少无回答，意见调查及其他抽样调查是可以提供精确且有用的信息的。可是，很多调查，尤其是那些设计好要影响公众意见而不只是要记录意见的调查，它们并不能提供精确而有用的信息。在你留意一些调查结果以前，应该先问问以下问题：

- 谁做的调查？就算是党政机关，也应该请专业的抽样调查机构来做，专业调查机构为了声誉会认真做好调查。
- 总体是什么？也就是说，调查是在寻求哪些人的意见。
- 样本是怎样选取的？注意看他们有没有提到随机抽样。
- 样本多大？最好除了样本大小以外还有精确度的评价，如置信度和置信区间的描述。
- 回应率是多少？也就是说，原来预定的受访对象中有百分之多少确实提供了信息。
- 用什么方式联络受访者？是电话、邮寄、还是面对面访谈？
- 调查是什么时候做的？是不是刚好在一个可能影响结果的事件发生之后？
- 问题是如何设计的？

一个正规、科学的调查都会在公布抽样调查结果时回答以上问题，但编辑和新闻媒体则常要“删掉”这些“无聊”内容而只报告结果。很多利益团体、地方报纸的调查方法事实上是不可靠的。假如有些广告商或某些地方电视台宣布民意调查的结果，但却没有提供完整信息，人们最好是用怀疑的态度看待那些调查结果。

练习 29

制定抽样方案

现在，你已经明确了自己的调查目的和调查总体，选择了抽样方法，确定了样本容量。你现在要做的是：制定详细的抽样方案。按照前面讲的抽样方案制定步骤，为你的调查题目写一个完整的抽样方案。

复习思考题

一、填空题

1．抽样方法可以划分为__________和__________。

2．概率抽样方法主要有_________、_________、_________、_________和_________等几种类型。

3．非概率抽样方法主要有__________、__________、__________和__________等几种类型。

4．系统误差可以归纳为__________和__________两大类。

二、选择题

1．在不增加样本规模的前提下，分层抽样方法会（　　）抽样误差，（　　）抽样精度。

A．降低　提高　　B．提高　降低

C．降低　降低　　D．提高　提高

2．以下（　　）抽样方式其结果可推论到总体。

A．偶遇抽样　　B．判断抽样　　C．整群抽样　　D．配额抽样

3．样本容量受以下（　　）因素的影响。

A．研究的精确度　　B．总体性质　　C．无回答　　D．抽样方法

三、简答题

1．什么是抽样中的随机性？为什么概率抽样的样本能够代表或推断总体？

2．整群抽样与多阶段抽样的具体操作方法如何？它们的主要区别与相同点是什么？如何针对具体的调查实际选取相应的抽样方法？

四、讨论题

1．某市有300所小学，共240 000名学生。这些小学分布在全市5个行政区中。其中重点小学有30所，一般小学有240所，较差的小学有30所。现在要从全市小学生中抽取1 200名学生进行调查，以了解全市小学生的学习情况。请设计一种抽样方案。

2．结合具体的实例说明决定样本大小的主要因素。

3. 在《中国社会科学》或《社会学研究》、《社会》等杂志上，选择一份社会调查研究报告，分析并评价其所采用的抽样方法。

4. 某项调查调查了1 235名女性，也访问了537位随机选出的男性。调查报告中，对于女性的结论，宣称在95%的置信水平下，误差界限是正负3个百分点；而对于男性，误差界限是正负5个百分点。为什么男性的调查结果的误差界限比女性大？

第 5 章 测 量

引 言

社会调查中的测量是指依据一定的规则，将调查对象所具有的属性和特征用一组符号或数字表示出来的一种方法。测量的目的是将调查题目由抽象概念分解为可直接进行观察的具体现象，它直接决定着所要进行的调查能否在社会现实中收集到可靠、准确的资料和信息。本章主要介绍测量的概念、层次、信度与效度，调查问题的操作化，量表概念及操作方法等内容。

本章学习目标

1. 掌握测量的概念。
2. 重点掌握测量层次。
3. 了解操作化的含义。
4. 掌握测量量表。
5. 了解测量的信度与效度。

学习导航

5.1　测量的概念和层次

5.1.1　测量的概念

测量是从研究对象中获取数据资料的一种方法。社会测量则是指依据一定的规则，将研究对象所具有的属性和特征用一组符号或数字表示出来的一种方法。

人们的生活与测量密切相关。比如，想知道今天的温度，人们就会拿出温度计到室外进行测量，然后与温度标准进行比较，得出今天的温度是高还是低，以此来决定人们穿多少衣服。社会调查中的测量与人们实际生活中的测量原理是一样的。比如，想知道我国的人口数量和人口结构，人们就用问卷进行入户调查，然后对数据进行统计，这样人们就知道了我国的人口情况。

自然科学的测量大多运用标准化的仪器或量具，有公认的标准和规则，客观性强。由于社会测量的对象是有目的、有意识、有思想感情的人或与人紧密联系在一起的社会现象，所以测量在很大程度上取决于设计者的价值取向和知识结构，主观性较强，标准化和精确化的程度较低。虽然如此它仍然在社会调查中具有重要意义。它能使调查研究的操作成为可能；它可以为调查研究中的定量分析提供必要的条件；它有助于提高社会调查研究的客观性和精确性。所以，社会测量也可以被视为对社会现象进行精确的、有意识的观察，其作用在于准确地描述事物的类型、性质、状态，并对事物之间的差异进行精确的度量与比较。

5.1.2 测量的四要素

1. 测量客体

测量客体即测量的对象，是测量社会现象特征的现实载体。人们要测量一个社区的性别比例，这个社区的男女人口都是人们的测量客体；人们要测量一个学校学生成绩的好坏，这个学校的全体学生（不包括教职员工）就是人们的测量客体。在社会调查中，最常见的测量客体是各种各样的个人，以及由若干个个人所组成的各种社会群体、社会组织、社区、家庭等。

2. 测量内容

测量内容即测量客体的某种属性或特征。在任何一种测量中，人们的测量对象虽然是某一客体，但所测量的内容并不是客体本身，而是这一客体的特征或属性。社会中的个人、群体、组织及社区、家庭等都是人们的测量客体，但人们所测量的并不是这些个人、群体、组织、社区本身，而是它们的各种特征，如个人的行为、态度和社会背景，群体与组织的规模、结构和管理模式，社区的范围、人口密度和人际关系等。

3. 测量法则

测量法则又称测量规则，是指在测量过程中，对具体的测量内容和测量行为进行规范的操作规则，即按照什么样的规定进行测量。比如，在测量社区性别比例时，人们知道一个社区的居民由常住人口和流动人口组成，但人们规定只测量常住人口，不测量流动人口。这就是人们的测量法则。不同的测量法则会带来不同的测量结果。

4. 测量工具

测量工具是指由反映测量客体的属性与特征的各种符号和数字所构成的测量指标。一些测量指标是由纯粹的文字构成的，如性别是用“男、女”这两个概念来表示；文化程度用小学、中学、高中、大专、研究生等概念来表示。有些测量指标则是由符号构成的。比如，月工资收入可以用800元以下、801～1 000元、1 001～2 000元、2 001元以上等数字符号来表示，这些数字仅是一种抽象的代表符号，并无实际的数学意义。由于社会现象的复杂性，单靠某个测量指标对社会现象进行测量是远远不够的，还需要有一系列相关的指标，这就要借助于测量表来科学地安排这些指标。调查表、问卷表、量表等都是这种测量表的具体形式，是社会调查中所使用的十分有用的测量工具。

练习 30

分析测量的四要素

假设你要对某戒毒所里的戒毒人员进行一项调查，目的是想知道这些戒毒人员以前吸毒的严重程度，以便为制定有效的戒毒方案提供依据。请分析一下，这个调查的测量客体和测量内容分别是什么？应该制定什么样的测量法则？具体的测量工具有哪些？

5.1.3 测量的层次

社会调查研究中所涉及的现象具有各种不同的性质和特征，因而对它们的测量也就具有不同的层次和标准。史蒂文斯 1951 年创立了被广泛采用的测量层次分类法，他将测量层次分为四种，即定类层次、定序层次、定距层次和定比层次。明确不同层次的测量所具有的不同的数学性质非常重要，因为在对调查资料进行整理和统计分析的过程中，需要根据不同层次的测量所具有的不同数学特性来选用不同的统计分析方法。

1. 定类层次

所谓定类层次，是指变量的值只能把研究对象分类，即只能决定研究对象是同类或不同类的一种测量方法。在社会调查中，对如人们的性别、职业、婚姻状况、宗教信仰等特征的测量，都是常见的定类测量。比如，性别分为“男、女”；婚姻状况分为“未婚者、已婚者、离异”；职业可以分为“企业工作者、政府事业单位工作者、自由职业者”等，这些都是按照事物的性质和类别来区分的。有时人们会用一定的数字和符号代表某类事物，如用“1”代表女性，用“2”代表男性；用“1”代表未婚，用“2”代表已婚，用“3”代表离异等。这些数字都是人赋予某类事物的识别标志，它如同运动员服装的编号、公共汽车的数字编号一样，并不反映这些事物本身的数量状况，不能做加、减、乘、除的数学运算，只能做“是”或“否”的回答，即只具有“等于”与“不等于”的数学特质。这些变量之间只有类别的划分，没有大小、高低、优劣的差异。定类层次测量是社会测量中最简单、最基本的测量类型，测量水平和测量层次最低，实质上是一种分类体系。

人们对研究对象进行定类时要遵循以下原则：第一，定类测量实际上是分类系统，所以它必须有两个以上的变量值；第二，互斥性原则，即类与类之间要互相排斥，每个研究对象只能归入一类；第三，无遗性原则，即所有研究对象均有归属，不可遗漏。

2. 定序层次

定序层次又称等级和顺序层次。它是指对测量对象的属性和特征的类别进行鉴别并能比较类别的大小的一种测量方法。这种方法能把测定对象的特征和属性按照高低、强弱、大小、多少的程度排列程序。这种排列并不是人们的主观愿望或随心所欲的结果，而是由测定对象本身固有的特征所决定的。例如，测量人们的年龄，可以将人们分为婴儿、儿童、少年、青年、老年，这是一种由低到高的等级排列；测量城市的规模，可以将城市分为特大城市、大城市、中等城市、小城市等，这是一种由大到小的等级排列；测量人们对某一事物的满意程度，可以将这一程度分为很满意、比较满意、一般、不满意、很不满意等，这是一种由强到弱的等级排列。定序测量不仅能区分事物的类别，而且能反映社会现象在高低、大小、先后、强弱等顺序上的差异，因此它的数学特性比定类测量高一个层次。也就是说，它不仅能区别异同（=或≠），而且能确定大小，可以用数学符号“>”或“<”来表示。

定序测量与定类测量相比，两者相同的地方是被测定的对象都是相互排斥的，同时又都具有无遗性；不同的是，定序测量不仅能鉴别类别，而且还能指明类别的大小与强弱程度，这在定类测量中是无法实现的。因此，在测量的精度上，定序测量比定类测量要高一个层次。

3. 定距层次

定距层次是一种能够测定事物属性和特征的差别程度的测量方法。它除了能够确定变量的类别及变量之间的顺序外，还能进一步计算各变量之间相差的实际数据。定距测量的数学特点是能够进行加减运算。人的智商和温度的测量等都是定距测量。定距测量的每个间隔是相等的，如米尺和磅秤的刻度都是等距的。由于有了相等的量度单位，便引入了数量变化的概念。比如，A 的智商为 100，B 的智商为 80，那么，100–80=20 则说明 A 比 B 聪明 20；A 物质 pH 值为 2，B 物质 pH 值为 3，可以说 A 物质 pH 值比 B 物质 pH 值小 1。

只有定距测量才真正显示了事物在数量方面的差异。在定距测量中，人们不仅可以说明谁的测量等级较高（如定序测量那样），而且可以说明它的等级高多少单位。从这个意义上，人们可以进一步理解定距测量就是以等距的测量单位（相等的量）去衡量不同的类别或等级间的距离。因此，这类测量不仅能反映社会现象的分类（=或≠）和顺序（>或<），而且能反映社会现象的具体数量和计算出它们之间的距离（+或–）。定距层次的变量包括定序层次和定类层次的特质，但又是比定类和定序更高层次的变量。这个层次的变量值主要是用数字来表示的，所以定距以上层次的变量也叫数值性变量。适用于定距测量的统计方法有算术平均值、方差、参数检验等。

4. 定比层次

定比层次又称比率或比例测量，是一种能够测定事物间比例、倍数关系的测量方法。符合定距测量基本要求的大部分变量，也都符合定比测量的基本要求。这种测量方法除了具有前面三种测量方法的特征外，还能对变量值进行乘除法的运算，因而是四种测量类型中层次最高的一种。

为了使测量具有实际意义，定比测量要求有一个绝对的、固定的而非任意规定的零点，如以下的几组变量：年龄 0 岁 ~ 5 岁 ~ 20 岁 ~ 60 岁，身高 0 米 ~ 1.2 米 ~ 1.6 米 ~ 1.8 米，收入 0 元 ~ 500 元 ~ 1 000 元 ~ 2 000 元。年龄、身高和工资都有绝对的零点。变量中的“0”都表示真实的“无”，因而可以对其进行乘除的计算，如 20 岁是 5 岁的 4 倍，1.8 米是 1.2 米的 1.5 倍，1 000 元是 500 元的 2 倍等。而在定距层次中，所得的值虽然可以为 0，但这个“0”不具备数学中的含义。比如，人们可以测得气温为 0 度，但它并不是表示没有温度，而是表示冰水混合物的温度。判断定比与定距的区别就是看这个绝对 0 点是否存在。存在绝对 0 点就是定比层次，不存在就是定距层次。定比测量不仅可以进行加减运算，而且可以进行乘除运算，所以各种统计方法均可以使用。

定类层次、定序层次、定距层次和定比层次是社会测量中最常见的四种类型。它们之间存在着不可分割的联系。第一，从定类、定序、定距到定比，层次依次上升，水平也不断提高；第二，每高一层次的测量类型都以较低层次测量类型为基础。所以，每高一层次的测量，它都包含低层次测量类型的全部特征。为了清楚地了解四个测量层次的区别和联系，可以参阅表 5.1。

表 5.1　社会测量常见类型归纳

测量层次	特征				调查实例
	分类（=，≠）	次序（>，<）	距离（+，−）	比率（×，÷）	
定类	√				性别、职业、居住地、品牌名、爱好类型等
定序	√	√			文化程度、生活水平状况、喜好程度排序、社会地位排序等
定距	√	√	√		温度、态度得分、满意度得分等
定比	√	√	√	√	年龄、收入、价格、销售量、市场占有率、长度、高度等

练习 31

判断测量层次

说出下列事项的测量层次：

1. 妇女结婚年龄：21，22，23，24 ……
2. 对工作的满意程度：　非常满意　满意　一般　不满意　非常不满意
3. 家庭结构：　结婚并与父母同住　三口之家　单身
4. 家庭月收入（元）：1 000 以下　1 001～2 000　2 001～35 00　3 501～5 000　5 000 以上
5. 社会流动：　向上　向下　稳定

相关链接 1

测量层次应用举例

假设针对 1 000 名 18～60 岁的女性进行了 10 种化妆品的调查。分别用 1～10 的数字表示这 10 种化妆品，这就是一个定类量表。对于第 5 种化妆品 E，有 700 位女性曾使用过，那么说“70%的女性曾使用过第 5 种化妆品 E”是有意义的，但是计算所有被选中的号码（1～10 中被使用过的）的平均值却是毫无意义的。这说明定类变量可以计算百分数。

如果要求女性对 10 种化妆品的偏好排定名次，就可采用定序量表。表 5.2 给出了某位女性的偏好排序结果。其中序号 1 表示最喜欢的，序号 2 表示次喜欢的，以此类推，从第 1 名排至第 10 名。这样就知道了这位女性对化妆品 E 的偏好超过化妆品 B，但到底差多少是不知道的。而且，也不一定非用 1～10 这些数字来安排偏好顺序。在第二列的定序量表中，可以给化妆品 E 安排 10 这个数，给化妆品 B 安排 25 这个数，只要让化妆品 E 排在第一位就行了。这样的量表与原量表是等价的，因为变换是单调的、正向的，保持了原来量表的顺序。根据这个个体的偏好，两种量表给出的顺序是一致的。

如果想知道女性对某种化妆品的偏好到底超过其他化妆品多少，可以要求她们对这10种化妆品的喜好程度打分，人们则可以采用定距量表。可以根据喜好程度打1～7分；也可以从11分开始，打11～17分，或规定其他的打分范围。表5.2给出了某位女性的打分结果。她对化妆品D的喜好程度得分为6，对化妆品J的得分为2，就是说她对化妆品D的喜好程度比对化妆品J的喜好程度多4分，但这并不表示她对D的喜好程度是对J的3倍。如果将这些得分变换成等价的11～17的量表，那么对应D和J的喜好得分是16和12，显然，16不是12的3倍。

当问女性在最近一年中用于购买这些化妆品花了多少钱时，就可以采用定比量表。如表5.2所示，某位女性花了60元购买化妆品B，花了12元购买化妆品J，因此她用于B的消费是用于J的5倍。由于零点是固定的，所以量表中的0就表示没有花钱买过对应品牌的化妆品。

表5.2 测量层次的举例说明

定类层次		定序层次		定距层次		定比层次
编　号	品牌名	喜好程度排序		喜好程度得分 1～7或11～17		最近一年内 的花费（元）
1	A	7	79	5	15	0
2	B	2	25	7	17	60
3	C	8	82	7	17	0
4	D	3	30	6	16	50
5	E	1	10	7	17	80
6	F	5	53	5	15	24
7	G	9	95	4	14	0
8	H	6	61	5	15	50
9	I	4	45	6	16	0
10	J	10	115	2	12	12

5.2 测量指标的操作化

5.2.1 操作化的定义

操作化也称具体化或分解化，就是把调查课题中抽象的概念和命题逐步分解为可测量的指标和能够以经验检验的命题的过程。由于命题是关于一个概念或一组、一系列概念的陈述，所以在阐述调查课题的操作化时，主要阐述关于概念的操作化。

概念的操作化是将概念转化为具体指标的过程。社会现象的测量不同于物理测量，它的测量内容非常抽象，如地位、权力、声望、资源等，这些概念通常都是人们看不见、摸不着的，它们只是抽象地说明某种社会现象的本质属性和与其他现象的区别。而社会调查的目的是要揭示社会现象的状况、变化与趋势，探寻社会现象发展的规律性，为达到此种目的，必须把概念分解为可以测量的指标，这样才能着手进行调查研究。操作性定义是和测量活动联系在一起的，而测量的不同结果反映了事物性质、规模的变化与差别。在调查中用来反映事物性质、规模差异的项目称为调查指标，而具体反映这种差异的不同取值称为变量。每个操作性定义都是由一个或几个，甚至多组的指标构成的。

概念的操作化同时又是一个明确与澄清概念的过程。调查课题的名称本身往往包含很多概念，这些概念都是初始概念，因此人们会对这些概念产生不同的理解，这样就容易导致歧义，所以必须给予进一步的澄清。而“操作化”恰恰可以达到这一目的，通过操作化的过程，一方面可以使不同的调研者对同一个概念或命题有一个统一而明确的理解，另一方面可以说明操作化过程中对变量进行测量的具体方法；同时，可以使概念或命题具体化、量化，明确调查对象和调查范围，使调查者对调查对象的具体观察和测量成为可能；另外，还可以使今后同样的研究有据可依，以便比较彼此的结果。

相关链接 2

学生父母是否溺爱孩子（概念的操作化）

假如要调查“某市学生父母是否溺爱孩子”，其中“学生”、“溺爱孩子”都是初始概念。“学生”具体指哪个阶段的“学生”呢？是“小学生”、“初中生”、“高中生”，还是指全体中小学生？“溺爱孩子”又是指什么？对此，人们的看法和观点不太一致，所以在调查之前需要把这两个概念确定清楚。调查者可以做如下界定。

（1）学生是指某市的所有小学生。

（2）溺爱孩子包括以下调查指标。

1）生活自理能力（包括日常生活方面、学习生活方面）；

2）劳动习惯（包括擦桌、扫地、洗碗、洗手绢等）；

3）物质上的满足（购买玩具、零花钱等）。

通过对初始概念的操作化，调查者不但清楚地知道，在此项调查中溺爱孩子的具体内涵是什么，而且可以用这些具体的调查指标去设计问题进行测量。

5.2.2 操作化的过程

概念的操作化与调查课题的目标有关，调查者必须从调查课题的目标出发来界定各种概念。概念的操作化过程主要包括以下三个步骤。

1. 明确概念的含义和维度

调查者在开始调查之前，必须对调查中涉及的所有初始概念和其他基本概念进行清楚的界定，明确概念的定义、内容和性质。如果一个概念的含义不清楚，调查者将无法对它进行操作化。社会调查研究不仅需要操作定义，而且需要正确、合适的操作定义。只有在总体范围被清楚确定的基础上，社会调查才能精确实施。

对于调查中的初始概念及其他基本概念的界定方法，一般都是在界定概念定义的同时，指出概念所具有的不同维度。许多比较抽象的概念往往具有若干不同的方面或维度，或者，一个抽象的概念往往对应于现实生活中的一组复杂现象，而不仅仅只对应于一个单纯的可直接观察到的现象。“相关链接 2”中，“生活自理能力”、“劳动习惯”和“物质上的满足”就是“溺爱孩子”这个概念的三个维度。确定概念的维度是概念的操作化和选择测量指标的前提。

2. 建立测量指标

确定了概念的定义和维度之后，调查者就可以在各个维度上建立测量指标。对于有些概念来说，建立一个测量指标就足够了，如人们的“性别”、“文化程度”、“婚姻状况”等概念。但是，对于一些比较复杂、抽象的概念来说，发展和建立测量指标就不是一件容易的事情了。通常，调查者可以采取下列两种方式来发展概念的指标。

第一种方式是寻找和利用前人已有的指标。尤其是对于一些测量人格、态度方面的量表，它们往往经过多次的运用和修改，常常可以成为可用的指标。前人的指标不一定完全适合调查者的概念，这就需要调查者做一定的修改和补充。用前人的指标具有可与其他研究所得结果进行比较的优点，同时，这种做法比每个研究者都发展一套特定指标的做法更有利于社会知识的积累和形成。

第二种方式是调查者先进行一段时间的探索性研究。采用实地观察和无结构式访问的方式，进行资料收集的初步工作，尤其是与被调查者中的关键人物进行比较深入的交谈，从这些人那里获得符合实际的答案，这样做可以帮助调查者站在被调查者的角度、用被调查者的眼光看待事物，了解被调查者的所思所想，以及他们考虑问题的方式。所有这些都会对调查者发展测量概念的指标提供极大的帮助。

3. 根据指标设置变量

前面已经介绍过，变量的四种类型是定类变量、定序变量、定距变量和定比变量。一个概念可以分成多个维度，每个维度都可以引申出若干指标，根据这些指标就可以设置一个或多个可以直接进行测量的变量（测量指标和测量变量有时是重合的）。概念和命题转化为一系列指标和变量后，就可以在课题与所要调查的社会现象之间建立直接的联系，也就可以直接进行资料与信息的收集工作。表 5.3 是“溺爱孩子”这个概念的操作化过程。

表 5.3 “溺爱孩子”概念的操作化过程

概念	概念的维度	测量指标	测量变量
溺爱孩子	生活自理能力	日常生活方面	1. 孩子是否自己洗头？ A. 是 B. 不是 2. 孩子是否自己洗澡？ A. 是 B. 不是 3. 孩子是否每天都自己穿衣？ A. 是 B. 不是 C. 有时是有时不是 4. 孩子是否每天整理床铺？ A. 是 B. 不是 C. 有时是有时不是

续表

概念	概念的维度	测量指标	测量变量
		学习生活方面	5．孩子是否每天自己收拾书包？　A．是　B．不是 6．孩子是否自己上下学？　A．是　B．不是
	劳动习惯	擦桌	7．孩子上周擦过几次桌子？ A．1～2 次　B．2～4 次　C．5 次以上　D．没有过
		扫地	8．孩子上周在家扫过几次地？ A．1～2 次　B．2～4 次　C．5 次以上　D．没有过
		洗碗	9．孩子上周在家洗过几次碗？ A．1～2 次　B．2～4 次　C．5 次以上　D．没有过
		洗手绢	10．孩子上周在家洗过几次手绢？ A．1～2 次　B．2～4 次　C．5 次以上　D．没有过
	物质上的满足	玩具	11．当孩子要购买昂贵的玩具时，你是否会立即答应？ A．每次都答应　B．一半以上都答应 C．很少答应　D．从不答应
		零花钱	12．你每月给孩子多少零花钱？ A．10 元以下　B．11～30 元　C．31～50 元 D．51～99 元　E．100 元以上

总的说来，概念的操作化就是根据调查目的将调查项目的整体拆分为部分，将复杂的事物转换为简单的要素，然后对各个部分或要素进行调查的一种方法。操作化只是一种手段而不是目的，它是为了使调查研究得以顺利进行。对各个调查指标和变量进行调查研究后，最终还必须将它们综合起来，对概念或命题做整体的分析、说明，最后得出调查的总体结论。

练习 32

调查概念的操作化

（1）找出你的调查题目中的初始概念，确定它的测量维度和测量指标。

（2）试着设计测量变量，如果不能很好地设置测量变量也没关系，在下一节和第 6 章会向你介绍具体的设计方法。

5.3　测量量表

在社会调查中，为了测量人们的态度、看法、意见、性格等主观性较强的内容，调查者常常要借助于各种测量量表来达到调查目的。量表是测量人们主观态度的工具，它由一组问题构成，这些问题之间具有内在的逻辑联系，通过被调查者对这一系列问题的回答，判断被调查者对社会现象所具有的一定倾向性的、内在性的主观评价和行为倾向。量表是人们进行社会调查时常用的一种测量方法。本书主要介绍总加量表和语义差异量表。

5.3.1 总加量表

总加量表也称总和量表或总合评量，它是由美国社会心理学家伦西斯·利克特（Likert）发明的，因此也称利克特量表（也有译成李克量表的）。总加量表由一组反映人们对事物的态度或看法的陈述构成，回答者分别对这些陈述发表意见，根据回答者同意或不同意加分（一般同意1分，不同意0分），然后将回答者在全部陈述上的得分加起来，就得到了该回答者对这一事物或现象所持态度的得分。这个分数是回答者态度的量化结果。它的高低代表个人在态度量表上的位置。

相关链接3

生育意愿测量表（总加量表）（见表5.4）

表5.4 生育意愿测量表

提问项目	同 意	不 同 意
1. 结婚的主要原因之一是要生孩子	1	0
2. 只生一个孩子是错误的，因为独生子女是在孤独中成长，且由于没有兄弟姐妹而忧郁	1	0
3. 生育孩子是一个妇女所具有的最深刻的经历之一	1	0
4. 男孩、女孩各有一个，比只有一个男孩或只有一个女孩好	1	0
5. 没有孩子的妇女决不会感到完全的满足	1	0
6. 男人直到他业已证明自己成为孩子的父亲时，才算是“真正的男人”	1	0
7.（由于生育控制、绝育或年老等因素）不能导致怀孕是不道德的	1	0
8. 未结婚的或结了婚而没有孩子的男人可能是同性恋者	1	0
9. 妇女的首要职责是做母亲，只有在不影响其母亲职责时，才谈得上她的事业	1	0
10. 没有孩子的夫妇实在可怜	1	0

上面的选择同意就得1分，不同意得0分。你选择10个同意就得10分，你选择10个不同意就得0分。这个表的总分为10分，最低为0分。得分高表示希望生育的意愿高，得分低表示生育的意愿低。

最初的总加量表只设计“同意”与“不同意”两种备选答案。1932年，利克特对量表设计方式进行了改进，将回答方式设计为“非常同意”、“同意”、“不一定”、“不同意”、“非常不同意”五种答案，各种回答分别记为1~5分。被测者按要求从中选择一种答案，得到一个分数，被测者对每道题的回答分数加起来就得到一个总分，调查者依据得分情况分析被测者的态度或行为倾向。总加量表的设计一般包括以下四个步骤。

1. 根据调查课题收集相关问题

每种量表都会针对某一主题而设计，而确定主题的依据是调查课题的需要。假设调查者要进行有关大学生竞争心理的调查，需要制作一份竞争态度量表，那么调查者应该先收集 30 ~ 50 个有关大学生竞争心理与行为方面的问题，这些问题可以通过非结构式访谈获得。然后，从中初步选出一组问题，数量宜为 10 ~ 30 个，个别调查可以更多一些，有的多达 60 或 70 个问题。限于篇幅，本书只选取其中 12 个问题，由这些问题构成一个量表的初稿（见表 5.5）。

表 5.5 竞争态度量表（初稿）

你是否同意下列说法，请在合适的回答栏中打“√”。

提问项目	非常同意	同 意	不一定	不同意	非常不同意
1. 我遇事能自己作主	5	4	3	2	1
2. 我敢于表现自己	5	4	3	2	1
3. 我对社会活动很少关心	1	2	3	4	5
4. 我办事对结果大都不关心	1	2	3	4	5
5. 我争强好胜	5	4	3	2	1
6. 我对竞争有恐惧感	1	2	3	4	5
7. 我积极参加比赛活动	5	4	3	2	1
8. 我安于现状	1	2	3	4	5
9. 我不愿意出头露面	1	2	3	4	5
10. 我不愿把行动的目的告诉别人	1	2	3	4	5
11. 我注重荣誉	5	4	3	2	1
12. 我办事缺乏信心	1	2	3	4	5

2. 确定问题的类别和计分标准

所谓问题的类别，这里主要指问题的性质是正向还是反向的。例如，在竞争问题上，正向的表明竞争意识强，负向的表明竞争意识弱。表 5.5 所示量表初稿中第 3，4，6，8，9，10，12 题均为反向问题，可在量表说明中记载，但量表中不要明显标示，以免干扰填答者选择。计分标准的确定要依据问题的正负方向及回答类别来制定。表 5.5 中有五个等级，可分别用 1 ~ 5 来记分，正向的问题从强至弱分别计“5”到“1”分，反向的问题则正好相反。

3. 试调查

问题与计分标准初步确定后，一个初步的量表便形成了。当然，这还不是正式量表。设计者可以把初步量表打印几十份，从调查对象中找几十人进行试调查。试调查一方面可以发现初步量表中存在什么问题，另一方面可以检查每道题的分辨能力。对于分辨能力不强的问题应将其删去，这是设计过程中重要的实践性环节，不能省略。

4．对试调查情况进行统计分析、修改并定稿

试调查结束后，马上对调查情况进行统计分析。统计分析项目主要为确定分辨力。根据分辨力数值，删除那些分辨力不高的问题，保留分辨力程度较高的问题。如果一次性试调查结果不理想，还要修改并再次试测，直到最后定稿，即设计完成正式量表。

分辨力是量表中某一问题区分被调查者不同态度的程度或等级的能力。利克特量表的分辨力计算公式是

$$A=B-C$$

式中，A 代表某题的分辨力；B 代表试调查中总得分最高的 25%的被调查者在该题得分的平均值；C 代表试调查中总得分最低的 25%的被调查者在该题得分的平均值。

计算分辨力数值时，首先将每份测量量表（初稿）的总分算出，然后排出最高 25%的量表与最低 25%的量表，分别计算它们在各题上得分的平均值，再把两个平均值相减得出各题的分辨力。假设将竞争态度量表（初稿）在 16 个大学生中进行试调查，分辨力的计算情况如表 5.6 所示。

表 5.6　16 个大学生回答问题的分辨力情况

学生序号	总分	每个问题得分											
		1	2	3	4	5	6	7	8	9	10	11	12
1	55	4	5	4	5	5	4	4	5	5	5	5	4
2	52	4	5	4	4	4	5	4	5	4	4	5	4
3	50	5	4	5	4	4	3	4	4	5	4	5	3
4	49	4	5	5	4	3	5	4	4	3	5	3	4
5	48	5	4	4	4	5	4	3	3	5	4	4	3
6	46	4	5	5	3	3	4	4	3	4	4	4	3
7	45	4	3	3	4	4	5	3	4	4	4	3	4
8	45	5	3	3	3	5	4	4	3	4	4	3	4
9	43	4	3	3	3	4	4	4	3	4	4	3	4
10	42	4	3	3	3	4	3	4	3	4	4	4	3
11	39	4	3	3	3	3	2	4	2	4	4	4	3
12	38	4	3	3	4	3	3	3	2	3	3	4	3
13	37	3	2	4	3	2	4	3	3	4	3	3	3
14	34	4	2	3	3	2	3	2	3	3	3	4	2
15	32	2	2	2	3	4	2	4	1	3	3	2	4
16	26	1	2	1	2	2	3	2	3	4	1	1	4
25%总分最高的人的平均分		4.25	4.75	4.5	4.25	4	4.25	4	4.5	4.25	4.5	4.5	3.75

续表

学生序号	总分	每个问题得分											
		1	2	3	4	5	6	7	8	9	10	11	12
25%总分最低的人的平均分		2.5	2	2.5	2.75	2.5	3	2.75	2.5	3.5	2.5	2.5	3.25
分辨力值		1.75	2.75	2	1.5	1.5	1.25	1.25	2	0.75	2	2	0.5
评估结果		√	√	√	√	√	√	√	√	×	√	√	×

以第 1 题为例，25%总分最高的人的平均分=（4+4+5+4）/4=4.25，25%总分最低的人的平均分=（3+4+2+1）/4=2.5，那么该题的分辨力值是 4.25–2.5=1.75，以此类推。从分辨力数值来看，除第 9、12 题外，其余各题分辨力值均高于 1，这两个题分辨力值小，说明其分辨力低，故可删掉。去掉问题 9 和 12，剩下的 10 个问题便构成了正式测量量表。

总之，使用总加量表时要注意以下几个方面的问题。

- 总加量表应该有多个项目，不应该只有一个或两个项目。
- 实际的项目不是问答题，不应该用问句表述，应该用陈述语句。
- 调查人员应该能够编写围绕总指标的“典型”观点的一些说法。
- 所选项目（各种说法）应当是相当分散的，这样才能代表总指标的一个足够宽的范围。
- 应当有一定的把握使大部分被调查者不至于只选中间点（“说不准”的态度）。
- 如果要计算总分，在量表设计时应当让约一半的项目朝向总指标的一个方向，而让另一半为反方向，这样可以避免由于习惯“附和”或习惯“反对”而造成的回答偏差。

练习 33

设计总加量表

看看你的调查题目中有没有针对调查对象某方面的态度进行调查的内容，如果有，请设计一个总加量表并实际检验一下。如果没有，请试着根据你感兴趣的话题设计一个总加量表。

5.3.2　语义差异量表

语义差异量表（semantic differential）也称语义分化量表，它主要用来研究概念对于不同的人所具有的不同含义，如人们对周围环境或事物的态度、看法等。这种量表最初被美国心理学家奥斯古德等人在他们的研究中所使用。

语义差异量表的形式由处于两端的两组意义相反的形容词构成，每一对反义形容词中间分为七个等级。记分方法有两种，一种是将每一等级的分数从左至右分别记为 7，6，5，4，3，2，1，另一种则记为+3，+2，+1，0，–1，–2，–3。需要特别注意的是，每一对陈述的记分方向都要依据整个量表的方向来决定。被测量的概念或事物（如某一群体、某种问题、某个国家等）放在量表的顶端，调查时要求被调查者根据自己的感觉在每一对反义形容词构成的量尺中的适当位置画记号，如画“√”。研究者通过对这些记号所代表的分数进行统计和计算，研究人们对某一概念或事物的看法或态度，或者进行个人或团体间的比较分析。比如，要了解人们对女性角色的理解或看法，可用语义差异量表对若干反映女性角色的概念进行测量，如母亲、妻子、姐妹、女同学、女朋友、女强人等（见图 5.1）。

	7	6	5	4	3	2	1	
（或者）	+3	+2	+1	0	−1	−2	−3	
热情的	□	□	□	□	□	□	□	冷漠的
主动的	□	□	□	□	□	□	□	被动的
大方的	□	□	□	□	□	□	□	拘谨的
强　的	□	□	□	□	□	□	□	弱　的
快　的	□	□	□	□	□	□	□	慢　的
善　的	□	□	□	□	□	□	□	恶　的

图 5.1　语义差异量表（人们对女性角色的理解或看法）

语义差异量表的主要优点是可以清楚地、有效地描绘形象。运用语义差异量表进行一次调查可评价多方面内容，便于做定量分析，还可以对不同调查对象做定量对比研究，所以语义差异量表是一种用途广泛的测量方法。但是，形容词必须是一对正、反义词的要求严重地限制了语义差别量表的使用，因为有时反义词是很难确定的。在使用语义差异量表时应注意以下事项。

- 这种方法在测量形象轮廓（人、物、事、组织或观念）时是最有效的。
- 数对形容词要能够考察被调查者对研究对象的感受、态度和看法的各种要素或各种维度。每对形容词定义了一个维度，每对形容词必须是标记两个极端的正、反义词。
- 许多研究者认为，这种形容词中通常包括三个一般的维度，即评价（如好与坏、善良与残酷、重要与不重要等）、力量（如强与弱、硬与软、刚与柔等）和行动（如主动与被动、快与慢等）。
- 在开始的指导语中，要清楚地告诉被调查者该项调查是针对什么内容进行评分的。
- 项目不应该超过 20 个，最好将大约一半的词从肯定的方向开始（将一半的肯定词放在左边），一半从否定的方向开始（将一半的否定词也放在左边）。

除了总加量表和语义差异量表外，在社会调查中被广泛使用的还有累积量表、社会关系量表、比较量表、顺序量表等。无论使用哪种量表，制作量表时都应该注意为被调查者着想，量表要尽量简单，指导语要陈述清楚，更重要的是要进行试测并掌握一定的灵活性。

5.4　测量的信度与效度

在社会调查中，人们常常利用含多个项目的量表来测量人们的意见、态度、看法或观念等比较抽象的东西。这就产生了一个问题：所测的数值是否可靠、准确？是否具有适用性？社会测量的信度与效度就是人们对测量的质量进行评估的两个指标。

练习 34

选择射击队员

假如你是一位射击教练，你想从下面三个队员中选出一名去参加射击比赛，你对他们进行了射击测试，下面是测试结果，你会挑选谁？为什么？

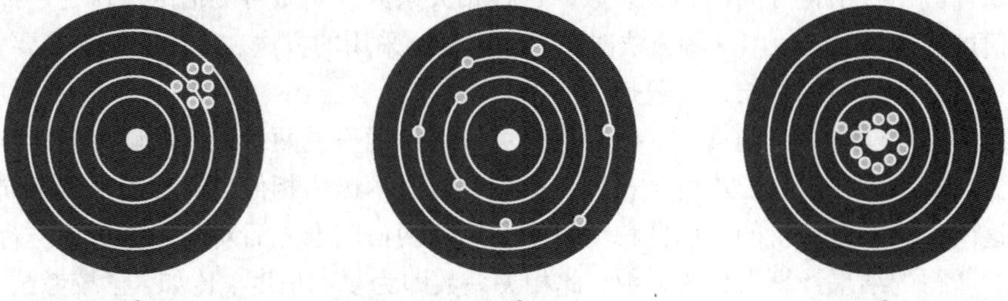

队员 A　　队员 B　　队员 C

你会选谁呢？A 肯定不行，他虽然水平发挥很稳，但是成绩不好，准确度太差；B 虽然总的准确度还可以，但是发挥很不稳定，时好时坏；C 才是你要选的队员，他发挥稳定，准确度也高。其实调查者的测量就和射击一样，既需要信度，就是测量要有稳定性，不是一会儿这个结果，一会儿又是另外一个结果；还需要效度，就是测量的准确度高，能够反映事物本来的属性。

5.4.1　测量的信度

1. 信度的含义

信度即可靠性，它是指采取同样的方法对同一对象进行重复测量时，其所得结果一致的程度。换句话说，信度是测量结果的一致性或稳定性。

例如，调查者用同一份问卷测量大学生的竞争心理，若前后测量结果相同，则说明量表的信度高；相反，连续几次测量的结果都不相同，则说明量表的信度低。这如同调查者用同一架磅秤称某一物体或人的体重，称了好几次，结果都是相同的重量，这说明这架磅秤的信度很高；若称了几次的结果都不相同，则说明其信度甚低，说明这架磅秤坏了，这件测量工具是不可信的。

大部分信度指标都以相关系数 r 表示（相关系数的计算会在第 11 章中介绍），即用同一样本所得到的两组资料的相关系数作为测量一致性的指标称为信度系数。信度系数可以解释为在所测对象实得分数的差异中有多大比例是由测量对象本身的差别决定的。信度系数高表明测量的一致性程度高，测量误差小，测量信度高。例如，当 r=0.9 时，可以认为实得分数中 90%的差异来自测量对象本身的差异，只有 10%来自测量误差，因此测量信度较高；当 r=1.00 时，表示无测量误差，所有的差异都来自测量对象本身，这时测量信度最高，这是最理想的状态；若

$r=0$，则所有的差异均反映了测量的误差，此时测量信度低。一般来说，如果 $r \geqslant 0.80$，就认为该测量达到了足够的信度。

2．信度的分析方法

信度的分析方法主要包括再测信度、复本信度和折半信度三种。

（1）再测信度。对同一群对象采用同一种测量，在不同的时间点先后测量两次，根据两次测量的结果计算出各项得分间的相关系数，这种相关系数就叫做再测信度。这是一种最常用、最普遍的信度检查方法。使用这种方法时，两次测量所采用的方法、所使用的工具要完全一样，两次测量相距的时间不能过长，一般是 2～4 周。

（2）复本信度。在社会调查中，研究人员可以设计两份或两份以上的调查问卷，每份使用不同的项目，但它们在内容、难度、长度、排列等方面都极为相似，且都用来测量同一个概念或事物。这两份问卷是等价的，因此称为复本。用这两份问卷先后对同一群对象进行测量，根据两份问卷所得的结果计算出相关系数，此相关系数即为复本信度。比如，学校考试时出的 A，B 卷就是这种复本的一个近似的例子。

使用这种方法会出现两个主要的问题。第一，设计两份等价的问卷或量表，既费时间，又可能多花钱；第二，设计两份等价的问卷或量表是非常困难的，两份问卷或量表很难做到百分之百的等价。因此，复本信度低可能反映的是问卷或量表的问题，也可能反映了两个问卷或量表在内容上是不等价的。

（3）折半信度。将研究对象在一次测量中所得的结果按测量项目的单双号分为两组（也可以随机地分），计算这两组分数之间的相关系数，这种相关系数就叫做折半信度。比如，一个态度测量包括 30 个项目，若采用折半法了解其内在一致性，则可以将这 30 个项目按照单双号分为各 15 个项目相等的两部分，再求其相关系数。通常，研究者为了采用折半信度检验测量的一致性，需要在测量表中增加一倍的测量项目，这些项目与前半部分的项目在内容上是重复的，只是表面形式不同而已。如果被调查者在前后两部分项目上的得分之间高度相关，则可以认为这次测量是可信的。

5.4.2　测量的效度

1．效度的含义

效度也称测量的准确度，它是指测量工具或测量手段能够准确测出所要测量的变量的程度，或者调查结果说明调查所要说明问题的有效程度。简言之，效度是指调查所用的指标能够如实反映某一概念真实含义的程度。例如，人们用一把尺去量布，本来布的长度是一尺，但人们测得的结果却是一尺二寸或八寸，人们就说这把尺子缺乏准确性或缺乏效度。在这个例子中，尺子是调查所用的各种指标，布是调查对象，布的长度是要调查的某一问题的含义。

2．效度的类型

测量的效度具有三种不同的类型，即表面效度、准则效度和结构效度。它们分别从不同的方面反映测量的准确程度。人们在评价各种测量的效度时，也往往采用这三种类型作为标准。

（1）表面效度。表面效度也称内容效度或逻辑效度，指测量内容或测量指标与测量目标之间的适合性和逻辑相符性，也可以说是指测量所选择的项目是否“看起来”符合测量的目的和要求。评价一种测量是否具有表面效度，首先必须知道所测量的概念是如何定义的，其次需要知道这种测量所收集的信息是否和该概念密切相关，然后评价者才能尽其判断能力之所及，做出这一测量是否具有表面效度的结论。

比如，用问卷去测量人们的家庭观念时，首先要弄清“家庭观念”的定义，然后看问卷中的问题是否都与人们的家庭观念有关。如果问卷中的问题明显是关于其他方面的，则这种测量就不具有表面效度；如果问卷中的问题都是有关家庭观念方面的内容，看不出它们是在测量与家庭观念无关的其他观念时，则可以说这一测量具有表面效度。

（2）准则效度。准则效度是指用一种不同于以往的测量方式或测量指标对同一事物或变量进行测量时，把原有的一种测量方式或指标作为准则，用新的测量方式或指标所得到的测量结果与原有准则的测量结果做比较，如果新的测量方式或指标与原有的、作为准则的测量方式或指标具有相同的效果，人们就说这种新的测量方式或指标具有准则效度。例如，评价汽车驾校笔试成绩的效度时，要看考生毕业后的实际驾车技术（如事故发生率等），这里，考生的实际驾车技术就是评价其笔试成绩效度的标准。

（3）结构效度。结构效度又称建构效度。调查者在设计问卷和量表时，实际上是假设针对某个问题有某种理论结构存在，通过调查分析它们可以考察所用的问卷或量表是否能够测出真正的结构。它涉及一个理论的关系结构中其他概念（或变量）的测量。比如，调查者设计了一种量表来测量人们的“婚姻满意程度”，为了评价这种测量方法的效度，调查者需要用到与婚姻满意程度有关的理论命题或假设中的其他变量。假定调查者有下列与婚姻满意度有关的理论假设：婚姻满意程度与主动做家务的行为有关，且婚姻满意程度越高，越是主动承担家务。如果调查者的测量在婚姻满意程度与承担家务方面的结果具有一致性，则称调查者的测量具有结构效度；如果不同的婚姻满意程度对象在承担家务方面的行为都是一样的，那么调查者测量的结构效度就面临挑战。

5.4.3　信度与效度的关系

1．效度以信度为基础

信度与效度既相互联系又相互区别。效度以信度为基础，有效的测量必须是可信的测量。就像一个同学的考试成绩一样，一次考试考得很好，能不能说这位同学的成绩很好呢？其实通过一次考试是不能判断成绩好坏的，要多测量几次，若每次都考得好，才能说这位同学的成绩很好。又如，调查者想了解大家对授课教师授课情况的看法，可是每次测量的结果都不一样，测量结果一会儿是非常好，一会儿又是一般，一会儿又是很糟糕，那么则说明调查者的测量有问题，没有信度。

2．信度高时效度不一定高

信度只是效度的必要条件，而不是其充分条件。一个信度高的调查并不等于效度也高。信度只解释资料的真实可靠性，并不能解释这项资料与研究对象是否相关及相关的程度多大。例如，调查者想了解大家对授课教师授课情况的看法，每次测量的结果都一样，就说明它的信度高。但是，如果这份问卷中所设计的问题都是与这名教师授课无关的问题（如你对这名教师的相貌满意吗？你对这名教师的年纪满意吗？），即使最后每次测量的答案都一致，也说这样的测量没有效度，因为它没有打中调查者需要的“靶心”。

3．效度高时信度一定高

效度问题更直接地影响整个调查的价值，如果量表或问卷的设计不能充分显示所要调查的主题，那么整个调查就失去了意义，所以对调查结果进行效度分析是十分重要的。一个量表或问卷只有同时具有较高的效度和信度，才能保证调查结果是可靠的和有用的。

练习 35

选择信度与效度的方法

为你的调查项目分别选择一种评价信度与效度的方法，并在你的调查中实际应用一下。

信度方法：　　　　　　　　　　　　效度方法：

复习思考题

一、填空题

1．下列变项属于测量的哪一个层次？

（1）城市每平方公里人口密度：2 600，2 800，10 000，500__________。

（2）个人职业：教师，农民，工人，企业主，军人__________。

（3）社区居民对居委会主任的满意程度：非常满意，满意，一般，不满意，非常不满意__________。

2．测量有__________、__________、__________、__________四个层次。

3．测量信度的方法有__________、__________、__________。

二、选择题

1．测量内容或测量指标与测量目标之间的适合性和逻辑相符性是（　　）。

A．表面效度　　B．准则效度　　C．结构效度　　D．其他效度

2．按照什么样的规定进行测量是（　　）。

A．测量客体　　B．测量内容　　C．测量法则　　D．数字和符号

3．好的测量需要（　　）。

A．信度、效度都好　　B．信度好就可以

C．效度好就可以　　D．信度、效度好不好无所谓

三、设计题

1．请将都市化、个人现代化这两个概念进行操作化。

2．请设计一个关于结婚花费的总加量表。

四、简答题

请分析信度与效度的关系？

第6章 问卷法

引 言

在社会调查中，收集资料最基本的手段就是“看”和“问”。问卷法就是调查者从对社会事实有接触和体验的人那里了解情况的一种方法。问卷系统记载了调查的具体项目和内容，是调查信息的载体和实现调查目的、要求的一种重要形式。采用问卷进行调查不仅是国际通行的一种调查方法，也是当前发展最快、应用最广泛的一种调查方法。

本章学习目标

1. 掌握问卷调查法的概念。
2. 了解各种类型的问卷调查法。
3. 掌握问题的结构。
4. 掌握问卷的设计程序。
5. 掌握问题及答案的设计方法与原则。
6. 掌握问题提问方式应遵循的原则。
7. 掌握相倚问题的处理办法。
8. 掌握问卷设计中的常见错误。
9. 了解问卷调查法的实施过程。
10. 了解问卷调查法的优缺点及适用范围。

学习导航

6.1　问卷的结构与设计程序

6.1.1　问卷调查法的定义与类型

1．问卷调查法的定义

问卷是社会调查中用来收集资料的一种工具，一种类似于体温表、测力器、磅秤、米尺的工具。与这些工具不同的是，问卷在形式上是一份精心设计的问题表格，收集的则是有关社会现象和人们社会行为的各种资料，用途是用来测量人们的行为、态度和社会特征。

调查者使用统一编排印刷的问卷，向被选取的调查对象了解情况或征询意见的调查方法，人们把这种方法简称为问卷调查法或问卷法。

2．问卷调查法的类型

按照问卷填答者的不同，问卷调查可以分为自填式问卷调查和代填式问卷调查（见图 6.1）。

按照问卷传递方式的不同，自填式问卷调查可分为报刊问卷调查、邮政问卷调查和送发问卷调查；按照与被调查者交谈方式的不同，代填式问卷调查可分为访问问卷调查和电话问卷调查。

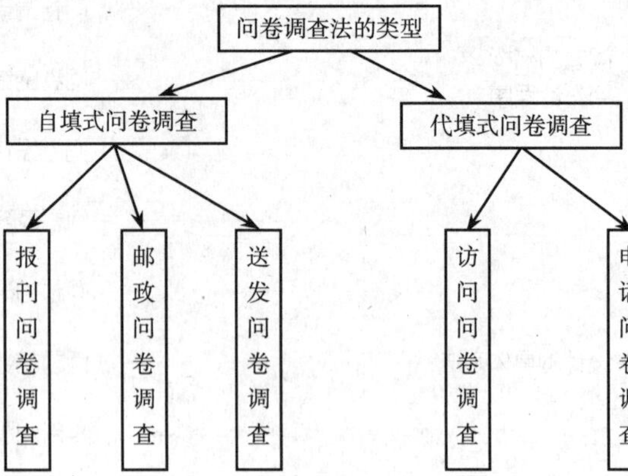

图 6.1　问卷法的类型

（1）报刊问卷调查。报刊问卷调查是随报刊传递分发问卷，请报刊读者对问卷做出书面回答，然后按规定的时间将问卷通过邮局寄回报刊编辑部的一种调查方法。报刊问卷调查以读者为调查对象，有稳定的传递渠道，分布面广，匿名性强，回答质量较高，能节省费用和时间，有很大的适用性。报刊问卷调查不是有名有姓地寄给被调查对象的，因而不容易激发责任感，回收率很低。通常年轻人或某一部分人有兴趣填写，所以资料的代表性也差。另外，报刊问卷调查对影响回答的因素无法了解、控制和做客观分析，甚至还会出现一些虚假的现象。

（2）邮政问卷调查。邮政问卷调查是调查者通过邮局向被选定的调查对象寄发问卷，请被调查者按照规定的要求和时间填答问卷，然后再通过邮局将问卷寄还给调查者的一种调查方法。这种方法简单易行，不受地域限制，保密性也好。如果在寄发问卷的同时附上写明调查机构或研究者地址与姓名的回信信封，并贴好邮票，这将有利于提高回答率和回收率。问卷上编上号码，可核对出没有回音的问卷，对这些问卷可重寄并附催促信。一般经两次催促，回收率大约可提高 20%。一个典型的邮政问卷调查包裹包括邮出信封、封面信、问卷、回收信封和邮票等内容，有时还会附上小礼品或其他谢礼。

（3）送发问卷调查。送发问卷调查是调查者派人将问卷送给被规定的调查对象，等被调查者填答完后再派人回收问卷的调查方法。在我国，问卷可以通过行政组织系统，如学校、居委会、村委会、乡政府等代为送发、回收。送发问卷调查的最大优点是回复率高，节省费用，回收时间迅速；它的缺点是调查对象过于集中，调查范围比较狭窄，回答质量较低，被调查者之间往往相互询问、相互影响，回答的结果容易失真，甚至还可能出现请人代答的现象。

（4）访问问卷调查。访问问卷调查是调查者按照统一设计的问卷向被调查者当面提出问题，然后由调查者根据被调查者的口头回答来填写问卷的一种调查方法。访问问卷的优点是有利于选择调查对象和控制访谈过程，有利于灵活运用各种访谈技巧，有利于对回答结果做出分析和评价，而且回收率和有效率高。但是，访问问卷调查费用高、效率低，只适用于较小范围的调查，而且访问调查的质量因人而异、差别很大，有些问题不适合当面询问。

（5）电话问卷调查。电话问卷调查是调查者通过电话按照统一设计的问卷向被调查者提出问题，然后由调查者根据被调查者的电话回答来填写问卷的一种调查方法。电话问卷调查的优点是有利于选择调查对象和运用各种访谈技巧，效率较高；其缺点是科学界定总体和抽取样本都比较困难，而且回复率、有效率较低，投入人力较多，费用较高，不适用于没有电话的调查对象。

上述几种问卷调查方法的利弊，可简略概括如表 6.1 所示。

表 6.1 各种问卷调查方式的利弊

项　目	自填式问卷调查			代填式问卷调查	
	报刊问卷	邮政问卷	送发问卷	访问问卷	电话问卷
调查范围	很广	较广	窄	较窄	可广可窄
调查对象	难控制和选择，代表性差	有一定控制和选择，但回复问卷的代表性难以估计	可控制和选择，但过于集中	可控制和选择，代表性较强	可控制和选择，代表性较强
影响回答的因素	无法了解、控制和判断	难以了解、控制和判断	可以有一定了解、控制和判断	便于了解、控制和判断	不太好了解、控制和判断
回复率	很低	较低	高	高	较高
回答质量	较高	较高	较低	不稳定	很不稳定
投入人力	较少	较少	较少	多	较多
调查费用	较低	较高	较低	高	较高
调查时间	较长	较长	短	较短	较短

除了上述的问卷调查种类以外，还有一种新的问卷调查类型，即网络问卷调查法。所谓“网络问卷调查法（Web Survey）”，即通过运用计算机程序编辑问卷文本，以及设计严密的、具有问题回答路径选择和“测谎”功能的逻辑控制程序，形成被访者与电脑之间“人机视听”的新的应答方式。网络问卷调查法既不同于调查员与被访者面对面的“访问问卷法”，也不同于以往的“自填问卷法”，它在体现被访者、调查员、电脑三者之间互动的基础上，实现了被访者的“自答”。目前这种方法已经成为西方发达国家政府调查、社会科学研究、市场调查、民意调查等领域发展最为迅速和最引人注目的一种数据收集工具。本书会在“第 9 章”对这种方法进行详细介绍。

6.1.2 问卷的结构

一份完整的问卷通常包括标题、封面信、指导语、问题及答案、编码和其他资料等内容。

1．标题

用一句话简明扼要地概括问卷调查的基本内容，这句话就是问卷的标题。一个好的问卷标题要做到有的放矢、一目了然。一个明确的调查问卷名称能够使被调查对象在一开始就能了解填答问卷的重要性。标题常常以“关于……的调查”为基本形式，如关于××市下岗职工生活状况的调查、关于××市城市居民邻里关系状况调查、关于×市居民道德水平状况的调查等。

2．封面信

封面信是在问卷标题后的一段话，是调查者致被调查者的一封简单的信。它的作用在于向被调查者说明调查的目的、调查单位或调查者的身份、调查的大概内容、调查对象的选取方法和对结果保密的措施等。封面信的语言要简明、中肯，篇幅宜小不宜大，短短两三百字最好。封面信的篇幅虽然短小，但在问卷调查过程中却有着特殊的作用。研究者能否让被调查者接受调查并认真地填写问卷，在很大程度上取决于封面信的质量。

具体而言，封面信要达到的目的与基本内容包括：

- 我是谁——说明调查者的身份。
- 我们要调查什么——说明调查的大致内容。
- 我们为什么进行这项调查——说明调查的目的及意义。
- 我们为什么会找到你做调查——说明被调查者的选取方式。
- 我们的调查不会损害被调查者的利益——说明保密的措施与匿名的保证。
- 感谢语——请求被调查者合作。

相关链接1

辽宁省城市低保情况调查问卷（工作人员部分）——封面信

亲爱的朋友：

你好！

我们是辽宁省城市低保研究课题组的调查员，非常高兴能够与你相识，也非常感谢你能够在百忙之中抽出时间填写我们的调查问卷。

你从事的低保管理工作在我国社会保障体系中占有非常重要的地位。你的辛勤工作把党和人民的关怀和温暖送给千千万万个贫困家庭，你就像黑夜中的北斗星一样给困难居民带来生活的希望。

我们非常想了解你工作中还有什么困难，你对辽宁省城市低保制度建设还有什么建议，希望你能够如实地填写下列问题，以便为世界银行下一步的贷款和辽宁省城市低保制度的完善提供准确的、科学的依据。

此问卷采用匿名填写的方式，我们将为你保守秘密，不会对你的个人生活带来任何影响。

答题方法：凡画有下画线的地方请具体填写（包括选择题中的“其他”项）；选择题可直接

在相应的题号上画“○”，凡未特别说明选项数目的题，请只选择一项。

非常感谢你对我们的工作给予的支持与合作。

辽宁省城市低保研究课题组

2012 年 7 月 26 日

练习 36

评价封面信

请运用问卷设计的知识对以下三封封面信进行评价，指出它们的优点或存在的问题。

A. 你好！我是中国国际广告公司派来的访问员，我们经常采访北京的一些居民，做有关广告及报纸杂志、广播、电视等方面的意见统计，此次希望你能在百忙之中回答我们提出的一些问题，对于你给予的合作，我们不胜感谢，并送你一份纪念品。谢谢！

B. 希望你在填表时不要有任何顾虑，怎么干的，怎么想的，就怎么填，毫不隐讳地将你的欢乐和烦恼、愿望和需求，尽情地倾诉。

C. 朋友，你好！放在你面前的是一份调查试卷，里面的内容都轻松有趣，这些问题的答案无所谓对错，只不过是人们的各种想法，这些想法都是现实合理的。你可以在这些答案中挑选一个最合乎你想法的，但请尽快回答，无须在每个问题上思索太多。回答时不必考虑应该怎样，你平时是怎么做的就怎么回答就行了。本问卷不记单位、姓名，并对你的回答保密，请你不必有任何顾虑。

好！现在就请你填写好这份问卷！谢谢！

3. 指导语

指导语即指导被调查者填写问卷的一组说明。它的作用与仪器的使用说明书相似。有些问卷的填答方法比较简单，指导语很少，常常只在封面信中用一两句话说明即可。比如，“请根据自己的实际情况在合适的答案号码上画圈或在空白处直接填写。”指导语集中在封面信之后，并标有“填表说明”的标题，其作用是对填表的方法、要求、注意事项等做一个总的说明。

相关链接 2

填表说明——指导语

（1）请在每个问题后面适合自己情况的答案号码上画圈，或者打“√”，或者在_____处填上适当的内容。

（2）问卷每页右边的数码及短横线是计算机用的，你不必填写。

（3）若无特殊说明，每个问题只能选择一个答案。

（4）填写问卷时，请不要与其他人商量。

（5）回答中需选择“其他”一项作为答案的，请在后面的______上用简短的文字注明实际情况。

（6）如果遇到文字提示“可以多选”，则可选择多于一个的选项，只要你认为合适的都要选上。

另外，有些指导语分别放在某些较复杂的问题之后，用括号括起来，其作用主要是指导被调查者填写该问题。比如，（可选择多个答案）、（请按重要顺序排列）、（房间数目包括厨房，但不包括洗澡间和厕所）等。总之，问卷中每个有可能使回答者不清楚的地方，都要给予一定的指导说明。

练习 37

写封面信

从现在开始，你要为你将要开展的调查项目设计一份调查问卷，首先根据上面的内容，为调查问卷写好封面信和指导语。

4．问题及答案

问题及答案是问卷的主体部分，也是问卷设计的主要内容。它一般包括调查询问的问题、答案，以及对回答方式的指导和说明等。编制的问题要简洁明了，要适应被调查者的程度，符合研究的目的和要求。关于这一部分内容，将在“6.2”中具体论述。

5．编码

在较大规模的统计调查中，研究者常常采用以封闭型问题为主的问卷。为了将被调查者的回答转换成数字，以便输入计算机进行处理和定量分析，就需要对回答结果进行编码。所谓编码，就是赋予每个问题及其答案一个数字作为它的代码。对问卷编码包括编定被调查者的地址、类别和它的代码；调查开始时间、结束时间和合计时间的代码；调查完成情况的代码；调查员和调查结果评价的代码；复核员和复核意见的代码等。所有这些都是对问卷分类和处理的依据。编码的工作既可以在设计问卷时就设计好，也可以等调查完成后再进行。前者称为预编码，后者称为后编码。在实际调查中，研究者大多数采用预编码，因此预编码也就成了问卷中的一部分。本书会在第10章中详细讲解编码的方法。

相关链接 3

问卷的编码

A1 你的年龄：__________周岁

A2 你的性别：① 男　　② 女

A3 你的文化程度：① 小学及以下　② 初中　③ 高中或中专　④ 大专及以上

A4 你每月的收入______元。

“相关链接 6”中，问题的代码分别为 A1，A2，A3，A4，而问题中的每个答案也都被赋予了一个阿拉伯数字作为代号。比如，A2 中，男性被赋予了数字 1，女性被赋予了数字 2。

6．其他资料

其他资料包括被调查者的地址或单位（可以是编号）、访问员姓名、访问开始时间和结束时间、访问完成情况、审核员姓名和审核意见等。这些资料是对问卷进行审核和分析的重要依据。

此外，有的自填式问卷还有一个结束语。结束语可以是简短的几句话，对被调查者的合作表示真诚感谢；也可以稍长一点，顺便征询对问卷设计和问卷调查的看法。例如，在问卷的最后可设计如“相关链接 4”这样的一组问题。

相关链接 4

结束语

你填写完这份问卷感到还有什么需要补充的吗？如有，请写在下面：

____

____

你填写完这份问卷后有何感想？

① 很有意义 □　　② 可能有些用处 □

③ 没有意义 □　　④ 不清楚 □

你以后还愿意填答问卷吗？

① 愿意 □　　② 不愿意 □

如果是访问问卷，在结束语（或卷首语）后，还应该包括下面内容。

相关链接 5

结束语

问卷编号：__________访问地点或单位：__________

完成情况：完成__________未完成（不在家______拒绝回答________其他________）

访问时间：______年______月______日______时______分至______时______分，合计______分钟。

访问员姓名：________ 对回答的评价：可信________ 基本可信________ 不可信________

复核员姓名：________ 复核员的意见：合格________ 基本合格________ 不合格________

6.1.3 问卷设计程序

1．探索性工作

要设计一份调查问卷，第一步工作并不是马上动手列出调查的问题，而是要先做一定的探索工作，即先摸摸底，熟悉和了解一些基本的情况，以便对各种问题的提法和可能的回答有一个初步的认识。

探索性工作一般是先观察、访谈，做一些定性研究和文献阅读准备，熟悉调查选题，对调查对象和调查地区进行走访，初步形成研究思路和问卷逻辑结构。通常的做法是研究者或问卷设计者亲自深入调查对象当中，对要调查的问题与各种不同类型的被调查者进行交流，或者亲自深入调查地区，体验当地的生活，了解风俗民情，将已有的思路、假设和问题在广泛的交谈和体验中进行比较和深化，从中获得对不同问题的种类、可能的回答、可接受的回答程度等的第一手材料。

2. 设计问卷初稿

经过探索性工作，研究者便可以正式展开问卷设计。研究者要将课题形成的各种思考具体化、逻辑化，编制出各种问题和答案，寻找问题与答案的有效形式，并对不同的问题进行组合排列，最终形成问卷的初稿。根据研究者组合问题、形成问卷的不同思路，并按照先有问卷结构还是先有问题的不同，问卷初稿形成一般有两种方法：一种是卡片法，另一种是框图法。

（1）卡片法。卡片法是根据先有具体问题、后有问卷结构的形式形成问卷初稿的方法。用卡片法形成问卷初稿要遵循一定的步骤。第一步是根据探索性工作所得到的印象和认识，把每个问题写在一张卡片上。第二步是根据卡片上问题的主要内容，将卡片分成若干堆，即把询问相同事物的问题卡片放在一起。第三步是在每堆卡片中，按合适的询问顺序将卡片前后排序。第四步是根据问卷整体的逻辑结构排出各堆的前后顺序，使卡片联成一个整体。第五步是从回答者阅读和填答问题是否方便、是否会形成心理压力等角度出发，反复检查问题的前后顺序及其连贯性，对不当之处逐一调整和补充。最后把调整好的卡片上的问题依次写在纸上，形成问卷初稿。

（2）框图法。框图法是根据先有问卷结构、后有具体问题的形式形成问卷初稿的方法。它的第一步是根据研究假设、探索性工作中的心得和已有资料的内在联系，形成问卷的基本逻辑脉络，在纸上画出代表整个问卷的各个部分及前后顺序的框图，并按照回答者思维的逻辑性和连贯性，不断对问卷各个部分之间的顺序进行调整，安排好它们之间的先后顺序。第二步是具体写出每个部分中的问题及答案，并安排好这些问题相互之间的顺序，比较问题和答案的最佳形式。第三步是根据回答者阅读和填写问卷是否方便，对所有问题进行检查、调整和补充。最后将调整的结果重新抄在另一张纸上，形成问卷初稿。

从思维的逻辑性上看，卡片法和框图法正好相反：一个是归纳，一个是演绎；一个是从具体问题到整体结构，一个是从整体结构到具体问题。一般而言，初学者和初涉设计问卷者可以考虑使用卡片法，因为卡片法从具体内容和感性认识开始，比较容易着手，但卡片法的缺点是缺乏整体视角，容易遗漏某些方面的内容。框图法对调查者的能力要求较高，要求问卷设计者对调查主题和具体内容比较熟悉，问卷结构一旦写出，具体问题都会衍生出来，不会出现大规模的遗漏；但其缺点是调查者个人的主观认识和客观局限往往会决定问卷内容，而且问卷基本结构一旦设计出来，对具体问题进行调整、增减将会比较困难。通常，调查者可以将两种方式结合起来使用，这样可以集两者的长处，避免它们的不足。可以先根据调查内容的结构，在纸上画出问卷总体的各个部分及其先后顺序；再将每一部分的内容编成一个个具体的问题，写在一张张小卡片上；最后，调整问题之间的顺序，并将调整好的问题卡片上的问题打印出来，形成问卷初稿。

3．试用

问卷设计初稿完成以后不能直接用于调查，必须先进行试用和修改。试用和修改在问卷实际实施的过程中至关重要，对于大型调查来说更是不能不做。

问卷试用的方法有两种：一种是客观检验法，另一种是主观评价法。实际操作中，这两种方法往往同时使用，尤其是对大规模的问卷调查而言更是如此。

客观检验法的具体做法是：将问卷初稿打印若干份，然后采取非随机抽样的方法选取一个小样本，用这些问卷初稿进行试调查；最后认真检查和分析试调查的结果，从中发现问题和缺陷并进行修改。检查和分析的内容包括回收率、有效回收率、填答错误和填答不全四个方面。

（1）回收率。回收率是指问卷发放下去，填写完毕后又回收到调查者手中的比例。回收率在一定程度上是对问卷调查的总体评价，也是对问卷设计的总体评价。回收率如果太低，就要认真考虑问卷设计中是否存在较大问题，问卷是否需要进行较大程度的修改。如果实在不行，就要进行重新设计。

（2）有效回收率。有效回收率是指所有回收上来的问卷中能够进行统计分析的合格问卷的比例，也就是说扣除各种废卷后的回收率。它比回收率更能反映问卷初稿的质量和问卷本身的质量。因为收回的废卷越多，说明回答者填答完整的就越少，这也就意味着问卷初稿中出现的问题可能较多。

（3）填答错误。对填答错误的分析有助于问卷设计的改进。填写错误有两类：一类是填答内容的错误，即答非所问。这是由于对问题含义不理解或误解造成的。对于这种情况，一定要仔细检查问题的用语是否准确、清晰，含义是否正确、具体。另一类是填答方式的错误。这主要是由于问题形式过于复杂、指导语不明确等原因所致的。

（4）填答不完全。填答不完全的情形主要也有两类：一是问卷中某几个问题普遍未回答；二是从某个问题开始，后面的问题都未回答。对于前一种情况，就要仔细检查这几个问题，分析大部分被调查者未回答的原因，然后改进；对于后一种情况，则要仔细检查中断部分的问题，分析回答者“卡壳”的原因。

另一种是主观评价法，即将设计好的问卷打印出来，送给相关领域的专家学者、行业人士和典型的被调查者等，让他们根据自己的经验和认识，从不同的角度对问卷进行评价，给出正面和负面的评语，尤其是详细指出问卷设计的不足与错误；然后将这些专家的意见和建议收集汇总，逐条检查，对问卷进行修改。

4．修改、定稿并打印问卷

根据上述方法找出问卷初稿中存在的问题后，逐一对问卷初稿中的毛病进行认真分析和修改，最后才能定稿。在对修改后的问卷进行打印的过程中，同样要十分小心和仔细。无论是版面安排上的不妥，还是文字上、符号上的打印错误，这些都将直接影响最终的调查结果。只有经过试用和修改，并对校样反复检查，才能把问卷送去打印，并用于正式调查之中。

6.2 问卷设计的具体方法

6.2.1 问题及答案的设计

问题和答案是问卷的主体。问题按照备选答案给出的情况分为开放型、封闭型、混合型三种类型。如果说问题是测量工具，那么答案就是测量之后得到的结果。不同的答案反映了被测量对象的不同状况和水平，这样，问卷的具体设计便归结为这三种类型的问题该如何设计。

1. 问题的类型

（1）封闭型问题：问题+备选答案。封闭型问题又称定选性问题，即已给出可供选择答案的问题。研究者在编制问卷时，当一个问题形成后，他们会事先规定好几种可能答案，并将其印在问卷上，调查时请被调查者从中选择适合自己情况的答案即可。这就如同人们在考试时做单项选择题或多项选择题一样。

封闭型问题的结构包括问题和答案两个部分，设计上比较复杂。备选答案多少要视变量的测量层次（定类的、定序的还是定距的）而定。拟定的答案应该尽可能清楚、完整、穷尽、周严。就问卷法而言，封闭型问题是调查者与被调查者沟通信息的直接载体，是问卷调查的精髓所在，它的设计好坏直接影响问卷调查的效果，因此必须精雕细刻。

封闭型问题的方式多种多样，其中常用的有以下几种。

1）填空式，即在问题后面的横线上或括号内填写答案的问题形式。

相关链接 6

封闭型问题——填空式

（1）你家有________口人。

（2）你的年龄多大？________岁。

（3）你的住房面积？________平方米。

填空式一般只用于那些对被调查者来说既容易回答、又容易填写的问题，通常只需填写数字。

2）两项式，即只有两种答案可供选择的问题形式。

相关链接 7

封闭型问题——两项式

（1）你的性别？　　A. 男　　B. 女

（2）你是独生子女吗？　　A. 是　　B. 不是

这种回答方式适用于互相排斥的二选一式的定类问题。

3）多项单选式，即给出的答案至少在两个以上，由被调查者根据自己的情况选择其一作为回答。这是各种社会调查问卷中采用最多的一种问题形式。这种问题形式的关键是要保证答案的穷尽性和互斥性。

相关链接 8

封闭型问题——多项单选式

（1）你的家庭所在地是：（请在合适答案的号码上画圈）

A. 城市　　B. 城镇　　C. 农村

（2）你的文化程度是：（请在合适答案的号码上打“√”）

1）小学以下

2）初中

3）高中或中专

4）大专及以上

4）多项选择式。与单选式不同的是，多项选择式要求回答者根据自己的情况在所列举的多个答案中选择若干个。多项选择式又可以分为多项限选式和多项任选式两种形式。多项限选式是指规定了选择答案数目的问题形式；多项任选式是指被调查者可以任意选择各种不同数目答案的问题形式。

相关链接 9

封闭型问题——多项选择式

（1）你在择偶时，看重下面列举的哪些因素？（请从下列答案中选择三项并在对应的题号上画圈）

A. 家庭背景　B. 思想品质　C. 相貌身材　D. 职业单位

E. 两人感情　F. 经济收入　G. 身体健康　H. 性格脾气

I. 能力才干　J. 年龄大小　K. 城乡户口　L. 文化程度

M. 生活习惯　N. 气质修养　O. 其他（请写明）________

（2）在以下各种家用物品中，你家有哪些？（请在你家有的物品答案上打“√”）

① 彩色电视机　② 录像机　③ 影碟机　④ 空调　⑤ 洗衣机

⑥ 电冰箱　⑦ 计算机　⑧ 微波炉　⑨ 电话　⑩ 其他（请注明）________

这种问题形式给了回答者更加充分地表达自己情况的机会，适用于有几种互不相斥的答案的定类问题。但是这种形式的问题有个弊端，就是调查者无法从这种形式的问题回答中看出被调查者选择的顺序。

5）多项排序式。这种问题形式一方面要求被调查者在所给出的多个答案中选择两个以上的答案，另一方面要求被调查者对自己所选择的这些答案进行排序。

相关链接10

封闭型问题——多项排序式

1. 你认为作为一名企业领导最重要的三个素质是什么？（请将答案号码填入下表中）

第一重要	第二重要	第三重要

A. 大公无私　B. 坚持原则　C. 敢想敢干　D. 以身作则
E. 团结群众　F. 思想敏锐　G. 业务熟悉　H. 文化程度高
I. 其他（请注明）____________

2. 你觉得应该优先考虑为城市中的哪类群体办理低保？（请排出先后次序）
A. 三无人员
B. 家庭人均月收入低于当地城市居民最低生活保障标准的
C. 失业人员
D. 离退休人员
E. 经济收入低或无经济收入的单身或未婚母亲
F. 残疾人
G. 无经济来源的家庭
H. 其他（请注明）____________

练习38

设计封闭型问题1

试着将上述多项选择式中的“你在择偶时，看重下面列举的哪些因素？”一题改成多项排序式的问题形式。

6）等级式。等级式是指具有两个以上的分成等级答案的选择方式。等级式回答属于单项选择，即只能选择一个答案。

相关链接11

封闭型问题——等级式

你对你所在社区的社会治安工作是否满意？（请按你的感受在下列适当的空格内打“√”）

① ________很满意 ② ________比较满意 ③ ________无所谓
④ ________不满意 ⑤ ________很不满意 ⑥ ________不知道

常用的表示等级的词语还有：非常喜欢，比较喜欢，无所谓；讨厌，非常讨厌；完全同意，同意，中立，不同意，坚决不同意，无可奉告；经常，有时，偶尔，没有，不适用；很好，可以，不好，很差，无所谓等。这种回答方式适用于需要表示意见、态度、感情的等级或强烈程度的定序问题。

7）矩阵式，即将同一类型的若干问题集中在一起，构成一个问题的表述形式。

相关链接 12

封闭型问题——矩阵式

（1）你如何评价下面列出的社会问题？（请在适当的方格内打“√”）

	非常严重	比较严重	一般	不太严重	无所谓	不知道
1）下岗失业问题	□	□	□	□	□	□
2）社会治安问题	□	□	□	□	□	□
3）贫富分化问题	□	□	□	□	□	□
4）国民素质问题	□	□	□	□	□	□
5）官员腐败问题	□	□	□	□	□	□
6）社会公德问题	□	□	□	□	□	□

（2）你觉得在大学生群体中，下列现象的严重程度如何？（请在合适的□内打“√”）

	很严重	不太严重	不严重
谈恋爱	□	□	□
逃课	□	□	□
上网	□	□	□

这种形式的优点是节省空间，使问卷显得紧凑。由于同类问题集中在一起，回答方式也相同，所以可以压缩卷面空间，同时节省回答者阅读和填答的时间。这种问题方式适用于同类问题、同类回答方式的一组定序问题。

8）表格式。表格式其实是矩阵式的一种变体，其特点和形式都与矩阵式十分相似。比如，上面矩阵式问题中的第二题可以将其变体为下面的表格式问题。

相关链接 13

封闭型问题——表格式

你觉得在大学生群体中，下列现象的普遍程度如何？（请在合适的表格内打“√”）

	很普遍	不太普遍	不普遍
谈恋爱			
逃课			
上网			

练习39

设计封闭型问题2

把上面矩阵式问题中的第1题“你如何评价下面列出的社会问题？”设计成表格式的问题形式。

与矩阵式一样，表格式回答方式也适用于同类问题、同类回答方式的一组定序问题。

需要指出的是，矩阵式和表格式虽然具有简明、集中的优点，但是也容易给人呆板单调的感觉，故只能少量使用。一般而言，一份题目数量在20道左右的普通问卷中，这两种形式的问题以3~5个为佳。而且，如果表格设计得过于复杂，或者一个表格中所包含的问题和内容太多，这对被调查者的回答不利。

封闭型问题的优点很多，如答案标准化，回答方便，节约时间，问卷的回复率和有效率高，整理、比较、分析都较容易。而它的最大优点是便于对社会现象进行量化研究，因而所获得的资料也便于进行统计处理和分析。

封闭型回答问题的缺点是设计比较困难，特别是一些比较复杂的、答案很多或不太清楚的问题，很难设计得完整、周全，一旦设计存在缺陷，被调查者就无法正确回答问题；回答方式比较机械，没有弹性，难以适应复杂的情况，也难以发挥被调查者的主观能动性；填写比较容易，被调查者可能对自己不懂、甚至根本不了解的问题任意填写，从而降低回答的真实性和可靠性。

（2）开放型问题：问题+留白。所谓开放型问题，就是在设计问题时，只提供问题而不规定答案，由被调查者自由回答。为此，有必要在问题后面留下一些空白的地方，供被调查者填上自己的回答。

相关链接14

开放型问题

你对安排课余生活有何好的建议？

____

____

开放型问题的优点是可以适用于事先无法确切知道其部分答案或全部答案的问题。由于被调查者自由回答问题，所以比较灵活，得到的信息量大，常常可以获得问卷设计者意想不到、富有启发性的回答。但是开放型问题的缺点也十分明显，如答案参差不齐，在不同回答者之间难以进行比较，整理困难，拒答率很高等。而且开放型问题无法对社会现象进行定量分析，因此在设计问卷时应该尽量少用，并最好放在问卷的最后。

（3）混合型问题。混合型问题是封闭型问题与开放型问题的结合，它实质上是半封闭、半开放的问题类型。

相关链接 15

混合型问题

你认为实行最低生活保障制度好不好？（请在适当的格内打“√”）

① 好 □

② 难说 □

③ 不好 □ 为什么？________________

这种问题形式综合了开放型问题与封闭型问题的优点，同时避免了两者的缺点，具有非常广泛的用途。

在实际的社会调查中，许多调查问卷都是封闭型问题和开放式问题的综合。一份以封闭性为主的问卷，应该至少包括一个开放性问题（在问卷的末尾），用于收集封闭式问题中未能包含在内的更加生动、形象和具体的资料。

2. 答案的设计

由于社会调查中的大多数问卷主要由封闭型问题构成，而答案又是封闭型问题非常重要的一部分，所以答案设计得好与坏直接影响调查的成功与否。答案的设计要遵循以下几个基本原则。

（1）穷尽性原则。穷尽性原则是指问题给出的备选答案必须能够涵盖所有可能的情况，否则就会导致被调查者在问卷中找不到符合自己情况的答案。

相关链接 16

穷尽性原则 1

你的性别？ ① 男 ② 女

对于一个被调查者来说，问题的答案中总有一个是符合他的情况的，或者说每个回答者都一定是有答案所选的。上面关于“性别”的答案就是穷尽的，被调查者不是男性，就必然是女性。但是，如果某个回答者的情况不包含在某个问题所列的答案中，那么这一问题的答案就一定不是穷尽的，或者说是有所遗漏的。比如，下面关于“职业”问题的答案就不是穷尽的。

相关链接17

穷尽性原则2

请问你的职业是：（请在合适答案的括号里打“√”）

① 党政机关干部（　　）　② 企业经营管理干部（　　）

③ 专业技术人员/教师/医生（　　）　④ 一般职员（　　）

⑤ 个体户（　　）　⑥ 待业人员（　　）

之所以说“职业”的答案是不穷尽的，是因为所列的答案并不是全部的职业类别，那么肯定会有许多回答者无法填答这样的问题，因为答案中并没有包含他们具体的职业类别，如有的人是农民，有的人的职业是民营企业家，他们在备选的答案中就找不到符合自己情况的表述。解决这类问题的办法是，在所列举的若干个答案后面加上一个“其他”类，这样，那些无法选择所列各种答案的人就可以选择这类答案。应该注意的是，如果一项调查结果中选择“其他”一栏的回答者人数相当多，则说明答案的分类是不完善的。若有些重要的、带有普遍性的类别没有专门列出，那样就会达不到调查目的。

（2）互斥性原则。所谓互斥性，是指答案相互之间不能相互重叠或相互包含，也即对于每个回答者来说，只能有一个答案适合他的情况，如果一个回答者可同时选择属于某一个问题的两个或更多的答案，那么这一问题的答案就一定不是互斥的。下面关于“职业”的答案就不是互斥的。

相关链接18

互斥性原则

你的职业是什么？（请在合适答案后面打“√”）

① 工人　② 农民　③ 干部

④ 商业人员　⑤ 医生　⑥ 售货员

⑦ 教师　⑧ 司机　⑨ 其他

在所列的答案中，“工人”与“司机”、“商业人员”与“售货员”都不互斥，工人中可包括司机在内，而售货员也是商业人员的一部分。因此，对于那些身为司机或售货员的回答者来说，他们既可以选择司机或售货员，也可以选择工人或商业人员，两者都符合他们的情况。

（3）需要性原则。需要性原则是指要根据调查的需要来确定变量的测量层次。不同的变量具有不同的测量层次，高层次的变量可转化为低层次的变量来使用。在实际设计答案时，首先要看所测变量属于什么层次，其次根据这一层次的特征来决定答案的形式。比如，如果要测量“每人每月的工资收入”这一变量，就应首先明确它属于定比层次，是最高层次的变量；再根据调查的具体要求决定采用哪种形式的答案。

如果调查需要准确地了解每一回答者的具体收入，则可采用填空形式。

相关链接 19

需要性原则——填空形式

你每月的工资收入是________元。

如果调查想要了解的是总体中人们的工资收入处于不同等级的分布情况，那么可以把月工资收入转化成定序变量来测量。

相关链接 20

需要性原则——定序变量

你每月的工资收入在下列哪个范围中？（请选一个）

① 1 000 元以下

② 1 000～1 999 元

③ 2 000～2 999 元

④ 3 000～3 999 元

⑤ 4 000 元及以上

如果调查只需要了解某一总体中的人们月工资收入水平处于全国平均水平（假设为 2 000 元）上下的比例，那么就可以把月工资收入转化成定类变量来测量。

相关链接 21

需要性原则——定类变量

你的月工资收入属于下列哪一类？（请选一个）

① 高于 2 000 元　　② 低于或等于 2 000 元

练习 40

遵守问卷设计原则

以小组为单位，每个成员先自己尝试设计婚姻状况、文化程度和职业的答案，再进行小组讨论，以穷尽性、互斥性、需要性原则相互检验这些答案的合理性。

6.2.2 问题的语言及提问方式

书面语言是编制问题的基本材料，就像建筑房屋的砖和瓦。要使问题含义清楚，简明易懂，就必须高度重视使用好书面语言。除了语言外，提问的方式对调查也有一定影响。因此，在设计时必须注意这两个方面。在问卷设计中，问题的语言表述和提问方式需要遵循下列常用的规则。

1．问题的语言要通俗，不可抽象

无论是设计问题还是设计答案，所用语言的第一标准应该是简单。要尽可能使用简单明了、通俗易懂的语言，不要使用复杂的、抽象的概念及专业术语。比如，“你认为我国的社会保障制度如何”这个问题中，“社会保障制度”是一个比较抽象的概念，被调查者难以确切回答。所以尽量用人们日常生活中的常用词汇，而抽象概念，如核心家庭、自由度、科层制、社会地位、开拓精神等则要尽量少用。

2．问题的陈述要尽可能简短

问题的陈述越长，越容易产生含糊不清的地方，回答者的理解就可能越不一致；而问题越短小，产生这种含糊不清的可能性就越小。有的社会学家提出，短问题是最好的问题。因此，在陈述问题时，最好不要用长句子，要使用尽可能清晰、简短的句子，使回答者一看就明白。

3．问题的语言要准确

表述问题的语言要准确，不要使用模棱两可、含混不清或容易产生歧义的语言或概念。例如，应该避免使用“也许”、“好像”、“可能”这些模棱两可的语言。对“经常”、“有时”、“偶尔”这些含混不清的词语应该做具体说明，如“经常”指每周一次或更多，“有时”指每月一至两次，“偶尔”指每季一次或更少等。对于“专业大户”、“先进企业”、“落后单位”等这些容易产生歧义的概念，则应该设计出明确的操作定义。例如，“大学毕业分配最理想的职业有哪些？”这个问题语句不通，“大学毕业分配最理想的职业”是被调查者自己即将毕业，调查者是询问他将选择什么职业，还是询问被调查者对大学生选择职业情况的评估？这从提问中难于确定。另外，“最理想的职业”应是一种，而不是复数。

4．问题要避免带有双重含义

双重含义是指在一个问题中同时询问了两件事情，或者一句话中同时问了两个问题。比如，问题“你的父母退休了吗”和问题“你认为你的文化知识和生产技术能否适应生产的需要”都是双重含义问题。前一问题实际上同时询问了“你的父亲退休了吗”和“你的母亲退休了吗”两件事情；而后一问题则实际包含了“你认为你的文化知识能否适应生产的需要”和“你认为你的生产技术能否适应生产的需要”两个问题。一题两问就使一些被调查者无法进行回答，如那些父母中只有一个退休的被调查者就无法回答前一个问题，而那些只认为自己的某一方面能够适应生产需要的被调查者就无法回答第二个问题。

5．问题必须中立，不要带有倾向性

即问题的提法和语言不能使被调查者感到应该填什么，也就是说不能对回答者产生诱导性。提问时应该保持中立的提问方式，使用中性的语言，避免使回答者感到该问题是想得到某种特定的回答，或者在鼓励他、期待他做出某种回答。问题“你喜欢教师这一受人尊重的职业吗”和问题“你不抽烟，是吗”就带有很明显的倾向性。这两个问题没有做到中立，而是带有一种希望被调查者做出肯定回答的倾向。另外，如果在问题中列举了某些名人或权威的名字，也会使问题带有诱导性。比如，大多数医生认为抽烟是有害的，你是否同意这一观点？这个问题是典型的权威倾向性问题，大多数医生是一个权威群体，他们反对抽烟的明确观点出现在提问中，无疑会使问题带有诱导性与倾向性。对于这个问题可以进行中性化处理，即剔除问题的倾向性，可以改成“相关链接 22”中的问题 1 或问题 2。

相关链接 22

问题要中立

（1）有人认为抽烟有害，有人认为抽烟无害，你同意哪一种观点？

① 抽烟有害　　② 抽烟无害

（2）你怎么看待抽烟对人身体的影响？

① 对身体有害　　② 对身体无害

6. 不要用否定形式提问

在日常生活中，除了某些特殊情况外，人们往往习惯于肯定陈述的提问，而不习惯于否定陈述的提问。比如，习惯于问“你是否赞成物价进行改革”，而不习惯于问“你是否赞成物价不进行改革”。当以否定形式提问时，由于人们不习惯，许多人常常容易漏掉“不”字，并在这种理解的基础上进行回答，这样做获得的结果恰恰与他们的意愿相反。而这种误答的情形在问卷结果中常常又难以发现，因此在问卷设计中不要用否定形式提问。

7. 不要直接询问敏感性问题

当问及某些个人隐私或人们对顶头上司的看法等这样一些问题时，人们往往具有一种本能的自我防卫心理，如果直接提问这类问题，会引起很高的拒答率。因此，对这些问题最好采取间接询问的形式，并且语言要特别委婉。

6.2.3 问题的数量与顺序

1. 问题的数量

一份调查问卷包含多少个问题比较合理和科学呢？问卷的长短怎样才算合适？对于这些技术性问题没有统一的回答标准。因为问卷的长短与问题的多少要由调查目的、调查内容、样本的性质、分析的方法，以及人、财、物等多方面的因素来决定。一般来说，问题不宜太多，问卷不宜太长，通常以回答者在 20 分钟以内完成为宜，最多也不要超过 30 分钟。问卷太长往往会引起回答者心理上的厌倦情绪或畏难情绪，影响填答的质量和回收率。具体调查方式的选择也会影响问卷当中问题的数量，如电话调查、街头拦人、入户调查和深度访谈的问卷问题数目就是逐步递增的。

2．问题的排序原则

问题拟定以后，就要将问题按一定的顺序排列起来，组合在问卷之中。问卷设计中，问题的排序十分重要，它不仅直接影响问卷的填答，还间接影响问卷的回收率。一般来说，安排问题的次序应遵循以下原则。

（1）先易后难。先易后难即把那些容易回答的问题放在问卷的开始部分，而对那些难于回答的问题，则应安排在问卷中间或后面。填写问卷有一个所谓“开头难”的现象，即开始时答卷者会有畏难情绪。因此，问卷开头部分宜安排比较贴近被调查者生活实际、比较熟悉等容易回答的问题，让他们放松。

（2）同类集中。同类集中即把相同主题的问题排列组合在一起，这样会使被调查者思路连续。如果相同主题的问题分散在问卷各个部分，则会使人感到混乱与重复，也不利于联想。

（3）先次后主。个人与家庭基本情况在多数调查中是背景问题，即次要问题，适合安排在问卷的开头部分。个人背景资料通常都是社会调查中最常用、最主要的自变量，只要调查的内容不涉及比较敏感的问题，并在封面信中做出较好的说明和解释，这一部分问题就可以放在问卷的开头。与调查课题密切相关的问题是主要问题，适合安排在问卷的中间与后面。

（4）先一般后特殊。一般性问题是不容易引起被调查者情绪反应的问题，特殊问题是容易引起被调查者情绪反应的问题（如敏感性问题与威胁性问题）。一般性问题适合安排在问卷开头，特殊问题则适合安排在问卷中间或后面。如果开头的一批问题能够吸引被调查者的注意力，引起他们对填答问卷的兴趣，那么调查便可能比较顺利地进行。相反，如果开头部分的问题比较敏感，一开始就直接触及人们的心灵深处，触及有关伦理、道德、政治态度、个人私生活等方面的问题，那么很容易导致被调查者产生强烈的自我防卫心理。回答者的这种自我防卫心理会引起他们对问题调查产生反感，不利于他们对调查的合作，会阻碍调查的顺利进行。

（5）先封闭后开放。封闭性问题回答比较简便，只需在若干答案中选择；开放性问题回答比较复杂，需要动手写出答案。因此，开放性问题一般安排在问卷的结尾处。开放性问题置于前面会使被调查者觉得回答问卷需要很长时间，从而拒绝接受调查。而将开放性问题放在后面，即使被调查者不做回答，也不至于对整个问卷产生太大的影响。

（6）先客观后主观。在问卷中，应该把反映行为方面的客观问题放在前面，把涉及人的态度、意见、看法方面的主观问题放在后面。这是因为行为方面的问题涉及的只是客观的、具体的事实，因此往往比较容易回答；而态度、意见、看法方面的问题则主要涉及回答者的主观因素，多为回答者思想上的东西和内心深处的东西，更是不易在陌生人面前表露的东西。如果一开始就问这方面的问题，常常会引起被调查者心理上的戒备情绪和反感情绪，就会出现较高的拒答率。

6.2.4 相倚问题

在问卷设计中，常常会遇到这样的情况：有些问题只适用于样本中的一部分调查对象。比如，“你有几个孩子”这一问题，就只适合于那些已结婚并已生育的调查对象。因此，为了使设计的问卷适合每个调查对象，就必须采取相倚问题（或称为后续性问题）的办法。

所谓相倚问题，是指问卷当中的有些问题可能只适合于部分被调查者，而且被调查者是否需要回答这些问题要依据他对该问题之前另外问题的回答来决定，人们把前一个问题叫做过滤性问题，后一个问题则叫做相倚问题。比如，“你结婚了吗”这个问题就是过滤性问题；“你结婚多长时间了”这个问题就是相倚问题。

就设计方法而言，相倚问题分为简单相倚、复杂相倚和跳答指示三种形式。

1．简单相倚

简单相倚是指被调查者对某一个问题的回答决定了他是否需要回答另一个问题。

相关链接 23

简单相倚

你是党员吗？

A．是的 ——→ 请问你是哪一年入党的？＿＿＿＿＿＿＿＿

B．不是

2．复杂相倚

复杂相倚也叫相倚套相倚，如果被调查者对一个问题的回答与否取决于前一个问题的回答，而前一个问题的回答与否又取决于这个问题之前的一个问题的回答，则这三个问题之间就会形成相倚套相倚的情况。中间那个问题既是前一个问题的相倚问题，又是后一个问题的过滤性问题。

复杂相倚一般采用方框嵌套法。

相关链接 24

复杂相倚——方框嵌套法

请问你结婚了吗？

A．结婚了 ——→

> 你有孩子吗？
>
> A．有 ——→
>
> > 你有几个孩子？
> >
> > A．1 个
> >
> > B．2 个
> >
> > C．3 个
> >
> > D．更多
>
> B．没有

B．没有结婚

虽然最后问的是子女的数目，但是否有孩子、是否结婚则是被调查者回答的前提，由此可以获得相关问题的完整信息。

3．跳答指示

跳答指示是指导语的一种类型，如果问卷当中有连续数个问题都只适用于部分被调查对象，则可以采用跳答指示的方法，跳过这些问题直接进入符合条件的问题。

相关链接 25

跳答指示

请问你在课余时间做过兼职吗？

A．做过　B．没做过（请跳过问题3～9，直接从问题10开始回答）

以上链接中，问题3～9是询问在课余时间做过兼职的大学生的情况，通过跳答指示，让没有做过兼职的大学生从第10题开始回答。

6.2.5 问卷设计中的常见错误

问卷设计是一个需要不断实践的过程，不仅初学者设计时容易犯多种错误，就是有一定实践经验的研究者有时也难免出现一些疏忽。为了帮助读者在问卷设计中少犯错误，本节将对目前设计中的常见错误予以介绍和分析。

1．概念抽象

相关链接 26

问卷设计中的常见错误——概念抽象1

请问你的家庭属于下列哪一类家庭？

①单身家庭　②核心家庭　③主干家庭　④联合家庭　⑤其他________

此题中所列的家庭类型都是社会学的专业术语，对于一般人来说，对于什么样的家庭才是核心家庭，什么样的家庭又是主干家庭或联合家庭，他们是不清楚的。因为这些概念并不像家里有几口人、几代人那样具体、易懂。

类似的像“生活的意义”、“传统道德”、“政治体制”等也都是抽象的概念，在问卷中应该尽可能不使用抽象概念，使用具体概念。

相关链接 27

问卷设计中的常见错误——概念抽象2

你认为自己属于哪种类型的大学生？

① 开拓型 ② “学究”型 ③ “小生产者”型 ④ 盲目型 ⑤ 其他____

这一问题的毛病在它所列的答案上。问卷的设计者并没有说明什么样的学生属于开拓型，什么样的学生属于“学究”型，什么样的学生属于“小生产者”型，什么样的学生属于盲目型，即没有给出区分这些不同类型的操作化指标。

2. 问题含糊

所谓问题含糊，即指问题的含义不清楚、不明确，或者有歧义。这种问题中有些是由于问卷设计者对所提出问题的目的和用意不清楚而造成的，有些则是由于表达不当、对问题的用语推敲不够而造成的。

相关链接 28

问卷设计中的常见错误——问题含糊 1

你对你所在单位几年来情况的感觉是：

① 几乎没有什么变化 ② 变化不大 ③ 变化较大 ④ 变化很大

这一问题没有明确说明询问单位的什么情况，是多方面情况，还是某一方面或某些方面的情况；是单位的生产情况、福利待遇情况，还是干群关系、人际关系情况？总而言之，这个问题非常含糊。

相关链接 29

问卷设计中的常见错误——问题含糊 2

在子女的教育方面（学习指导、品德教育等）谁负有更多的责任？

① 母亲 ② 父亲 ③ 父母共同 ④ 祖父母或外祖父母 ⑤ 全家

这一问题并没有明确分地表达调查目的，调查者没有把要调查了解的事情说清楚。调查者可以把这个题目明确分为两个问题：一是了解被调查者在教养孩子方面的实际情况；二是了解被调查者对教养孩子的责任的认识。本书把这个问题改为“相关链接 30”中的两个问题，看看是不是更好、表示得更清晰呢？

相关链接 30

问题含糊 2 之修改

1. 在子女的教育方面（学习指导、品德教育等），你们家谁管得更多？

① 母亲 ② 父亲 ③ 父母共同 ④ 祖父母或外祖父母 ⑤ 全家

2. 你认为在子女的教育方面（学习指导、品德教育等），家庭中谁应负有更多的责任？

① 母亲　② 父亲　③ 父母共同　④ 祖父母或外祖父母　⑤ 全家

3．问题带有倾向性

问题带有倾向性是指提问没有能做到“价值中立”和“价值无涉”。合格的问卷是“价值中立”的，问题和答案设计不能够带有某种倾向性，否则被调查者就有可能被诱导甚至误导，给出不是自己真实意愿的回答。

相关链接 31

问题带有倾向性 1

你认为全国职工的工资水平是否应该提高？

① 工资偏低应当大幅提高

② 应当小幅提高

③ 虽然偏低，但为了国家建设可以暂时不提高

④ 和劳动生产率相比，工资不算低，不应提高

上述问题的提法无疑带有明显的肯定倾向，若改为“你认为全国职工的工资水平如何”就可以消除这种倾向，而且与原答案更为一致。

相关链接 32

问题带有倾向性 2

有学者认为，物价改革的结果最终将有利于国家的经济繁荣，你的看法是：

① 同意　② 不同意　③ 不知道

这种提问方式也容易形成对回答者的诱导，使其做出肯定的回答。可以将其改为下面的形式。

相关链接 33

问题带有倾向性 2 之修改

一些人认为，物价改革的结果将有利于国家的经济繁荣；另一些人认为，物价改革的结果将引起国家经济的混乱。你的看法如何？

① 同意前者　② 同意后者　③ 不知道

4．问题具有双重含义或多重含义

问卷设计的基本原则是“一问一答”、“有问有答”，即每个问题只能问一个方面，如果一个提问中同时包含了两个甚至更多的方面，就会导致被调查者无法做出回答。出现这种情况的原

因往往是问卷设计者将两个或多个问题放在了一次提问之中，这样做虽然简单、方便，但会制造更多的麻烦。

相关链接 34

问题具有双重含义或多重含义

（1）你的父母再婚了吗？

① 再婚了　　② 没有再婚

（2）你觉得你的知识水平和实践经验能否适应工作的需要？

① 能适应　　② 不能适应　　③ 不知道

“问题 1”中其实问的是两个问题，即“你的父亲再婚了吗”和“你的母亲再婚了吗”，如果被调查者的父母都再婚了或都没有再婚还能做出回答，但是如果是只有一方再婚了，另一方没有再婚的情况，就无法进行回答了。

“问题 2”中实际询问了两件事，即“你的知识水平能否适应工作需要”和“你的实践经验能否适应工作需要”。因此，那些认为自己在某一方面能适应工作需要，而同时在另一方面又不能适应工作需要的人，他们就无法回答这一问题。

5．问题提法不妥

这种类型的错误通常是由于研究者在设计问卷时，没有很好地为回答者着想，或者忽视了回答者填答问卷所面临的各种主、客观障碍，提出的问题不尽合理、不尽妥当而造成的。

相关链接 35

问题提法不妥 1

请你判断下列说法是否正确？

提问项目	正确	错误	不知道
① 打和骂是家庭教育不可缺少的方式			
② 对孩子应该多表扬，少批评			
③ 孩子吃得好，就能很快聪明起来			

要求回答者“判断正确与否”，就等于把回答者推进考场、对其进行考试一样。毫无疑问，这对回答者的心理是一种巨大的压力。尤其是当回答者遇到不太理解或拿不准的问题时，这种压力就更大。因此，把这种提法改为“下列看法你是否同意”，再把答案中的“正确、错误、不知道”改为“同意、不同意、不一定”就比较合适一些。

相关链接36

问题提法不妥2

你及家人在子女教育方面（任选两项）：

① 经常讲故事　② 教识字　③ 教生产技术或其他专业技术

④ 教孩子怎样做人　⑤ 什么也没做　⑥ 其他________

可以看出，"任选两项"的要求是不妥当的。许多家长也许做了①，②，③，④，⑥五项，那么为什么只能选择两项呢？按什么标准来选呢？回答者对这些问题不清楚，填答起来也就无所适从。

6．问题与答案不协调

在封闭式问题中，问题和答案是一个不可分割的整体，两者之间必须互相协调，密切配合。简单地说，就是提什么问题，就准备什么答案，不能形成"答非所问"的情况。

相关链接37

问题与答案不协调1

你常看哪一类电视节目？

	经常看	很少看	从不看
① 新闻节目	□	□	□
② 电视剧	□	□	□
③ 体育节目	□	□	□
④ 广告节目	□	□	□

这个例子中，问题问的是"常看哪一类电视节目"，所以答案中除了类别之外就不应该再有别的内容。但此题的答案中"经常看、很少看、从不看"说明的不是电视节目的类别，而是"你对电视节目的收看情况"。解决的方法是去掉"经常看、很少看、从不看"这一类选项，仅留下节目的类型。如果希望了解人们对每一类节目的收看情况，就必须将问题改为"你对不同电视节目的收看情况"。

相关链接38

问题与答案不协调2

你认为你是否有换工作的可能（现在或几年以后）？

① 不可能　② 比较困难　③ 不很难　④ 很困难

这个例子中，问题问的是"换工作的可能性"，而答案"比较困难、很困难"则表示的是换工作的难易程度，提问和备选回答不一致。

7．表格设计中的问题

问卷中如果出现表格，那么表格的形式就一定要正确。一般而言，问卷设计中表格约定俗成的形式是：主项在左，次项在上，主项是提问，次项是回答，它们不可颠倒，否则会让人感觉别扭、不专业。

相关链接 39

表格设计中的问题

你家中主要成员的文化程度如何？

	自己	父亲	母亲	配偶
初中				
高中				
大专以上				

可以看出，上例中的主项是“家庭成员”，包括“自己、父亲、母亲和配偶”，次项是答案，回答的内容是文化程度，包括“初中、高中、大专以上”，因此应该把此表格改为下面的形式才较妥当。

相关链接 40

表格设计中的问题之修改

你家中主要成员的文化程度如何？

	初中	高中	大专以上
自己			
父亲			
母亲			
配偶			

练习 41

找出问卷中的问题

请对下面的问卷进行分析，找出问题及答案设计中的问题。

此问卷中的问题被用来检验这样一个假设：来自高地位家庭背景的大学生更能容忍那些遭

受精神或经济压迫的人。（这里的“地位”的操作化定义是家庭收入、父母的教育程度、父亲的职业威望的相互结合的等级。若父亲去世或失业，则用母亲的职业威望。）

问 卷

（1）你对古怪的人的反应是什么？______________________________

（2）你父亲的收入是多少？______________________________

（3）在你的成长过程中，你和谁生活在一起？

A. 双亲 B. 仅仅母亲 C. 仅仅父亲 D. 其他人（请注明）

（4）你父亲的职业是什么？______________________________

（如果父亲去世、不在家，或者失业、退休，你母亲就业了吗？）

A. 是的 B. 不是的

（5）你的父母上过大学吗？

A. 上过 B. 没上过

（6）你不认为那些遇到麻烦的人应该受到同情吗？

A. 是的 B. 不是的

（7）如果你的一个朋友开始表现出奇特的古怪的行为，你认为你的反应会是什么？

____

（8）你现在的家庭中有没有人曾经被送进过专门机构？

A. 有 B. 没有

6.3 问卷调查的实施

与访问调查相比较，问卷调查的实施有许多不同的特点，特别是要努力提高问卷的回复率，搞好对无回答和无效回答的研究等问题。

6.3.1 问卷调查的一般程序

问卷调查的一般程序是：设计调查问卷，选择调查对象，分发问卷，回收和审查问卷；然后，再对问卷调查结果进行统计分析和理论研究。

1. 设计调查问卷

设计问卷与设计提纲、表格、卡片等调查工具一样，大体上也要经历选择调查课题、进行初步探索、提出研究假设等几个先行步骤。但进入设计阶段之后，设计问卷就比设计其他调查工具的工作量大得多，也复杂得多。这是因为设计问卷（特别是自填问卷）要把口头语言变成书面语言，要按照相关性、同层性、完整性、互斥性和可能性原则设计封闭型回答的答案，这都是不容易的事情，都需要花费很大的精力认真去做。

2．选择调查对象

确定问卷调查的对象时，可用抽样方法选择，也可把有限范围内（如一个厂、一个村、一个班级、一个居委会）的全部成员当做调查对象。由于问卷调查的回复率和有效率一般都不可能达到 100%，所以选择的调查对象应多于计划的调查样本数。确定调查对象数量的公式是

调查对象=计划调查样本数÷（回复率×有效率）

例如，假定计划调查样本数是 200 人，回复率是 80%，有效率是 90%，那么调查对象的数量就是：200÷（80%×90%）=278（人）

3．分发问卷

分发问卷有多种方式，可随报刊投递，可从邮局寄送，可派人送发，也可安排访问员通过电话访问或登门访问。在后三种情况下，访问员应向被调查者做出口头说明，这将大大有利于提高问卷的回复率和有效率。

4．回收和审查问卷

回收问卷是问卷调查的重要环节。一般来说，访问问卷和送发问卷回复率高，电话访问问卷的回复率可能较高。报刊问卷和邮政问卷的初始回复率一般较低，因此，在规定的回复时间之后，应每隔 1 周左右向被调查者发出 1 次提示通知或催复信件（每次的内容应有所区别）。经过 1～3 次的提示或催复，一般可使回复率达到一定的、可能的高度。

对于回收的问卷必须认真审查。回收的问卷（特别是报刊问卷和邮政问卷）中，总会有一些回答不合格的无效问卷。如果对回收的问卷不经审查就直接加工整理，则会造成中途被迫返工或降低调查质量的严重后果。因此，对回收的每份问卷进行严格审查是问卷调查不可缺少的环节。只有坚决淘汰一切不合格的无效问卷，把调查资料的整理加工工作建立在有效问卷的基础上，才能保证调查结论的可靠性和科学性。

到此为止，问卷调查的收集资料工作才算告一段落，问卷调查的整理资料工作和分析研究工作才有了一个良好的基础。

5．对问卷调查结果进行统计分析和理论研究

对问卷中文字与数字资料进行整理之后，就要对调查的数据进行定量分析，特别是利用各种软件，如利用 SPSS 对问卷中的数据资料进行统计分析。此外，还要对数据资料进行理论研究，获得理性认识。

6.3.2　努力提高问卷回复率

提高问卷的回复率是问卷调查的一个关键要素，是整个问卷调查成败的重要标志。影响问卷回复率的因素很多，可以从以下几个方面努力来提高问卷的回复率。

1．争取知名度高、权威性大的机构的支持

问卷调查主办者的权威性和知名度往往会影响被调查者对问卷调查的信任程度和回答意

愿。要提高问卷回复率，应尽可能地争取由权威性大、知名度高的机构来主办调查，或者取得它们对问卷调查的公开支持。

2．挑选恰当的调查对象

调查对象的合作态度和对调查的理解，以及回答书面问题的能力，都会对问卷的回复率产生很大影响。一般来说，对问卷调查内容比较熟悉的调查对象，有一定文字理解能力和表达能力的调查对象，初次或较少接受问卷调查的调查对象，他们回答问卷的积极性较高；反之，则积极性较低，甚至不予回答。因此，根据问卷内容和难易程度选择恰当的调查对象进行调查，这对于提高问卷回复率具有重要意义。

3．选择具有吸引力的调查课题

调查课题是否具有吸引力往往会影响被调查者的回答意愿和兴趣。实践证明，社会重大问题、热点问题、切身利益问题，以及具有新鲜感或奇异性的特殊问题，往往会激发被调查者的兴趣和回答积极性，问卷的回复率就可能较高；反之，回复率就可能较低。

4．提高问卷的设计质量

问卷的设计质量对问卷回复率和有效率会产生巨大的甚至决定性的影响。一般来说，问卷应该做到内容简短、形式活泼、语言清楚明确；问卷应该是打印或印刷的，版面要清晰并有一定的吸引力，字体大小应该容易辨认。许多问卷内容过于冗长、呆板和复杂，这是造成回复率不高、有效率低的一个重要原因。

5．采取回复率较高的问卷调查方式

调查方式对问卷的回复率具有重大影响。实践证明，报刊问卷的最终回复率一般为 10%～20%，邮政问卷的最终回复率一般为 30%～60%，电话问卷的最终回复率一般可达 50%～80%，访问问卷和送发问卷的最终回复率可接近 100%。因此，在条件许可的情况下，应尽可能采取电话问卷、送发问卷和访问问卷的方式进行调查。

6.3.3 对无回答和无效回答的处理

问卷调查总会出现无回答和无效回答的现象，对这两种现象都不能轻易放过，而应进行认真研究。

对于无回答的研究，不同的调查方式应采取不同的方法。对于电话问卷、访问问卷的无回答现象，应当立即弄清无回答的原因。送发问卷一般是通过有关机构下发的，因此回收问卷时就应通过有关机构了解无回答的情况和原因。报刊问卷和邮政问卷的无回答研究比较困难，因为回答的问卷是不记名的，很难弄清回答者和无回答者究竟是谁。但这也不是毫无办法，如报刊问卷可根据回复问卷的邮戳，弄清哪些地区的回复率高，哪些地区的回复率低，然后派人到回复率低的地区有重点地访问报刊订户，当面询问他们的回复情况和原因。邮政问卷的无回答研究，除用上述办法外，还可在寄发问卷的同时附上回寄问卷的信封（或将信封印在问卷上），并在信封上编号。这样，根据回寄信封的情况就能判明无回答的具体对象，再对他们进行无回答原因的研究。总之，无回答研究是困难的，但也不是没有办法的，只要想方设法去做，总会有所收获。

对无效回答的研究，应以审查中被淘汰的无效问卷为主要依据，研究无效回答的原因、类型和频率，看看哪些是个别性错误，哪些是共性的问题。总之，应把问卷设计中存在的问题作为研究重点，并根据研究结果改进问卷设计工作。

6.4 问卷法的特点

6.4.1 问卷法的优点

1. 问卷法能突破时空限制，并节省时间、经费和人力

问卷法的这一优点是许多社会调查研究人员采用问卷法收集资料的主要原因之一。问卷法可以在很短的时间内同时调查很多人的情况，因此采用这种方法收集资料具有很高的效率。尤其是采用邮寄问卷的方式进行调查时，一方面可使调查不受地理条件的限制，可以同时调查地域上相隔千里的人们；另一方面所有的工作可以只由很少的研究人员来完成。从费用上看，由于它既不需要雇用大量的调查员，又不需要派遣调查员分赴各地，所以它比进行一项同等规模的访问调查所需的经费要少得多。

2. 自填式的问卷调查法具有很好的匿名性

由于社会调查的对象是现实生活中有思想感情的具体人。所以在收集资料的过程中，研究者常常会遇到一些特殊的障碍和困难。比如，在面对面的访谈中，人们往往难于同陌生人谈论有关个人隐私、伦理道德、政治态度、社会禁忌等敏感性问题，这样，研究者就难于得到真实的社会资料。但是，当研究者采用自填问卷来收集资料时，由于问卷不要求署名，填写地点又可在被调查者自己家中，填写时又可以保证无其他人在场，所以可以大大减轻回答者的心理压力，有利于他们如实填答。从这一方面看，问卷法的匿名性对于客观地反映社会现实的本来面貌、收集真实的社会信息很有好处。

3. 问卷法所得的资料便于定量处理和分析

社会调查研究的定量化是当前社会调查研究的趋势之一。在用计算机做统计分析工具的条件下，问卷调查法是一种大容量、高效率的定量调查方法，这也是其他调查方法所不具备的。正因为如此，问卷调查法在需要进行定量研究领域中的应用范围越来越广泛。

4. 问卷法可以避免主观偏见，减少人为的误差

在问卷调查中，由于每个被调查者都是以同样的方式在大致相同的时间内得到问卷，并且这些问卷在问题的表达、问题的先后次序、答案的类型、回答的方式等方面是完全相同的，所以，无论是在哪个方面，他们所获得的信息都是一样的。这样就能很好地避免由于人为原因所

造成的各种偏差，减少主观因素的影响，得到较为客观的资料。而通常情况下一次访问调查常常会因为访问员的不同（如不同的性别、不同的年龄、不同的经历、不同的能力、不同的工作态度等）、访问环境的不同、访问进展情况的不同、被访问者回答结果的不同等原因产生各种访问偏见，形成人为的误差。

问卷调查法的种种优点说明，它是与现代社会相适应的一种社会调查方法。一方面，现代社会为问卷调查法的普遍应用提供了客观的需要和可能。如果没有全面、迅速、准确地掌握社会信息的客观需要，没有现代交通、通信和计算技术等物质条件，问卷调查法就不可能得到迅速发展。另一方面，问卷调查法也为现代社会提供了一种高效率、定量化的了解社会情况的途径和方法。如果不采用问卷调查法，要想全面、迅速、准确地掌握社会信息，那将是一件极为困难的事情。

6.4.2 问卷法的缺点

1. 不能了解生动、具体的社会情况

问卷调查法只能获得书面的社会信息，而不能了解生动、具体的社会情况。因此，问卷调查法绝不能代替各种直接的调查方法。特别是对于那些新事物、新情况和新问题的研究，问卷调查法是很难单独完成的。

2. 缺乏弹性，很难做深入的定性调查

问卷的设计是统一的，调查所询问的问题和封闭型回答方式的答案都是固定的、没有伸缩余地的，这就很难适应复杂多变的实际情况，很难对问题进行深入探讨和定性研究。尤其是问卷设计一旦出现重大缺陷，整个调查就将受到严重损失，甚至完全失去调查的意义。

3. 调查资料的真实性及调查质量常常得不到保证

被调查者填写问卷时，往往没有调查人员在场，因而他们填答问卷的环境无法控制，他们既可以同别人商量着填写，也可以和其他人共同完成，甚至还可能完全交给别人代填。而所有这些情况调查者都无法知道，所以所得资料有时并不能真实地反映被调查者的情况。另一方面，当被调查者对问卷中的某些问题不清楚时，也无法向调查者询问，因此往往容易产生误差、错答和缺答的情况。这也使得问卷调查所得资料的质量常常得不到保证。这一缺点是当前问卷调查方法所面临的一个难题。

4. 回收率有时难以保证

问卷调查必须保证一定的问卷回收率，否则资料的代表性和价值就会受到影响。由于问卷能否完成和能否收回在很大程度上取决于被调查者，所以当被调查者对该项调查的兴趣不大、态度不积极、责任心不强、合作精神不够时，或者由于受时间、精力、能力等方面的限制无法完成问卷时，问卷的回收率，特别是有效回收率就会受到影响。而在访问调查中，由于访问员与被调查者进行面对面的交谈，大多数访问一般都能顺利完成，所以其回答率往往较高。

5. 要求被调查者具有一定的文化水平

由于填写问卷的人首先必须能看懂问卷，能理解问题的含义，能明白填答问卷的方法，所以，问卷调查客观上要求被调查者必须具有一定的文化程度。但是，现实社会中并不是所有的人都能具有这种文化程度，因此问卷法的适用范围常常受到限制。对于那些文化程度普遍较低的群体，问卷调查往往难以进行。

6.4.3　问卷法的适用范围

作为社会调查中一项重要的资料收集方法，问卷法常常被用于较大规模的抽样调查，并且常常同资料的定量分析相联系。这就是说，在现代社会调查研究中，“抽样—问卷—定量分析”三者的结合构成了现代统计调查的基本特征。它与那种以参与观察或深度访问为主的定性调查存在较大的差别。下面结合我国的具体情况，谈谈问卷法的适用范围。

从调查的内容看，问卷调查法适用于对现实问题的调查；从调查的样本看，它适用于较大样本的调查；从调查的过程看，它适用于较短时期的调查；从调查对象所在的地域看，它在城市比在农村适用，在大城市比在小城市适用；从调查对象的文化程度看，它适用于初中以上文化程度的对象；从调查对象的性别看，它在男性公民中比在女性公民中适用；从调查对象的职业看，它在专业技术人员、干部及行政人员中比在商业人员和工人中适用，而在商业人员和工人中又比在服务人员和农业劳动者中适用。

练习 42

设计问卷

现在，你已经知道应该如何设计问卷了，那就为你的调查项目设计一份完整的调查问卷，在进行试调查之后，开始实施你的问卷调查并收集相关信息吧！

复习思考题

一、填空题

1. ＿＿＿＿＿是问卷的主体。

2. 形成问卷初稿一般有两种方法：一种是卡片法，另一种是＿＿＿＿＿。

3. 所谓＿＿＿＿＿，就是在设计问题时，只提供问题而不规定答案，由被调查者自由回答。

4. 一般来说，问卷不宜太长，通常以回答者在＿＿＿＿＿分钟以内完成为宜，最多也不要超过 30 分钟。

5. 所谓相倚问题，是指问卷当中的有些问题可能只适合于部分被调查者，而且被调查者是否需要回答这些问题要依据他对该问题之前另外问题的回答来决定，我们把前一个问题叫做＿＿＿＿＿问题，后一个问题则叫做相倚问题。

二、选择题

1．按照问卷传递方式的不同，可以把问卷调查分为（　　）。

A．报刊问卷调查　　B．邮政问卷调查

C．电话问卷调查　　D．送发问卷调查

2．一份完整的问卷通常包括（　　）等。

A．封面信　　B．指导语　　C．问题及回答方式　　D．编码及其他资料

3．问题的类型包括（　　）。

A．开放型问题　　B．封闭型问题　　C．混合型问题　　D．半开放型问题

4．答案的设计要遵循（　　）原则。

A．穷尽性原则　　B．完整性原则　　C．互斥性原则　　D．准确性原则

三、简答题

1．简述问卷调查中开放型问题与封闭型问题的优点和缺点。

2．简述问卷设计中的语言表达和提问方式的常用规则。

3．简述问卷法的优点和缺点。

四、讨论题

1．怎样才能把问卷设计好?

2．应该如何处理相倚问题?

3．如何提高问卷的回收率?

第 7 章 访问法

引 言

访问法是直接了解、掌握社会实际情况的一种最基本、最常用的方法。通过访问，调查者可以收集到采用观察或问卷调查等技术难以得到的第一手资料。访问法既可以作为一种独立的调查方法，也可以作为其他调查方法中收集资料的辅助方法。本章详细介绍访问法的含义、类型、实施步骤及具体的访问技巧。

本章学习目标

1. 掌握访问法的含义。
2. 掌握访问法的类型。
3. 了解访问法的实施步骤。
4. 了解访问员应具备的素质。
5. 掌握访问过程控制技巧。
6. 掌握开好座谈会的技巧。

学习导航

7.1 访问法的概念和类型

7.1.1 访问法的概念

1．访问法的含义

“访”，是探望、寻求的意思；“问”，是指询问、追究。访问法又称访谈法、谈话法，是指调查者通过有计划地与调查对象进行交谈，收集所需资料，了解有关社会实际情况的调查方法。这个定义包括以下含义：① 访问的性质是有计划的，具有很强的针对性。② 访问的方式是交谈。这种交谈是一种调研性的交谈，也就是两个人（或多个人）之间一种有目的的谈话。③ 访问的目的是了解某些具体情况。调查者通过询问引导被调查者回答，以此了解被调查者的行为、态度和所知晓的情况，最终达到调查目的。

2．访问调查与一般谈话的区别

访问调查与一般谈话最本质的区别是，访问调查是一种有目的、有计划、有准备的谈话，它的针对性很强，谈话的过程紧紧围绕调研的主题展开。而一般谈话则是一种非正式的谈话，它没有明确的目的，实质上只是一种随意性的聊天。

相关链接 1

好的访谈

好的访谈其实就是尽量创造一个平等交流的空间，尽量让被访者呈现她的生活状态，当然这样的呈现一定是经过她的叙述而重新建构的。任何叙述都是一种建构，尽可能接近被访者的生活（在限定的时间和空间内，尽量接近被访者的生活就是尽量了解被访者的背景，包括个人背景、社会大环境、文献资料，还包括对被访者言谈举止、穿着打扮的观察，尽可能地运用社会学想象力——她是个打工妹？哪里来的？哪个地方的人？大体生活怎样？她这个年龄大概会想什么？她选这个餐馆是因为她平时到这里消费还是因为她向往这里的消费……）则是探寻建构过程的工具。在这样的访谈里，社会工作者本身，也就是“我”，也成了一种研究工具。因为“我”的生活经验、性别角色、知识积累、待人接物方式等都被用来促成一次成功的访谈，这也需要在分析资料的时候留心。要知道，因为面前这个“我”，你的访谈者才那样表达。

好的访谈——我且把它定义为成功的访谈吧，在我看来它符合以下一个或多个标准：① 你的访谈对象很愿意谈；② 她谈的内容里面有一些是你很想知道的，有一些是出乎意料的；③ 谈过以后你不断回想这次访谈，琢磨这个人或回想自己的表现；④ 好的访谈就是你用心去听的访谈；⑤ 好的访谈一定不是伤害面前这个人，不管以何种名义。

3．问卷法与访问法的比较

问卷法和访问法都是收集资料最常用的方法。从某种程度上说，各种社会研究的资料收集方式都包含在访谈和问卷这两种方法之中，它们经常结合起来用于同一项调查中。因此，两者的目的相同，都在于获得调查所需的第一手资料。但两者的手段有所不同，访问法是以口头语言的问答来收集信息，被调查者是先听后说；问卷法则是以书面语言的问答来收集信息，被调查者是先读后写；访问通常是面对面的直接言语交流，问卷则是纸与笔的间接言语接触。在选择调查方法时，应该根据不同的情况、不同的调查内容进行选择。

相关链接 2

《看看他们》：呈现给我们的一种态度

《看看他们》是一本通过对 100 个在北京的外来贫困家庭的深度访谈来呈现这个群体的生活形态的书。主要编著者周拥平博士说：“贫困是他们生活的基本状况，再深入到这个问题里面，每个家庭在每个阶段需要面对的首要问题都不尽相同。”以下是他接受《新京报》记者的访问谈话。

记者：为什么选择现场深度访谈，而不选择常见的问卷调查来完成“北京外来贫困农民家庭”这次调查？

周拥平：问卷调查的确是社会调查的一种常用方法，但“北京市外来贫困人口研究”这个项目用问卷调查可以说无法完成。问卷调查的优点是直观、便于统计，但难以深入发现问题。而且这个项目中做问卷调查还有一个基本的障碍，那就是受访对象的文化程度普遍比较低。

7.1.2 访问法的类型

根据不同的标准，可以把访问法划分为不同的类型。划分访问法最常用的标准有下列三种。

1. 以调查者对访问的控制程度为标准

按照调查者对访问的控制程度不同，可以将访问法划分为结构性访问、非结构性访问和半结构性访问。

（1）结构性访问。结构性访问又叫标准化访问，是指按照统一设计的、有一定结构的调查表或问卷所进行的访问。调查人员依据设计好的调查表或问卷，逐项向被访问者询问，并将被访问者的回答填入调查表中或问卷上。在访问中，要求调查人员选择访问对象的标准和方法、提出的问题、提问的方式和顺序，以及对被访问者回答的记录方式等都保持相同，甚至连访问的时间、地点、周围环境等外部条件也力求保持一致。由于调查表由调查人员逐项提问、当场填写，回答率和回收率都比较高，比较容易统计汇总，便于对不同对象的回答进行对比分析，所以有时也可以将其视为访问式问卷调查。但是，这种访问方法受到调查表的限制，调查人员难以临场发挥，被访问者的回答也缺乏弹性，难以灵活地反映复杂多变的社会现象，难以对问题做深入的探讨。这种调查形式适宜在调查者对被调查者一般特点已有一定了解的情况下使用。

（2）非结构性访问。非结构性访问又叫非标准化访问、自由式访问。与结构性访问正好相反，它事先不制定统一的调查表或调查问卷，而是按照一个粗线条的提纲或一个题目，由调查者与被访者在这个范围内进行交谈。这种访问法能够比较灵活地变换提问的顺序和方式，对于访问对象不理解或理解不正确的地方可以加以说明、解释；能够深入交谈而不受预先规定的约束，使被访问者能够自由地回答问题；调查人员对于回答中出现的重要线索可以适当地离开提纲加以追问。这种访问法非常有弹性，有利于访问者与被访问者之间形成一种轻松和谐的谈话气氛，有利于充分发挥访问者与被访问者的主动性和创造性，有利于对问题的深入了解和研究。但是，这种访问法对调查者的要求比较高，它要求调查人员能够控制环境，把握谈话方向和进度，施展较高的谈话技巧。这种访问方法提问的内容和方式比较灵活，调查的范围比较广泛，因此访谈结果难以进行定量分析。

（3）半结构性访问。半结构性访问是一种介于结构性访问和非结构性访问之间的访问形式。半结构性访问中有调查表或问卷，它具有结构性访问的严谨和标准化的题目，调查者虽然对访问结构有一定的控制，但是给被访问者留有较大的表达自己观点和意见的空间。调查者事先拟订的访问提纲可以根据访问的进程随时进行调整。半结构性访问兼有结构性访问和非结构性访问的优点，它既可以避免结构性访问缺乏灵活性、难以对问题做深入探讨的局限，也可以避免非结构性访问费时、费力，难以做定量分析的缺陷。

在实际调查中，调查初期往往采用非结构性访问进行探索性的研究，以了解被访问者关注的问题和态度。随着调查的深入，逐渐采用半结构性访问，对以前访问中的重要问题和疑问做进一步的提问和追问，以及了解更为复杂精细的细节问题。而结构性访问最适合于有明确的假设检验及需要对调查结果做出精确的量化研究的调查。

2．以访问者和被访问者的接触情况为标准

按照访问者和被访问者的接触情况，可以将访问分为直接访问和间接访问。

（1）直接访问。直接访问又叫面对面访问，就是访问者和被访问者面对面的访谈。它包括入户访问、拦截访问和计算机辅助面访（CAPI）三种形式。

入户访问，是指访问员按照调查项目规定的抽样原则，到被调查者的家中或工作单位，找到符合条件的受访者，直接与受访者进行面对面的交流，获取受访者对于特定事物、现象的意愿或行为等方面的一手资料与信息的调查方法。在入户访问过程中，访问员可以现场验证受访者所回答问题的真实性，所以减少了调查误差；访问员在访问过程中可以根据情况灵活掌握提问的顺序，随时向受访者解释各种疑难，所以提高了访问的准确性、保证了访问的有效性。由于入户访问可以较好地进行总体推断，这种方法目前已经成为我国最为常用的一种访问方法。

拦截访问，是指在固定场所（如商业区、社区、医院、公园等）拦截访问对象，对符合条件者进行面对面访问。拦截访问具有访问效率高、节省时间和经费等优点。但是，无论采用何种抽样方法，无论怎样控制样本及访问的质量，拦截访问收集的数据都不会对总体具有很好的代表性，这是拦截访问的最大缺陷。

计算机辅助面访（Computer Assisted Personal Interviewing，CAPI）是一种现代化程度较高的面访调查方式，在欧美地区应用较多，近年来在我国也逐渐开始普及。CAPI 主要用于替代传统的纸笔形式访问，如入户、流动街访、定点街访、专家访谈等，适用于“社会研究”、“品牌价值监测”、“使用和态度研究”、“产品测试”、“广告效果研究”等领域。这种方式可以是受访者用键盘或鼠标器回答显示在电脑屏幕上的问卷，也可以由访问员按顺序读出屏幕上的问卷，请受访者回答，然后随时将答案输入计算机。这种面访调查访问速度快，可以减少访问误差，多媒体功能的运用增加了调查的直观性，电脑记录加强了对访问员作弊的监控；但其一般费用较高，对访问员计算机操作的素质要求也非常高。

相关链接 3

CAPI 在《美国家庭医疗支出问卷调查》中的应用

《美国家庭医疗支出问卷调查》是一项在全美国具有代表性的调查，调查通过重叠样本模式，从一份在具有全国代表性的家庭问卷调查样本中收集数据。每年选出一份新的问卷调查样本，每份调查问卷的数据保留两年。这样保证了每年两份调查问卷——关于个人或家庭保健支出评估的持续性和时效性。

家庭医疗支出问卷调查是一项大规模、全面的数据收集工作，包括各种类型的调查问题，其中有些只适合一部分受访者。为了安排更广泛的调查范围，同时又要把每个受访者所回答问题的数目控制到最低，他们使用一种复杂的系统收集数据，一种拥有跳跃模式和能把调查问题分组到各个部分的系统——计算机辅助个人调查系统（CAPI）。该系统只需要装在笔记本电脑上就能够收集复杂的数据了。

相对于纸质印刷的传统问卷，CAPI实际上是由一组连续的问卷模块组成的，每个模块都包括一系列采访项目、采访向导、跳跃模式，以及嵌在每个数据项目中的计算机编程脚本。在特定的调查活动中，家庭医疗支出的数据收集分为固定模块和特有模块，固定模块每轮采访都会采集，特有模块只有部分采访使用——这些部分也是作为一种补充方式的。

所有的采访问题必须通过调查问卷中的逻辑筛选模式才能显示。采访问题只有在跳跃模式认为受访者应该回答这个问题时才会出现在屏幕上。

作为CAPI的一种特殊形式，计算机辅助自我访问（Computer Assisted Self Interviewing，CASI）的特点是没有访问员辅助，计算机程序引导被访者完成访问，答案由被访者自己录入，在访问员将问卷程序交给被访者的同时，被访者依旧可以获得相关解释和帮助。在美国的公益性调查中，特别是在艾滋病和毒品调查方面，CASI这种访问方式获得了较为广泛的应用。在我国，这种访问方式目前应用较少。

（2）间接访问。间接访问是调查者通过电话、网络、书面问卷等中介工具对被访问者进行访问。它包括邮寄访问、电话访问、网络访问等形式。

邮寄访问，是指将问卷寄给事先选择好的、可能的调查对象，调查对象完成问卷之后将问卷寄回给访问员的一种调查方法。一个典型的邮寄访问包裹由如下几部分组成：邮出信封、封面信、问卷、回邮信封及可能附上的小礼品或其他谢礼。邮寄访问在访问者与被访问者之间没有语言上的交流。这种方法要求调查者在收集数据之前必须获取一份有效的邮寄名单，这种名单往往可以从电话簿、各种组织和协会名录、顾客花名册或专门性的调查公司中免费或有偿获得。邮寄访问特别适用于对调查对象范围清楚、明确的各种组织与协会所进行的各种调查，如固定消费群的购买行为调查等。邮寄访问具有以下优点：受访者自由度大，可以有充足的时间从容考虑，认真作答；邮寄问卷的匿名性使受访者可以真实地表达自己的意见；因为是受访者直接填写问卷，所以不存在对访问员素质的要求；调查的成本低。邮寄调查的缺点是回收率偏低，调查的代表性受到影响；由于受访者没有认真阅读问卷、漏填等原因，回收问卷的有效性受到影响；由于没有访问员的现场指导、受访者可能并非收信人本人、受访者随意填写问卷等原因，调查结果出现偏差的可能性较大。

电话访问是访问员通过拨打电话对受访者进行的访问。包括传统电话访问和计算机辅助电话访问（Computer Assisted Telephone Interviewing，CATI）两种形式。传统电话访问具有信息反馈快、费用低、辐射范围广、调查质量高、省时省力、简便易行等优点，同时也存在调查内容的深度不够、无法推断总体、不能使用视觉帮助、存在抽样误差等不足。计算机辅助电话访问是由电话、计算机、访问员三种资源组成一体的访问系统，使用一份按计算机设计方法设计的问卷，用电话向受访者进行访问。它的优点是准确度高、速度快、辐射范围广，不足是调查内容的深度受到限制、费用较高、对访问员计算机操作素质要求高，并且结果只能推论到有电话的访问对象，不具有推断总体的作用。

网络访问又叫计算机辅助网络访谈。就是以互联网为沟通平台，受访者在某个设定的站点或通过 E-mail 的方式填写问卷并发送给调查机构的一种调查方法。与传统访问不同的是，网络访问只针对特定群体——网民进行调查。它是随着互联网的不断发展壮大而出现的一种新型调查方法，目前已经成为一种被广泛使用的调查手段。本书将在第 9 章中对这种调查方法进行详细介绍。

练习 43

哪种访问更接近事实

许多受访者对于敏感性问题都不诚实回答。有一项调查把一大群人随机分成三组，每个人都被问及是否使用过毒品。第一组用电话访问，21%的人说“有”；第二组由访问员到家里访问，25%说“有”；第三组也是到家里访问，让回答者将答案填在没有记号的表格上，然后封在一个信封里。这组 28%的人说“有”。

你觉得哪一组的数据更接近事实？为什么？

3．以调查对象的数量为标准

按照调查对象的数量不同，可以将访问分为个别访问和集体访问。

（1）个别访问。个别访问是指调查者对每个被访者逐一进行单独访问。这种方法有利于被访者详细、真实地表达其看法，双方有更多的交流机会，被访者更易感到受重视，安全感更强，访谈内容更易深入。个别访问是访问法中最常见的形式。

（2）集体访问。集体访问又叫团体访谈，或者叫开座谈会、开调查会，它是指由一名或数名调查者亲自召集一些调查对象就需要调查的内容征求意见的一种调查方式。集体访问可以集思广益、互相启发、互相探讨，能够在较短的时间里收集到比较广泛和全面的信息，也是社会调查常用的一种方法。毛泽东曾经说过：“开调查会，是最简单易行又最忠实可靠的方法，我用这个方法得到了很大的益处，这是比什么大学还要高明的学校。”集体访问法是对若干调查对象同时进行调查，因此省时、省力、省钱，而且由于与会者的互相启发和补充，使收集到的资料更加广泛、完整、准确。但开调查会也容易产生一种“团体压力”，使某些人顺从多数人的意见而不敢表示异议，因此，对于某些敏感性的问题，不适合采用这种方法。一般来说，集体访问最好采用半结构式访问，这样有利于把握方向与重点，有利于局面的控制。

集体访问最主要的特点是两个互动的过程：一是访问者与被访问者之间的互动；二是被访问者与被访问者之间的互动。因此，要使座谈会获得成功，不仅要组织好调查者与被调查者之间的互动，而且要组织好被调查者之间的互动。这就要求访问者有熟练的访谈技巧及组织调查会的能力。所以，集体访问是比个别访问层次更高、难度更大的调查方法。

练习 44

选择访谈类型

想一想，你的调查项目用哪种访问方式比较好？为什么？请至少说出两条理由。

1. 2.

7.2 访问法的实施

在调查的整个过程中，访问只是访问法中的一个阶段，并不是整个调查过程本身。一般来说，访问法的实施大体分为访问准备、访问过程控制、记录访问结果、结束访问和再次访问五个步骤。

7.2.1 访问准备

1．准备详细的访问提纲

访问提纲就是所要提问的大纲题目，它是访问成功的保证。访问时如果有细致、周密的访问提纲，访问者的访问就有据可依，当被访问者讲述的材料杂乱无章时，访问者可以依据访问提纲及时给予适当的控制，以使访问活动顺利进展。

访问提纲的制定应根据调查的目的和理论假设，最终将其具体化为一系列访谈问题。访问提纲的问题要能够涵盖研究主题所涉及的范畴，又要有层次性；提问的方式、用词的选择及问题的范围要适合被访问者的知识水平和习惯，简单明了，通俗易懂。问题编制完成后，最好请有经验的研究者或同行提出修改意见，有条件的话还可以进行小范围的“预访”。

相关链接 4

全国农村地区“留守儿童”现状调查访谈提纲

（小学任课老师/小学校长部分）

小学名称： 小学老师姓名：

所教班级： 小学校长姓名：

1．留守儿童的规模

（1）在校小学生总数。

（2）其中留守儿童人数。

（3）留守儿童年级分布。

（4）留守儿童班级分布。

（5）留守儿童性别分布。

（6）留守儿童居住地来源（村、组）分布。

2．留守儿童的学习状况

（1）各科成绩（文化类/思想品德类/美术音乐类/体育类）班级排序：前五名/中游/落后/无规律。

（2）课堂表现有无显著差异（提问、发言、纪律、练习、考试等）。

（3）5 个案例描述：姓名、性别、年级、父母务工地点、具体课堂表现、家庭作业情况、学习积极性、不良学习行为（考试作弊、上课干扰课堂秩序、旷课、逃课等）（注意：尽量让访谈对象自由叙述）。

3．留守儿童的课外行为

（1）课外活动：参与与否、参与的积极性、参与的频率、团队精神、反应程度等。

（2）课外不良行为：打架、损坏公物、偷窃、随意涂写、恶作剧、讲粗话、污染环境等。

（3）5 个案例描述：姓名、性别、年级、行为原因、行为后果、教育措施、教育效果等（注意：尽量让访谈对象自由叙述）。

4．留守儿童的思想和情感

（1）价值取向：享乐主义/自我中心的观念有无显著差异，能否归因于父母不在身边，能否归因于父母的打工行为。

（2）社会公德意识：个人主义迹象、对社会秩序的反抗迹象。

（3）对他人冷漠、孤独内向、郁郁寡欢、暴躁愤怒等情感迹象。

（4）2 个案例描述：姓名、性别、年级、原因分析、对策、改进效果等。

5．留守儿童的管理和帮助

（1）校长的管理难点（注意：尽量让访谈对象自由叙述）。

（2）任课老师的管理难点（注意：尽量让访谈对象自由叙述）。

（3）学校：参与人员，有无与留守儿童父母沟通的途径和方法，隔代养育的问题有哪些，父母对于参与学校教育工作的态度等（注意：尽量让访谈对象自由叙述）。

（4）家访：频率、内容、效果评估、留守儿童是否作为重点，留守儿童对于学校教育的理解程度等（注意：尽量让访谈对象自由叙述）。

6．补充：在询问完上述问题之后，需要补充询问下述问题

父母外出务工期间，留守儿童是否发生过一些恶性事件，如被诱拐、强暴、毒打，或者在别人教唆下从事偷窃等违法行为。如有，校方是否求助过当地政府或法律部门，结果如何？校方又是如何处理的？（注意：询问此问题的时候要注意间接暗示，并运用适当措辞巧妙避开当事人的难言之隐。对于当事人的叙述要尽量详细记录。）

相关链接 5

全国农村地区“留守儿童”现状调查访谈提纲（父母部分）

1．基本信息

（1）姓名。

（2）性别。

（3）年龄。

（4）户籍。

（5）工作类别。

（6）月收入。

（7）生活环境（居住面积、周围环境、生活用品等）。

（8）第一次外出时间。

（9）外出做工累计时间。

（10）孩子安置状况（父辈老人/同辈亲戚/职业监护人/其他）。

（11）家中孩子状况（人数、年龄、性别、年级）。

2．外出务工原因

（1）如回答当地穷，没有挣钱的机会，出来挣钱养家。

{追问}：这么远就一定能挣到钱？附近的城市也有打工的机会，还经常能回家照顾孩子，为什么偏要来这么远务工？

（2）如回答别人家都有人在外地挣钱，没过几年就盖起砖瓦房、楼房，自己也想闯一闯。

{追问}：挣钱很辛苦，离开儿女代价不是太大吗？

（3）如回答打工挣钱就是为了子女以后上好学校，有出息。

{追问}：孩子的成长光靠钱就能解决一切吗？爸妈不在身边，孩子不是很孤独吗？

（4）如回答两者不能两全，只好暂时放弃教育子女，先挣点钱再说。

{追问}：挣钱和培养孩子哪一个更重要呢？

（5）如回答因交不起学费、工作期间没人照顾孩子、爷爷奶奶/外公外婆反对、孩子不愿意来等原因不能把孩子带在身边。

{追问}：主要原因究竟是什么？

3．外出务工对于子女的影响

（1）积极影响的认识。

1）养育孩子的资金增加了。

2）家庭的生活条件改善了。

3）家里借的债有办法还了。

4）家里盖新房子的条件逐步具备了。

5）其他。

（2）消极影响的认识。

1）早年外出务工期间，孩子是否处于母乳喂养阶段，如这样，是否过早给孩子断奶，用廉价奶粉替代，有无相应的疾病或后遗症，如有，是否求助过当地政府或法律部门，是否得到及时援助。（询问该问题时，可以结合安徽阜阳劣质奶粉事件引导对方详细叙述。）

2）由于孩子在家疏于看管，是否发生过恶性事件，如子女被诱拐、强暴、毒打，或者子女在别人教唆下从事偷窃等违法行为。发生此类事件之后，是否求助过当地政府或法律部门，是否得到及时援助。（注意：询问此问题的时候要注意间接暗示，并运用适当措辞巧妙避开当事人的难言之隐。）

3）孩子长期见不到父母，心理、情感发展可能不健全。

4）孩子的功课没人辅导，长期下去，成绩会滑坡。

5）孩子和老人在一起待久了，社会适应能力很难得到提高。

6）孩子的价值观可能因为父母长期在外挣钱发生扭曲。

7）其他。

（3）积极影响和消极影响的比较。

1）两者权衡，孰重孰轻？

2）现实的困难与选择的困难。

3）今后有无改变选择的打算。

4）其他。

4．外出务工期间与子女的联系

（1）联系的方式（电话、书信、口信、照片等）。

（2）联系的频率（天、周、月、年）。

（3）联系时主要关心的问题｛侧重追问｝离家前和离家后子女各方面的变化。

1）子女读书、学习、升学情况。

2）子女身体健康与否。

3）子女的社会化程度（礼貌、责任意识、做事能力等）。

4）子女的情感变化（想念父母与否、高兴与否等）。

5）子女的性格变化。

6）子女的生活费用。

7）其他。

5．外出务工期间节假日回家的安排

（1）礼物：玩具、文具、图书期刊、衣服、食品等｛追问｝哪一种礼物为主。

（2）提前多久和子女或家里人联系（天、周、月）。

（3）子女会不会去车站接{追问}子女见到父母时的具体状况，尽量引导访谈对象叙述当时的情景。

（4）其他。

（资料来源：中国社会观察网 www.lookinto.cn）

练习 45

设计访问提纲

根据你的调查项目和你设计的调查问卷，参照“案例 3”和“案例 4”，再设计一份访问提纲。比较一下，访问提纲和调查问卷哪些地方相同？哪些地方不同？

2．选择被访者

访问对象的选择要服从访问内容的需要，要找那些最了解情况的人来回答最适合的问题。访问前尽可能收集有关被访者的材料，对其经历、个性、地位、职业、专长、兴趣等有所了解，了解得越清楚，访问时就越有针对性；分析被访者能否提供有价值的材料；考虑如何取得被访者的信任和合作。

相关链接 6

《看看他们》：被访者是如何选定的

记者：被访问者是如何选定的？他们在“北京外来贫困农民家庭”中是否有足够的代表性？

周拥平：我们做课题设计的时候制定了一个“北京外来贫困农民家庭”的基本概念和标准。这个标准我在研究报告里做了交代。各调查小组据此确定具体的调查对象，开始在确定访问对象的问题上特别伤脑筋，后来我们找到了一个被实践证明是可行的办法：从打工子弟学校去寻找贫困家庭。

这 100 个调查对象要说在“北京外来贫困家庭”中有“足够”的代表性，我不敢妄言，只能说有一定的典型性。这次调查的目的是呈现这个群体的生活形态，而不是呈现北京市所有的外来贫困人口的整体状况。

3．培训访问员

访问员是调查成败的关键，为了能够达到良好的调查结果，使收集到的数据可靠可信，每项调查在开始前一般都要对访问员进行培训。首先，由调查指导者做简要介绍，包括介绍该项目研究的目的、意义、整个调查的范围、调查对象的数量及每人的工作量、调查的步骤和每阶段所需的时间、付给多少报酬、共需工作时间等。其次，调查者组织访问员认真阅读调查员手册或访问指南，以及其他与该调查有关的材料，再由访问指导者逐条对上述指导文件进行讲解提示，使访问员明确每个项目内容、回答类别及如何记录回答，明确访问中的每步工作。如果有可能，在正式访问前，还要进行模拟访问。可以在访问者之间进行一对一互相访问，也可以寻找一个试验点，使每个访问者实际操作一遍。调查指导者在旁边观察与协作，严格检查访问结果。模拟访问的目的是发现和解决在实际访问中可能出现的潜在问题，帮助访问员熟悉访问内容和提高访问技巧。

4．确定访问的方式与进程

调查开始前应根据调查的目的和计划选择适当的访问方法。在确定访问的具体方法之后，就要安排访问行程，将访谈人员、被访者、访问日期及时间做适当的安排。访问人员应尽可能事先通过熟人、电话、邮件、通信等方式与被访问者取得联系，和被访问者一起确定访问的时间和地点；访问时间最好安排在被访者工作、学习不太繁忙，并且心情比较舒畅时。访问地点的选择要从被访者方便的角度考虑，要有利于被访者准确地回答问题，有利于形成畅所欲言的访谈气氛。一般来说，有关个人或家庭的问题，以在家里访问为宜；有关工作方面的问题，以在工作地点访问为宜。但是，如果被访者不愿意在家里或工作单位会见访问人员，那么也可以选择其他合适的场所进行访问。

5．准备访谈所需的材料与工具

访谈前要对访谈内容所涉及领域的相关知识有充分的了解，对有关材料做充分的准备，如访谈记录表、各种证明材料、证件、录音机、录音笔、摄像机等。

练习 46

选择被访问者

根据你的调查设计，你准备怎样选择你的访问对象？试着想出至少两种选择办法：

1.　　　　　　　　　　2.

7.2.2　访问过程控制

访问是访问法中最关键的一个步骤。访问的成败在很大程度上取决于访问者与被访问者之间是否形成了一种良性互动关系，访问者只有在这种互动中与被访问者建立互相信任、互相理解的关系，才能使被访问者积极提供访问者所需的各种信息。访问不仅是一种调查方法，也可以说是一门艺术，只有访问者熟练运用各种访谈技巧，有效地控制访问过程，才能调动被访问者的积极性，最终获得成功的访问。控制访问过程的技巧大致包括接近被访问者、提出问题、听取问题、追询和非语言信息的使用等技巧。本书将在“7.3 节”中对此做详细的介绍。

练习 47

如何应对访问中出现的问题

假设你是一个访问员，现在正在对一个被访者进行访问，并遇到了下列情况。想一想，你该怎么做？

（1）被访者问："这项调查是由谁进行的？"

（2）如果被访者对你第一个问题的回答不满意，坚持要见主持此项调查的负责人，你该怎么办？

（3）如果被访者对为什么选他作为访谈对象存在疑惑，或者建议你去访问其他人，你怎么做？

（4）如果被访者说他没有接受访问的时间，你怎么办？

（5）如果被访者坚持说他太忙，你是否会继续努力，争取访问？

（6）如果被访者说他不了解足够的情况，不能给出很好的回答，你该怎么办？

（7）如果被访者不敢回答某些问题，或者问："你们要把这些答案怎么处理？"或者问"你为什么想知道那个？"你怎么回答？

（8）如果被访者对将每个问题读给他听的形式不满意，坚决要自己看着访谈提纲回答，你让他这样做吗？

（9）如果被访者被惹恼了，拒绝回答某些问题，你怎么办？

（10）你想要了解的内容已经全部了解清楚，这时，被访者仍在滔滔不绝地讲着和调查有关的事情，你怎么办？

7.2.3 记录访问结果

访问的目的是收集资料，而资料的收集则是由访问人员的记录而获得的。结构式访问的记录比较容易，按照规定的记录方式，将被访问者的回答记在事先设计好的表格、问卷、卡片上就行了。非结构式的访问记录则比较困难，因为当场记录可能分散访问者的注意力，降低访问的质量和进度。

1. 访问结果记录的类别

访问结果的记录，从记载的时间上来划分，可以分为现场记录和事后记录两种；从手段上划分，可以分为纸笔记录手段和辅助记录手段。

（1）现场纸笔记录。现场纸笔记录就是一边访问一边用纸笔进行记录，它需要征得被访者的同意。其优点是可以使访问者当场记录一些关键内容，而且可以很容易地对所收集的资料进行最初分类、整理和分析。但笔录可能分散被访者的注意力，当访问者进行记录时，被访者可能认为他们说出了一些有重要意义的事情；如果访问者停下笔，他们会觉得访问者认为他们所说的内容不重要。在笔录的同时还要集中注意力提出问题和倾听，这是相当不容易的，所以最好的方法就是两个访问员一起进行访问，一个负责谈话，一个负责记录。

访问现场的记录主要是内容型记录，记的是被访者所说的内容；有时也可以记录访问者在访谈过程中看到的东西，如访问的环境和被访者的行为、神情、反应等；有时也记录访问者自己在访问现场的感受和体会，对事实做简略的评论。现场通常采用的纸笔记录方式主要有速记、详记和简记三种。

速记即用缩略语和特定的符号来全面记录被访者的回答。这种记录方式需要速记的技巧，事后还要对速记进行翻译和整理。

详记即用文字当场做全面详尽的记录，这种记录方式往往记录不全，因为纸笔记录速度跟不上讲话的速度。

简记即用一些符号或缩写来做记录。这种记录方式比较常用。如用“G 代表货币”、“M 表示男性”、“W 表示女性”等。为了快速、准确地记录，通常要有访问记录表，访问人员只须在事先设计好的记录表上做上记号即可。

（2）事后记录。事后记录是在访问之后靠记忆来补记访问的内容。这种方式用于被访者不希望现场记录，或者当场记录会使谈话显得过于正式、拘谨，会影响被访者回答的情绪的情形。但这种方式会因记忆不准或消失而影响资料的完整性，所以一般需要其他手段来辅助进行。

（3）辅助记录手段。纸笔记录往往难以获得完整的谈话资料，为了获得更完整的访谈资料，在征得被访者同意的前提下，可利用录音录像的方法来辅助访问。录音录像可以保留完整的谈话资料，避免纸笔记录的误差，整个访问情境可以重复、再现，便于资料的分析和整理，访问人员也不必为笔录而分心，可专心于谈话内容。虽然录音录像是一种比较理想的访问记录方式，但它可能让被访者感到紧张，使其不太愿意透露隐秘信息。而且，根据录音录像整理成文字并进行分析也需要大量的时间。

2. 访问结果记录的原则

无论何种记录，在选择记录的内容时都应遵循以下原则。

（1）记录要点，即记录主要事实、主要过程、主要教训、主要观点、主要意见等。应该尽量记录被访者的原话，不要对被访者的回答内容做摘要，更不要添油加醋，以免掺入主观成分。

（2）记录特点，即记录具有特色的事件及情景，以及具有个性的语言。

（3）记录疑点，即将各种被访者在谈话过程中要进一步弄清的疑点记录下来，留在访谈后期询问。

（4）记录易忘点，即记录人名、组织的名称、时间、地点及各种数据等，便于日后分析查考。

（5）记录自己的感受，即记录访谈者在访问中的联想、思索和感受，对自己的“闪光点”也应及时记下，以免忘却。但要注意的是，访问记录中除了被访者的问答外，追问、评注、解释、访问情境和特殊事件的描述等部分需要加括号，以示区别。

7.2.4 结束访问

结束访问是访问的一个十分重要的阶段和步骤，绝不是无足轻重的一个细节。

1. 掌握访谈结束时机

一般情况下，被访者保持注意力的时间为：电话访问 20 分钟左右；结构式访问 45 分钟左右；团体访问和无结构访问不超过 2 小时。以上这些数据只供访问人员实施访问时参考。至于一次访问究竟需要多长时间，则应根据访问的实际情况灵活控制，以不妨碍被访者的正常工作和生活秩序为原则。如遇到被访者要上班或上课、有要事需要处理、到了吃饭的时间、已超过事先约定的时间等情况，就应适时停止访问。同时，还要时刻观察访谈过程中被访者的情感表现，如果被访者说话的音调转变（如节奏变慢）、行为上有某些暗示（如不停地看表、东张西望）时，应该考虑尽快结束访问。

有时，被访者十分健谈，很难以自然轻松的方式结束访谈，这时访谈者可以有意地给对方一些语言和行为上的暗示，表示访谈可以结束了，如说“你还有什么要想说的吗”、“对今天的访谈你有什么看法”，或者断开话题问对方：“你今天还有什么安排？”或者做出准备结束访谈的姿态，如开始收拾录音机、合上记录本等。

2. 结束语

访问结束时，一定要对被访者的支持与合作表示感谢；应该向被访者表示通过访问获得了很多有价值的材料和信息，学到了很多知识。如果这次访问尚未完成任务，还需进一步调查，那么必须与被访者约定下次再访的时间和地点，最好还能简要说明再次访问的主要内容，让被访者有一个思想准备。

7.2.5 再次访问

再次访问和多次访问在访问调查中经常发生。一般来说，应该争取通过一次访问就完成调查任务，但是由于调查内容和类型、访问员的素质和能力，以及被访问者的合作态度和具体情况都存在差异，很多调查仅仅通过一次访问并不能获得调查所需要的全部资料，这时往往需要进行再次访问。

再次访问大致可分为三种类型。一是补充性再次访问，它是为了完成第一次访问中没有完成的调查任务，或者补充、纠正第一次访问中的遗漏和错误而做的再次访问；二是深入性再次访问，是指为了深入探讨某些问题，按计划在第一次访问了解一般情况、熟悉被访问者后所做的第二次或多次访问；三是追踪性再次访问，是指为了了解被访问者的变化，在第一次访问后间隔一段时间对原调查对象进行的再次或多次访问。一般来说，抽样调查和普查中的访问可以一次完成调查任务，而典型调查和个案调查中的访问往往需要进行再次访问或多次访问。

7.3 访问的技巧

访问是一种互动的社会交往过程，在这种互动过程中，调查者只有与调查对象建立基本的信任与一定的感情，并根据对方的具体情况进行访谈，才能使被访问者积极提供资料。这就要求访谈人员必须具备良好的综合素质，并能掌握和灵活运用访谈的各种技巧。

7.3.1 访问员应具备的素质

访问员是访问的中心人物，调查结果在很大程度上取决于访问者的个人素质。一个好的访问员，不但可以获得调查所需要的丰富、可信的资料，还能够从访问中获得新思想，发现新问题，通过访问获得对问题的更深的认识与理解。一个好的访问员应该具备以下素质。

1．认真

认真表现在认真地研究所有问题，深刻地了解每个问题的具体含义，在此基础上严格地遵循工作细则。

2．负责

负责表现在尽心尽责，不昧良心。访问调查是一件极其辛苦的工作，有时还有精神上的痛苦，如可能遭被访问者拒绝、冷遇等，无责任感、不能吃苦耐劳的访问者往往会知难而退，完不成调查任务。因此，尽心尽责对于访问员是相当重要的。

3．客观

客观一方面表现在询问问题的风格要绝对客观，不能掺杂个人的喜好，不能让自己的态度和行为影响到被访者的答案，好的访问员应该时刻表现出中立的态度；另一方面表现在忠于访问事实，忠于原文地记录答案，访问资料的记录完整、精确、真实。

4．兴趣

访问员必须对访问具有浓厚的兴趣，愿意从事这项工作。特别是经过几次访问后，调查工作会变得枯燥起来；若不是真正对工作感兴趣，造成误差的机会就会增加。

5．能力

访问员应该具备一定的观察能力、辨别能力、表达能力和交往能力，特别要具备对问卷题目的解释能力、深度沟通能力和对现场的控制能力等。

6．谦虚

谦虚表现在虚心求教、尊重被访者等方面。访问者只有表现出谦虚的态度被访问者才能知无不言、言无不尽。盛气凌人、好为人师的态度只能使被访者疏远、沉默和不真实地回答问题。

7．耐心

耐心表现在耐心倾听被访问者的回答，并且能够耐心地解答被访者提出的问题。碰到被访者无理的对待时也要耐心，否则很容易造成双方关系紧张，甚至发生争吵，导致访问的失败。

8．大方

访问者必须仪表大方，衣着整洁，能够给人留下较好的第一印象。访问者的服饰应同被访者的服饰相近。例如，在乡村调查，衣着应该朴素一些；在城市调查，穿着应该比较整洁、讲究。

7.3.2　访问过程控制技巧

1．接近被访问者的技巧

进入访问的第一个问题就是如何接近被访问者。接近被访问者是一门艺术，调查取得全部资料的可靠性在很大程度上取决于访问者在这一方面的表现。访问者做得好，就会赢得被访者的信任，得到最真实的信息；反之，被访问者就会搪塞、敷衍，甚至会拒绝访问。接近被访问者时应注意以下几个问题。

（1）注意礼貌用语。访问员接近被访问者时遇到的第一个问题就是如何称呼的问题，若称呼恰当，就为接近被访问者开了一个好头。访问员应该注意多使用恭敬的称谓，应该根据不同的场合给被访问者一个恰当的称呼，如“经理”、“局长”、“教授”或“大爷”、“大娘”、“先生”、“女士”等。在人称方面，不要直呼对方“你”，建议多用“您”或“贵单位”；同时多使用感谢的话语，态度要真诚，不要为了追求速度而省略适当的感谢。只有这样，才能使整个访问在和谐愉快的氛围中进行。

（2）避用“调查”一词。“调查”一词在中文里往往比较敏感，建议使用“访问”、“请教”、“听取意见”等软性词代替“调查”，从而减少被访问者的顾虑和不必要的误解。这些细微之处往往关系一次访问能否成功进行。

（3）激发被访问者参与调查的动机。激发被访问者参与调查的动机，就是要让被访问者相信这个研究很重要，值得他花时间与访问员谈话。它是这个环节中最重要的任务。如果一个被访者知道他所接受的调查将对自己或自己所处的社会产生影响，他通常会对这个调查有极高的兴趣，很愿意接受访问。因此，访问员一定要向被访者讲清楚这项调查的意义和作用。如果访问员能够让被访问者认为这次访谈是他表达重要的个人观点和感情的机会，那么访问员就成功了第一步。为了激发被访问者的参与动机，访问员必须向被访问者说明以下问题。

- 告诉被访问者你是谁，你代表了谁。换句话说，访问员的身份和主持调查的单位必须清楚地告知被访者，访问员需要带上一些能证明自己身份的证件，还需要一个调查主持单位的电话号码，被访问者可以打这个电话以核实访问员的身份和调查主持单位。
- 详细说明调查的意义和作用。特别是这项调查会对被访者的生活产生什么样的影响，其中的积极影响应该给予特别的强调。
- 告诉被访问者他是如何被选中的。如果用的是随机抽样的方法，应该向被访问者简要地做出解释，解释里应该强调为什么被访问者的参与很重要及一个替代者为什么不好等问题。
- 告诉被访问者，调查是关于什么内容的，并且他的回答将给予保密。

相关链接 7

《看看他们》：访问者如何进行突破

记者：从调查看，被访人员还是比较坦诚的，访问者是如何进行突破，达成一种互相信任的？

周拥平：这一点我也感到很欣慰，这里面有三个方面的原因。一是农民还是比较朴实的，也比较容易接近；二是访问者的姿态，我们的访问员是一些学生，他们也很朴实而且诚恳。我一再要求他们要从心理上拉近和受访者之间的距离，使受访者产生倾诉的欲望。学生们做得很好，你可能注意到了，不少受访者对访问员的称呼很亲密。每个访问员采用的方法不一定相同，各有各的办法吧！

（4）做好回答问题的准备。访问员和被访问者的谈话应该以令人愉快的、轻松的口吻开始。在访谈开始之时，应该营造一个融洽的气氛，尽量从生活方面开始提问，可以通过寻找共同话题，如天气、爱好等，激发被访问者的热情与兴趣，拉近彼此间的距离，消除陌生感。有了利于调查的气氛后，就可以详细说明要调查的内容，提出第一批问题。这时被访问者的意识尚未转向问题题目，必须在心理上有一个预先的酝酿过程，因此开始时切忌提出一些大而复杂的问题，应该从小而简单易答的问题开始。经验证明，开始问题回答顺利能使被访问者增强信心，双方互动协调至此才可以进行深入访问。

2．提问的技巧

与调查对象顺利接触并形成良好的谈话气氛后，就可以开始提问了。访问过程是调查者提出问题的过程，因此，提问成功与否是访问能否顺利进行的关键。结构式访问必须使用统一的访问问卷，按事先准备好的访问问题依次提问，不得任意增删文字或更换题目顺序，所以这里讲的提问技巧主要是针对只有一个访问提纲的无结构式访问或半结构式访问。但在进行结构式访问时，有些技巧也可以借鉴。

（1）问题的类型。访问过程中提出的问题可分为实质性问题和功能性问题两大类。

所谓实质性问题，是指为了掌握访问调查所要了解的实际内容而提出的问题。它又可以分为四类。一是客观事实类的问题，如姓名、性别、年龄、职业等。二是行为和行为趋向类的问题，如“你去过北京吗？”“假如有工资待遇高的单位，你是否愿意‘跳槽’？”等。三是主观态度类的问题，如“你最喜欢的电视节目是什么？”“你是否愿意到社区去工作？”等。四是建议性的问题，如“你对社区兴建体育场所有何看法或建议？”等。

所谓功能性问题，是指在访问过程中，为了达到消除拘束感、创造有利的访问气氛，或者从一个谈话内容转移到另一个内容的目的而提出的能对被访问者起到某种作用的问题。它也可以分为四类。一是接触性问题。访问员可以先问问被访问者比较熟悉的问题，如“近来身体好吧？”“工作很忙吗？”等，提出这些问题的目的不是要了解这些问题本身，而是为了比较自然地接近被访问者。二是试探性问题。比如，可以提出“你今天有急事吗？”“你做什么工作？”等问题。提出这些问题是为了试探访问时间和对象的选择是否恰当，以便确定访问是否进行和如何进行。三是过渡性问题。比如，访问内容从工作问题转向家庭生活时，可以问“你的工作非常繁忙，回到家里大概可以轻松一下了吧？”有了这类过渡性问题，访问过程就显得比较连贯和自然。四是检验性问题。比如，关于家庭生活水平的调查，可以先问家庭收入，经过一段谈话后，再问一下家庭的支出，提后一个问题的目的是为了检验前一个问题的回答是否真实，从而起到相互检验的作用。

一般来说，访问者对实质性问题都比较重视，而对功能性问题可能忽视或不善于运用。其实，提问的技巧恰恰突出表现在功能性问题上。功能性问题可以在实质性问题之间起到一个很好的衔接和过渡的作用，使访问进行得更加流畅、自然。访问员应该注意在访问过程中灵活地运用各种功能性问题。

（2）提问方式。提问的方式很多，有开门见山式、投石问路式、顺水推舟式、顺藤摸瓜式、借题发挥式、循循善诱式等。采用何种提问方式，取决于以下三个方面的因素。一是问题本身的性质和特点。一般来说，复杂和敏感的问题，应小心谨慎、委婉迂回地提出；简单、普遍的问题，则可不必顾虑，从正面直接提出。二是调查对象的具体情况。一般来说，对性格孤僻、思想上顾虑大或理解能力较差的人，应耐心诱导、逐步深入地提出问题；对性格开朗、无顾虑或教育程度高、理解能力强的人，则可以开门见山、单刀直入地提出问题。三是访问者与被访问者之间的关系。一般来说，在访问者与被访问者互不熟悉、尚未建立信任感的情况下，应耐心、慎重地提问；如果双方已较熟悉，则可直截了当地提问。作为一种谈话艺术，提问的方式没有一成不变的模式，应在分析上述因素的基础上，根据实际情况选择恰当的提问方式，顺其自然，随机应变，这样才能收到良好的访谈效果。

练习 48

提出敏感问题

访问提纲上没有明确标明提问方式，想一想，在面对面的访问中，你如何向陌生人询问下列问题。

（1）他们的年龄。

（2）他们的收入。

相关链接 8

法拉奇的提问技巧

要谈访问的技巧，就不能不谈意大利著名的女记者法拉奇。法拉奇以专门访问各国政治风云人物著称。在有限的记者生涯中，她先后访问过二十多个世界风云人物。其中有声称“不接受单独采访”的美国国务卿基辛格，有“最神秘莫测的领导人”阿拉法特，有自诩“一句话整个世界就能爆炸”的利比亚元首卡扎非，有“带着冷漠和怒气生活，怀疑每天都是他生命的最后一天”的约旦国王侯赛因等。从这些人物的地位、名气和特点中，人们不难推断出采访的难度。然而，她不但一一完成了采访，而且把前南越“总统”说得痛哭流涕，前伊朗国王巴列维当着她的面表示要摒弃女色；基辛格则后悔地说同她的交流是“同报界最糟的一次交谈”……

这是为什么？这是因为法拉奇善于提问。

请看1980年8月21日她对邓小平的第一次访问。她开口就祝贺邓小平的生日。邓小平感到十分意外：

"我的生日？我的生日是明天吗？"

"不错，邓小平先生，我从你的传记中知道的。"

"既然你这样说，就算是吧。我从来不知道什么时候是我的生日。就算明天是我的生日，你也不应祝贺我啊，我已经76岁了，76岁是衰退的年龄啦！"

"邓小平先生，我父亲也是76岁了。如果我对他说那是一个衰退的年龄，他会给我一巴掌呢！"

"他做得对。你不会这样对你父亲说的，是吗？"采访就这样亲切地开始了。接下来却是一个比一个更尖锐的政治话题：对毛主席的评价、对"文革"的看法、对"四人帮"的评价、对越南的态度……法拉奇一连提了二十多个重大的政治问题，使中国这位最高领导人第一次就这些问题向全世界发表了他的见解。其间法拉奇曾在很敏感的背景下向邓小平提出，"如果我说，在西方你被称为中国的赫鲁晓夫，你觉得怎么样？"邓小平大笑之后说："在西方他们称我什么都可以，但我对赫鲁晓夫认识很深。我和他打交道达10年。我告诉你，把我比做赫鲁晓夫是愚蠢的。"这种轻松中不也能闻到火药味儿吗？

法拉奇访问伊朗领袖霍梅尼时，针对他独裁的特点，第一句话就是，"我要告诉你，先生，你是伊朗的新沙皇……"霍梅尼从来没遇到这种对他个人的挑衅，心里非常恼火。但对手是一个异国女人，又是一个驰名世界的记者，他只好压住怒火，严肃地责问为什么给他这个"尊号"？法拉奇趁机向他介绍国际上对他的评论。而这正是霍梅尼想要知道的。于是，谈话便展开了。由于法拉奇的政治访问屡见奇效，影响巨大，其作品常常被几十家报刊同时转载，作品结集被翻译成二十多种文字。全世界的新闻同行们都在研究"法拉奇式访问"，她本人则被称为"政治访问之母"。在这巨大成功的背后，人们能够借鉴一点儿什么呢？法拉奇的善于切入和提问的艺术，并不是灵机一动之类的小聪明，而是一种刻苦劳动的结晶。她每取得一位重要政治人物同意采访之后，都要利用一两个月的时间阅读大量的有关材料并做相应的笔记，尽可能地熟悉和采访有关的国际政治、经济、社会及其他情况。在做好案头工作的基础上，她精心设计访问的程序和提问的方法，还要策划应付意外情况的办法。所以，她的每次访问，都是"由新闻记者组织的讨论和对话"。

法拉奇说，访问前准备工作的紧张程度"简直就像学生准备大考一样"，每次访问都是对她的"智慧和政治敏感的挑战，是不可能重演的事件，是消耗我灵魂的一次人类实践"。

（3）注意事项。访问者在提问时，一定要注意以下事项。

- 问题要明确、具体。所提问题应该简单明了，尽量使用单句，避免使用深奥、抽象的专业术语，同时还应注意某些词在不同地区的不同含义。
- 根据被访问者的特点，灵活掌握问题的提法与口气。所提问题要口语化，语气要委婉，访问者应该始终以求教的态度提出问题。
- 访问应以访问提纲为主线。对被访者的跑题、转换话题等，访问员要根据当时的情境，及时而自然地进行处理。

- 始终保持中立态度。对被访问者不理解或理解错了的问题，访问员可以适当做些解释，但不要给被访问者任何暗示；对于交谈中存在的一些有不同看法或争议的问题，访问者不应有任何倾向性或诱导性的表示；对于被访问者的回答，无论正确与否，都不宜做肯定或否定的评价，更不应去迎合或企图说服对方，而只能做一些中性的反应，如表示“你的想法我已了解”、“请你继续说下去”等，以鼓励对方把内心的话说出来。

3．倾听的技巧

积极的倾听包括能够专注于说话者所说的语言的和非语言的信息，也包括通过语言的和非语言的途径让倾诉者了解你的倾听和关注。“倾听”并不仅仅是“听”，它意味着需要听者的思考。这表明倾听者把说话的人当回事，尊重并重视他的观点。访问员要自始至终做到积极倾听，倾听时应掌握以下几个方面的技巧。

（1）认真倾听。认真倾听就是要聚精会神地倾听，不能眼睛望着对方，而思想却开了小差；也不能哈欠连天、睡意绵绵；更不能边听边接电话、剪指甲等。这样做既是对被访问者的不尊重，访问也不可能达到预期效果。

（2）虚心倾听。对于回答中听不懂的地方要虚心向被访问者请教。对于被访问者回答不清楚或答非所问的地方，应适当地给予解释，不能无理地打断对方说话，更不能摆出一副不屑一顾的样子。对于被访者的某些无知、落后意识或不良习惯，访问者应该做到存而不露，或者给予真诚、耐心的帮助，绝不可表示鄙薄或轻视，更不能戏弄或嘲笑。

（3）有感情地倾听。访问过程不仅是语言交流的过程，更是情感交流的过程。访问员要理解被访问者的感情，努力做到喜怒哀乐皆共鸣。

（4）积极给予回应。访问员应在访问过程中不时地通过使用“嗯”、“听懂了”、“明白了”、“请继续说”等非指导性的话语，或者用点头、微笑、目光和手势等身体语言给予对方积极的反馈，鼓励对方继续说下去。

4．追询的技巧

追询是对提问的延伸或补充，是对已谈过问题中不清楚的地方进行再次询问，使问题的回答更具体、更准确、更完整。通常在遇到下列情况的时候需要追问：当被访问者的回答前后矛盾、不能自圆其说时；当被访问者的回答残缺不全、不够完整时；当被访问者的回答含混不清、模棱两可时；当被访问者的回答过于笼统、很不准确时；当访问员对一些关键问题的回答没有听清楚时。追询包括以下两种形式。

（1）直接追询，即直截了当地请被访者对未回答或回答不具体、不完整的问题再做补充回答。例如，“我想我可能没有说清楚这个问题，使你没有完全理解，我再说一遍。”“我很想了解这个问题，因为这一问题对于我们的调查来说非常重要，请你讲得再具体一些，我们会保密，请不要有什么顾虑，好吗？”

（2）迂回追询，即通过询问其他相关的问题最后获得未回答或回答不全的问题的答案。对于遗忘、记忆不清的问题和敏感、威胁性问题宜采用迂回追问的方式。访问者可以掉换一个侧面、掉换一个角度、掉换一个提问方式来追问相同的问题。

相关链接 9

迂回追询

访问者:“当听说小区要动迁的消息时,你是怎么想的?”

被访者:“时间太长了,想不起来。”

访问者:“时间是很长了,当时你是住在这里吗?”

被访者:“不,当时我生病住在医院里。”

访问者:“当时,你的孩子几岁了?”

被访者:“好像有十岁了,我想起来了,当时我生病住院,是我丈夫过来告诉我的,我当时真不敢相信这是真的。”

使用追询时一定要注意适时和适度。适时是指找准追询的时机。对于一些简单的问题,如访问员没有听清楚某个数字,可在对方回答问题时立即进行追问。而对于一些比较重要、复杂的问题,则应记录下来,或者在笔记本上做上标记,留待访谈告一段落后集中追询。适度是指追询应以不伤害被访问者的感情为原则,以免影响整个访问进程。

5. 使用非语言信息的技巧

在人际交往中,文字语言符号和手势、表情等非语言符号都是重要的交流手段。传播学家研究发现,人际交往中,文字语言符号传递的信息只占 30%,其余 70%是非语言信息传递的。文字语言符号能直接交流思想,语气、眼神、表情、手势等非语言符号也能表达某种意义。有时非语言行为比语言行为更能表现交谈双方的态度、关系及互动的状态。因此,访问人员要善于察言观色,分析和利用有关身体语言信息。

(1)表情。面部表情是内心感受的外部表现。一般来说,哈哈大笑,表示非常高兴;频频微笑,表示赞许或满足;皮笑肉不笑,表示虚伪或狡诈;愁眉不展,表示疑虑或忧愁;双眉紧锁,表示正在回忆或沉思;扬眉吐气,表示心情舒畅;微微撇嘴,表示轻蔑或鄙视等。一个成熟的访问者,既要善于控制自己的面部表情,又要善于观察被访问者的面部表情,并恰当地运用面部表情来传达信息,调节和控制访问过程。

(2)目光。目光是访问中重要的非语言交流,它是人们思想和感情的自然流露。目光的运用要注意既可观察对方的表情,又不至于引起对方的不快。不同的目光包含着不同的含义。一般情况下,目光频频接触,表示喜欢、赞赏、友好或亲近;目光躲躲闪闪,表示生疏、隔阂、不愉快或不好意思;目光死死盯着对方,表示惊讶、质问、愤怒或敌意;目光避免接触,表示轻蔑、厌恶、胆怯或恐惧;目光正视,表示坦诚、无所顾虑;目光斜视,表示心虚、疑虑或没有把握;目不转睛,表示精神专注;目光呆滞,表示困惑、沮丧等。访问过程中,访问者既不可死死盯着对方,也不可处处躲着对方的目光,而应使自己的目光在对方的头发、嘴角或脸颊两侧这个范围内活动，并不时与对方目光做短暂接触（一般不超过10秒钟）。同时，根据访谈的具体情况，及时领悟对方的“眼神语言”，灵活使用自己的“眼神语言”。这样，眼神就会成为访谈过程中有效的指示灯和调节器。

（3）动作与姿态。动作与姿态等行为都是受思想、感情支配的。访问者既可以通过自己的动作和姿态来表达一定的思想和感情，又可以通过观察被访问者的动作和姿态来捕捉对方的思想、感情信息。例如，连连点头，表示“很对”、“赞成”、“同意”；匆匆记录，说明对方讲话非常重要；东张西望，表示注意力已经转移；小动作较多，说明不感兴趣、心不在焉；伸懒腰、打哈欠，表示已经劳累和疲倦；被访者与访问者保持较远距离，可能暗示对访谈不感兴趣或怀有敌意；频频看钟、看表，说明希望加快速度、尽快结束谈话等。通过这些细小的动作、行为、姿态来捕捉或传达信息，往往能起到语言所不能起到的作用。

（4）衣着打扮。人的衣着打扮往往是一个人的职业、教养、经济状况和兴趣爱好等内在素质的反映。初次见面的人，一般都是从对方的衣着打扮获取第一信息、形成第一印象的。因此，访问者一方面要注意自己的穿戴和服饰，尽可能与被访问者相近似，给对方以易于亲近和交往的感觉；另一方面也要打量和揣摩被访问者，从对方的衣着打扮来获取信息。比如，在城市做调查，穿戴应该比较整齐、讲究；到农村搞调查，衣着就应该朴素、大方一些。对于打扮讲究的被访问者，访问者应该做到庄重、严肃、彬彬有礼；对于不修边幅的被访问者则可以坦率、随和一些。

应该注意的是，非语言信息的使用必须与语言信息的使用结合起来，这样才能对被访问者有一个全面、深入、准确的了解，才能对非语言信息做出正确的评价或解释。

7.3.3 开好座谈会的技巧

要开好座谈会，调查者就应具有熟练的访谈技巧和组织会议的能力。

1. 明确会议目的

调查者事先必须明确会议的主题，准备好访问提纲，事先把调查的目的和内容等通知给与会者，让与会的人了解开会的意义和内容，使他们事先有所准备。如果调查者对自己的调查内容心中无数，全靠会议上临时提问、临时考虑，这样就很难取得较好的调查效果。

2. 精选与会人员

参加座谈会的人员应该符合一定的选择标准：一要有代表性；二要确实了解情况；三要善于表达。为了使与会者增加共识、减少疑虑，可以对不同类型的人分别开会。

参加座谈会的人数一般以5～7人为宜，最多不超过10人。若人数过多，则难以使每个与会者有充分发言的机会，有时甚至会出现“开陪会”的现象；人数太少又难以收到集思广益的效果。

3. 选好场所和时间

会议的地点应当比较适中、方便，应该有一个较安静的环境；会议的气氛应该是放松的、非正式的，最好能提供少量的点心、水果和饮料。会议的时间可以限制在1～3小时，但最好是在 1.5 ~ 2 小时，便于每个与会者都能充分发表自己的意见。

4．有效组织会议

主持人的主持活动对于会议的成功与否起着至关重要的作用。主持人应当与会议参加者建立友好的关系，使讨论不断深入进行。主持人还应具有探索参加者的内心从而引发其发表深层看法的能力。此外，主持人在分析和解释数据时也可能是起中心作用的。因此，主持人应具备熟练的技巧、经验和与讨论内容有关的知识，对小组的动态的性质能做出符合实际的理解和反应。具体说来，主持人应具备以下基本素质。

（1）坚定中的和善。为了促成必要的相互影响，主持人必须在保持中立态度的同时，尽量理解谈话者并将自己的感情投入，因为只有将这两者很好地结合，才能赢得与会者的认同。

（2）容许。主持人必须容许出现小组的兴奋点或目标不集中的情况，但必须保持警觉性。会议中经常会发生争论，如果争论与主题有关，要支持争论继续下去；如果争论与主题无关，则要及时将话题引到调查主题上来。如果与会人员抢着发言，解决的办法是按照先后顺序指定发言。需要注意的是，主持人的任务不是参加争论，而是要让与会者在争论中完整、深入地表达自己的思想。

（3）介入。主持人必须鼓励和促进热情的个人介入发言。但是，如果某些权威人士发言时间过长，或者左右其他与会人员的发言，就应该适时地、有礼貌地、恰到好处地打断并巧妙地接上，即在总结肯定他的发言的同时，及时请其他与会人员发言，从而使各种不同的意见都能得到充分的表述。

（4）不完全理解。主持人必须通过摆出自己对问题的不完全理解，进而鼓励参加者更具体地阐述其观点。

（5）鼓励。主持人必须鼓励不发言的成员积极发言。会议开始时许多人不愿“打头炮”，最好是在掌握与会人员情况的基础上，事先安排一两位能说会道的重点对象“开场”。

（6）灵活。在小组座谈过程出现混乱时，主持人必须能够随机应变并及时调整计划好的座谈提纲。

（7）敏感。主持人应该对谈话者的发言具有足够的敏感性，以便能够寻找对调查有用的信息，在既有感情又有理智的水平上去引导小组的讨论。

5．及时整理会议内容

会议情况要通过录音、录像设备进行记录。座谈会结束后，要进行认真分析，总结哪些问题已经解决，哪些问题还不太清楚，又出现了哪些新问题，对这些情况都需要加以分类归纳，然后提出下一次座谈会的提纲。对有些在座谈会上不便提问或不易做深入了解的问题，会后还可以进行个别访问以补充资料。

7.3.4　对无回答的处理

访问调查中经常会出现无回答的情况。这一般有两种情况：计划访问的对象出差或不在家；

计划访问的对象不合作，拒绝回答问题。对于这两种情况都不应该轻易放弃，因为这些被访问者都是按照调查计划方案选定的，他们往往代表着某些类型的调查对象。

1．对于不在家的被访者

对于不在家的被访者，一般有四种处理的方法：一是了解清楚他什么时候回来，然后反复地补充调查，直到找到被调查者；二是在条件允许的情况下，追踪到他所去的地方进行访问；三是如果访问调查只涉及一些实事（如人口普查），可以考虑找一些熟悉情况的人代他回答；四是在上述三种做法都行不通的情况下，使用备用的调查对象代替或放弃。

2．对于不愿合作的被访者

对于不愿合作的被访问者，首先应认真研究他们不合作的原因，再根据具体的情况采取不同的方法进行处理。不愿合作一般有四种原因。

一是认识问题。被访问者认为调查与自己无关，对调查不感兴趣；或者认为调查不能解决根本问题，白白浪费时间。对于这种被访者，应耐心地做其思想工作，使其认识调查的目的、意义和与他的关系，并且用通过调查已经解决问题的实例来说服对方。

二是利害问题。有些被访者害怕调查结果对自己不利，如税收的改革、减少补贴等；或者怕得罪人，引起不良后果。对于这些被访者，主要通过宣传有关法律规定，并且说明调查工作的保密原则和不伤害被访问者利益的原则，消除其顾虑。

三是时间或情绪问题。有些被访问者因为工作、家务事较忙怕耽误时间；有些因为遇到困难、挫折而心情焦虑，没有心思回答问题。对于这种情况，访问者应体贴他们的困难，然后与被访者商量在其方便时另做访问；如果能够采取具体措施帮助对方解脱困境，那么这些不愿合作者就有可能转变为积极合作者。

四是信任问题。可能是由于被访问者不信任访问者的调查能力及解决问题的能力；或者访问者与被访问者的对立者过于亲密，被访问者认为访问者已经有了偏见；或者因为访问者自身的原因，引起被访者的反感，使其不愿回答问题。在这种情况下。访问者应改进自己的工作，用实际行动证明自己是有能力的、客观公正的、正派的，即使有了错误，也能及时改正。

通过以上的学习，你是不是已经能够很好地回答“练习47”所提出的问题了呢？下面是一个参考答案。

（1）“这项调查是由××研究部门进行的，我们想得到一些人们关于当前××问题的看法。”

（2）“我是一个专业访问员，负责这个项目的人在××研究部，他们一定会很乐意解释这项调查，你想要他们的电话号码吗？这样你可以打电话给他们。”（如果说“是”，给他们一个热线电话。）

（3）“你是我们在前期工作中被随机抽取出来的，所以你的观点很重要，访谈其他人未必能达到一样好的效果。”

（4）“问题不会很长，你可以继续做你的事情，我只是把这些主题都过一遍。”（马上开始提问。）

（5）应该继续争取访问。“有没有更好的时间，我一会儿回来？我会记下和你约好的时间，让你更加方便。”如果被访者一再拒绝，可以选择其他被访者。

（6）在这项调查中，你知道多少并不是最重要的，相反，你关于这些题目的一些想法对我们的调查很重要。”

（7）“不只是你一个人，很多人都被问这些同样的问题，当然，你所说的一切都是保密的，我们对这些问题很感兴趣，只是想看看，在××人群中大多数人一般在想什么。”

（8）“主持调查的人设计了这些问题，我被告知应该按照提纲上面写的那样读出每个问题。所以不好意思，还是由我来问你吧！”

（9）“当然，如果你不愿意，你可以拒绝回答这些问题，我只是想得到你的观点，因为这样我们的调查才能更加精确。”如果被访者还是拒绝回答，不要再说什么，迅速转到下一个问题，把那个问题标上“拒绝”。

（10）视被访者的谈话内容而定。如果被访者谈的问题有利于对调查的深度研究，则应该仔细倾听，认真记录；如果被访者是在重复以前的内容，或者意义不大，调查者可以适当插话以转换话题或结束访问。

其实，以上这些回答是访问员应该掌握的访谈技巧中的最重要的部分。在实际调查中，访问员会遇到各种各样意想不到的问题，这就需要访问员在掌握访问原则的前提下灵活应对。

练习 49

开始访问

现在，你已经基本了解了访问所需要的技巧和原则，下面是检验你的时候了。根据你为自己的调查项目设计的访问提纲，至少选择五位被访者或开一个座谈会，实施你的访问。访问结束后，在获得调查资料的同时，总结一下你自己的访问经验。

哪些技巧我运用得非常好？ 1. 2. 3. ……

我在哪些方面还有不足？ 1. 2. 3. ……

我得到了哪些经验？ 1. 2. 3. ……

7.4 访问法的特点

7.4.1 访问法的优点

1．适用范围广泛

与其他调查方法相比，访问调查是适用范围最广泛的一种调查方法。访问调查适用于一切有正常思维能力和口头表达能力的被调查人员，包括文盲、半文盲和没有视觉的盲人。只要没有语言障碍，只要能说话，神志清醒，任何人都可以作为被调查对象。在这一方面，访问法优于问卷法。

2．访问方式灵活

访问法有面对面访问、电话访问、网上访问等多种方式，这些方式灵活多样，方便可行，可以根据调查的需要运用不同的方式向不同类型的人了解有关材料。方式灵活还表现在访问者与被访问者的交流过程中。虽然访问者事先设计了调查问题，但有些问题不一定考虑周全，在访问中，访问者可以根据被访问者的反应，对调查问题做调整和展开。如果被调查者不理解问题，他们可以询问，要求解释；如果访问者发现对方误解问题，也可以适时地解说或引导。

3．探讨问题深入

通过访问者与被访问者的反复交谈，访问调查可以对问题一层一层地深入探讨下去，发现社会现象的因果联系和内在本质，了解深层次的东西。与之相比，运用观察法了解的社会现象则可能是肤浅的、流于表面的。

4．信息真实具体

访问主要是面对面的语言交流，访问对象不会像问卷调查那样有过多的限制或顾虑，他可以生动具体地描述事件或现象的经过，真实、自然地陈述自己的观点和看法。同时，由于访问有适当解说、引导和追问的机会，所以可以探讨较为复杂的问题，获取新的、深层次的信息。另外，访问者还可以观察被访者的动作、表情等非言语行为，以此鉴别回答内容的真伪。

7.4.2 访问法的缺点

1．成本较高

与问卷调查相比，访问法要付出更多的时间、人力和物力。访问要一对一地进行，即使是召开座谈会也要受到人数的限制，因此一个访问人员一天可能只能访问一个或几个被访者，而且调查中经常会遇到拒访或无法找到被访者的事情，这就造成调查的费用和时间大大增加。另外，如果要扩大访问的规模，增加调查的代表性，常常需要训练一批访问员，然后分赴各处访问，这又会增加调查成本，因此访问法往往只适宜在较小的调查范围内使用。

2．匿名性差

由于是当面回答问题，被访者往往感觉缺乏隐秘性，顾虑重重，对于一些敏感性的问题（如个人隐私）往往会回避或不做真实回答。在不便当面询问或不能询问的情况下，使用该方法不能获取资料，所以只能靠问卷法或观察法解决这一问题。

3．主观性强

访问容易受到访问员的主观影响。由于访问是双方的直接接触，访问员的性别、年龄、容貌、衣着及态度、语气、口音、价值观等特征，都可能引起被访者的心理反应，从而影响回答内容的真实性。访问调查要求访问员必须具备较宽广的知识面、较丰富的社会阅历和较熟练的访谈技巧，这样才能较好地控制访谈场面，把握住问题的实质，不被一些表面的、虚假的现象所蒙蔽。如果访问员的素质不高，能力不强，就可能产生较大的访问误差。

4．记录与整理困难

访问对象对问题的回答往往会受时间、地点和情境的影响，没有统一的模式和标准；访问的流程长；谈话的内容丰富；采用无结构访谈方式，在没有现场录音的情况下，用纸笔记录较难进行，追记和补记往往会遗漏很多信息。这些因素都为结果的记录与整理增加了难度。访问结果的处理和分析比较复杂，标准化程度较低，因此难以做定量分析。

复习思考题

一、填空题

1．按照调查者对访问的控制程度不同，可以将访问法分为__________、__________和__________。

2．按照访问者和被访问者的接触情况，可以将访问分为__________和__________。

3．按照调查对象的数量不同，可以将访问分为__________和__________。

4．电话访问包括__________和__________两种形式。

5．访问法的实施大体上分为__________、__________、__________、__________和__________五个步骤。

二、选择题

1．以下（　　）方法属于直接访问。

A．电话访问　　B．入户访问　　C．邮寄访问　　D．网上访问

2．以下（　　）方法属于间接访问。

A．拦截访问　　B．入户访问　　C．计算机辅助面访　　D．电话访问

3．小型座谈会的参加人数应以（　　）人为宜。

A．2～4　　B．4～5　　C．5～7　　D．7～10

4．向被访问者询问“你去过上海吗”这样的问题属于（　　）。

A．行为趋向类问题　　B．客观事实类的问题

C．主观态度类的问题　　D．建议性问题

5．向被访问者询问“你是做什么工作的”这样的问题属于（　　）。

A．接触性问题　　B．试探性问题

C．过渡性问题　　D．检验性问题

三、简答题

1．简述访问法的含义。

2．访问法与问卷法有哪些异同？

3．记录访问结果时应注意哪些事情？

4．访问员应具备哪些素质？
5．如何处理无回答状况？

四、讨论题

1．如何针对访问法的优缺点开展访问调查？
2．如何使座谈会开得更加有成效？

第 8 章 观察法

引　言

日常生活中，人们经常通过自觉或不自觉的观察来获得对社会事实的认知。科学的观察法也是社会调查最重要的资料收集方法之一。本章将帮助你了解观察法的概念、类型和原则，掌握观察法的步骤、实施中应该注意的主要问题，如何减小观察误差，以及观察法的优缺点，为实际的社会调查工作打下良好的知识和技能基础。

本章学习目标

1. 了解观察法的概念。
2. 掌握观察法的类型。
3. 掌握观察法应遵循的原则。
4. 掌握观察的步骤。
5. 了解观察中应注意的问题。
6. 了解观察误差产生的原因。
7. 了解减小观察误差的途径和方法。
8. 了解观察法的优缺点。

学习导航

8.1 观察法的类型与原则

8.1.1 观察法的概念

观察，是指细察事物的现象、动向；考察或调查。

一般来说，社会调查研究中的观察法是指观察者根据所要研究的问题及所要了解的事实，有目的、有计划地运用人的感觉器官或借助科学观察工具对研究对象进行考察，以获得所需资料的一种方法。也就是说，观察法是观察者用客观的眼光去观察社会现象，并将其忠实记录、加以分析的一种社会调查方法。

作为社会调查研究收集资料的基本方法之一，观察法有以下几个不同于问卷法和访问法等其他资料收集方法的显著特点。

1. 收集的大多是非语言方面的资料

观察是观察者有目的、有计划的自觉认识活动，通过观察收集到的资料大多数是非语言方面的，如人的活动、行为、所处环境状况等，而其他方法主要是收集语言方面的资料。

人类的观察活动大体上可分为两个层次：一是出于感性的自发性观察，如人们走在大街上看到高楼大厦、车水马龙等景象。二是出于理性的自觉性观察，如交通观测员对汽车流量、流向的观察，考古工作者对出土文物的观察，刑事侦察员对犯罪现场的观察等。作为科学研究和社会调查收集资料的基本方法的观察法，它属于第二个层次。它是人们有目的、有计划地进行的，并需要经过一定的学习和训练才能很好地掌握。这就如同人人都可以用自己的肉眼或望远镜看星星，但要像天文学家那样观察星星，就必须有明确的研究目的和实施步骤，并遵循确定的科学规则，同时还要经过学习与训练。

2. 必须利用一定的工具直接取得资料

科学的社会观察除了利用人的眼睛、耳朵等感觉器官以外，还经常借助科学的观察仪器，如照相机、摄影机、望远镜、录音机，以及观察表格、观察卡片等将观察结果正确详细地记录下来。这些科学观察仪器和记录工具实质上是人的感觉器官功能的放大或延伸，它们往往对观察结果产生重大影响。同时，观察必须利用这些工具直接取得资料，而不能像其他方法那样间接（如通过转述、文字记载）取得有关资料。

3. 观察是一个积极能动的过程

实践证明，人们在观察中究竟看到了什么，这一方面取决于观察对象的客观状况，另一方面取决于观察者的感知能力和社会经验、思维能力等主观因素。有一个著名的心理试验，试验者在心理学家们正在开会时，让两个人突然从外面闯进，他们拿着枪相互追逐，两个人在屋子里混战一场，又一起冲出去。等他们走了以后，会议主席要求心理学家们每人写下目击的经过。结果，在上交的 40 篇报告中，只有 1 篇在主要事实上的错误少于 20%，有 14 篇的错误在 20%~40%，其余都在 40%以上。这次实验可以看出，即使是受过良好训练的心理学家，他们的观察能力也有很大的误差。可见，观察者的思想状况、情趣爱好、价值观念、知识修养乃至感官（特别是视觉器官），都可能影响观察的过程与结果，并决定着观察的深度和广度，在一定程度上左右着观察选择的方向和重点。这一点对其他方法的影响则相对较小。

4. 观察对象是处于自然状态下的正在发生的社会现象

观察法的对象必须是正在发生、发展着的社会现象、事件和情况，观察者对观察对象的活动不加干预，对于影响观察对象的各种社会因素也不加干预，所以收集资料的活动与观察对象的发展过程是同步的，这样才能获得丰富的感性材料。如果观察对象不是处于自然状态，而是人为的、故意制造的现象，那么调查研究就会失去意义。所以，观察法只能了解正在进行和发生的社会现象，其他方法则可以了解过去的社会现象、事件与情况。

8.1.2 观察法的类型

观察法可根据不同的标准划分为不同的类型，其中主要的划分标准有以下几种。

1. 以是否参与为标准划分

根据观察者是否参与被观察的社会群体或单位中及是否参与被观察者的活动，可以将观察划分为参与观察和非参与观察。

（1）参与观察。参与观察也称局内观察，是指观察者为深入了解社会事实，加入到某一社会群体或单位之中，以内部成员的角色参与他们的各种活动，在共同生活中进行观察，收集与分析有关的资料。参与观察按照参与程度的不同又可分为完全参与观察和半参与观察。

1）完全参与观察。完全参与观察是指观察者完全参与被观察的人群中，作为其中一个成员进行活动，并在这个群体的正常活动中进行观察。在这一过程中，观察者隐瞒了自己的真实身份和真实的观察目的。这一观察方法更多地被用于人类学的研究。在完全参与观察中，观察者与被观察者易于建立极其密切和直接的关系，容易了解最真实的问题，所以这种观察也是观察方法中最深入全面的一种；但是参与程度的深入容易使得观察者失去客观的立场，给观察分析带来不良影响。

2）半参与观察。半参与观察是观察者以半“客”半“主”的身份参与被观察人群中，并通过这个群体的正常活动进行观察。在这一过程中，观察者不隐瞒自己的真实身份，在被观察者眼里，他们是可以容忍和信任的“外人”，如作家到基层与农民同吃同住同劳动，进行观察。在半参与观察中，观察者容易保持客观立场，但是往往难以深入观察。

（2）非参与观察。非参与观察也称局外观察，就是观察者不加入被观察的群体，完全以局外人或旁观者的身份进行观察，如大学生利用假日到工厂、农村参观。非参与观察冷静客观，但是观察时间短，范围有限，往往只能获得某些表面现象或公开行为的信息，而且这种观察对被观察者的干扰最大，容易使观察结果失真。

一般来说，参与观察比较全面、深入，能获得大量真实的感性认识，但观察结果往往带有一定的主观感情色彩；非参与观察比较客观、公允，能增加许多感性知识，但往往只能看到一些表面的甚至偶然的社会现象。

2．以观察内容结构为标准划分

根据观察内容是否有统一设计的、具有一定结构的观察项目和要求，可以将观察划分为结构式观察和无结构式观察。

（1）结构式观察。结构式观察是事先制定好观察计划并严格按照规定的内容和程序实施的观察。具体来说，它要求观察者事先设计好观察项目和要求，统一制定观察表格或卡片（详见后文）；在观察过程中，严格按照设计要求进行观察，并做详细观察记录。这种观察方法的最大特点是观察过程标准化，它对现象的对象、范围、内容、方法、程序都有严格的规定，一般不得随意改动，因而能够得到比较系统的量化的观察材料，方便解释和研究使用。

（2）无结构式观察。无结构式观察是指对观察的内容、程序等事先不做严格规定，是观察者依据现场的实际情况随机决定的观察。具体来说，它只要求观察者有一个总的观察目的和要求、一个大致的观察内容和范围，然后到现场根据具体情况有选择地进行观察。无结构式观察的优点是比较灵活，调查者在观察过程中可以在事先拟订的初步提纲的基础上充分发挥其主观性、创造性，认为什么重要就观察什么。它的缺点是得到的观察资料不系统、不规范，受观察者个人因素影响较大，可信度较差。

结构式观察能获得大量翔实的材料，并可对观察材料进行定量分析和对比研究，但它缺乏弹性，比较费时；无结构式观察比较灵活，简便易行，适应性较强，但观察所得的材料比较零散，很难进行定量分析和对比研究。

3．以是否有中介物为标准划分

根据观察者是否通过中介物进行观察，可以将观察划分为直接观察和间接观察。这里的中介物既指科学的观察工具，如照相机、摄像机、闭路电视等，也指能够反映社会现象的各种物质载体，如古迹或遗址等。没有通过中介物进行的观察叫做直接观察，通过中介物进行的观察叫做间接观察。

练习 50

直接观察与间接观察

在课堂上布置 5 分钟关于某一主题的自由讨论。选择两位同学，一位发给纸笔，另一位发给数码相机，让他们坐在教室后排观察课堂讨论的全部情况。然后分别用语言总结和用相机拍照的方式向全班同学展示观察记录情况。

讨论一下，利用自身感觉器官进行直接观察和利用科学观察工具进行间接观察的区别是什么？

（1）直接观察。直接观察就是观察者直接运用自己的感觉器官进行观察，即通过眼看、耳听、鼻闻、舌尝、手摸等感性认识活动直接感知外部的事物。直接观察具有强烈的实感，但观察结果往往因人而异，带有一定的主观色彩。

相关链接 1

田野调查（直接观察）

田野调查是来自文化人类学、考古学的基本研究方法论，即“直接观察法”的实践与应用，也是研究工作开展之前，为了取得第一手原始资料的前置步骤。所有实地参与现场的调查研究工作都可称为“田野研究”或“田野调查”。田野调查涉猎的范畴和领域相当广泛，如语言学、考古学、民族学、行为学、人类学、文学、哲学、艺术、民俗等，它们都可以透过田野资料的收集和记录，架构新的研究体系和理论基础。

马林诺大斯基（Bronislaw Kaspai Malinowski，1884—1942）是英国的社会人类学家，他提倡实地考察方法。为了调查新几内亚的原始人部落，他在新几内亚东北约 160 千米的特里布里恩德（Trobriand）群岛的一个村子里搭了一个帐篷，用了 6 年的时间进行观察，写出了影响深远的著作《西太平洋上的航海者》（1922 年）、《野蛮人社会中的犯罪和习俗》（1926 年）。他强调，一个考察者不仅要参加被观察者每天的活动，而且要尽可能学会像部落成员一样行动，只有学会了他们的语言，同他们打成一片，才能了解他们的生活方式和行为关系。

（2）间接观察。间接观察是指观察者通过对物化了的社会现象进行观察，即对自然物品、社会环境、行为痕迹等事物进行观察，以便间接认识调查对象的状况和特征。间接观察能突破人类感觉器官的局限，获取更客观、更准确的观察材料，但往往缺乏真切的实感。间接观察中有两类观察是人们常常使用的，一类是“损蚀物观察”，另一类是“累积物观察”。

1）损蚀物观察。损蚀物观察是一种对现象磨损程度的观测。例如，调查者可以从展览会展品的磨损情况了解人们对此产品是否感兴趣；从博物馆地面的磨损程度判断人们对不同的展览物品的喜爱程度；也可以从图书馆阅览室书籍的封面、书籍的破损程度，以及借阅流通速度了解读者对哪些类型的书籍比较偏好。

2）累积物观察。累积物观察是一种对某些堆积物或积聚物的观测。例如，某些墙壁上随便涂写的内容是一种可度量“累积物”；某类城市的垃圾堆中丢弃的物品是一种可度量的 “累积物”；公共汽车的数量和品牌，广告、橱窗的内容和形式，这些也都是一种可度量的“累积物”。

相关链接 2

车牌调查（累积物观察）

在美国，为了确定在哪个区域建立购物中心更加科学，相关机构常常采用车牌调查的方法。观察者首先记录下停车场中所有小汽车的牌号，然后将这些牌号输入计算机并与小汽车的注册登记数据相对照，结果可以绘制成按人口普查区域划分或按邮政编码划分的顾客分布地图，这张地图可以清楚地反映在哪些顾客相对集中的地方还没有购物中心或离购物中心较远。将这张地图与其他人口状况数据结合在一起，就可以帮助确定商店开连锁店的新址、广告牌的位置等。这种方法花费较少，但被认定为比直接交流的方法（如访问顾客）更快、更可靠的方法，因此被商家广泛使用。

一般来说，直接观察简便易行、真实可靠，但是，过去了的社会现象、反映时弊的隐秘的社会现象难以直接观察。间接观察比较复杂、曲折，它需要比较丰富的经验和知识，有时还需要科学的鉴定手段和方法，而且在推论时可能发生种种误差，因此只有在其他方法都不可能采用时，才应选择间接观察方法。

8.1.3 观察法应遵循的原则

在观察过程中，要保证观察顺利实施并取得良好观察效果，调查员应掌握一些基本原则。

1. 客观性原则

客观性原则是任何科学研究都必须遵循的原则。社会调查中，观察事物的尺度往往并不统一，观察者在进行观察时，往往会将自己主观的喜好融合进去。所以，在观察中要坚持观察的客观性，就必须从实际出发，被观察的对象是什么情况，就观察什么情况、记载什么情况，绝不能按照个人的好恶去任意增减或歪曲客观事实。

2. 全面性原则

任何客观事物都有多种多样的内在属性和表现形式，都有多方面的外部联系。只有从不同侧面、不同角度、不同层次进行多方面观察，才能了解客观事物的全貌。

3．深入性原则

社会生活本身纷繁复杂、千变万化，许多社会现象不是一下子就能观察清楚的。如果观察者走马观花、浅尝辄止，仅仅停留在事物表面浮光掠影，就有可能得出片面的、甚至错误的观察结论。所以观察一定要深入、透彻、精确。

4．条理性原则

条理性原则是指观察要按照一定的程序和步骤进行，循序渐进地展开；不能临到观察现场时还是一团乱麻。

5．持久性原则

实地观察往往是一种十分单调、枯燥的工作。要进行客观、全面、深入的观察，就必须坚持观察的持久性原则。对于许多复杂的社会现象来说，要得到正确的调查结论，往往需要坚持长达数日、数月、数年甚至更长时间的实地观察。

6．敏锐性原则

在观察过程中，要明察秋毫，注意别人未曾注意的事物或现象，从容易忽视的问题中发现新的线索，敏锐地捕捉和把握新的机遇。

7．遵循法律和道德原则

观察时要遵守宪法和其他法律的有关规定，不可私闯住宅、私拆信件；不可在违背被观察者意愿的情况下，强求观察别人的私生活，或者偷看别人不愿意让人观察的事物或现象。

8.2　观察法的实施

8.2.1　观察的步骤

观察法类型较多，不同类型的观察采取的步骤也不一样，但从整体上看，观察的全过程可以分为三个阶段：观察前的准备阶段、观察中的实施阶段和观察后的资料处理阶段。各阶段主要任务见表8.1。

表8.1　观察的步骤

阶　段	主要任务	
观察前——准备阶段	1．确定观察目的	
	2．制定观察计划	（1）确定观察对象
		（2）确定观察内容
		（3）确定观察时间、地点、方式
	3．知识准备和物质准备	

续表

阶 段	主要任务
观察中 ——实施阶段	4．进入观察现场
	5．与观察对象建立友好联系
	6．进行观察和记录
	7．撤离观察现场
观察后 ——资料处理阶段	8．整理、分析观察记录资料
	9．撰写观察报告

1．观察前——准备阶段

凡事预则立，不预则废。观察也是如此，正式观察前必须进行细心的准备工作。

（1）确定观察目的。要在观察前明确此次观察的主要目的，同时围绕观察目的制定宏观的总体目标和细化的具体目标。

（2）制定观察计划。一份详细的观察计划对于完成后续的观察任务往往是非常必要的。如果一份观察计划不能对后续观察过程进行指导，后续观察成功的概率就不会太高。观察计划包括观察的对象、内容，观察的时间、地点、方式等。

1）确定观察对象。社会现象或事物纷繁复杂，人们不可能对所有的现象或事物进行观察，要使观察的结果具有典型意义，就应该选择那些典型环境中的典型对象作为观察的重点。例如，要观察城镇环境卫生，既要看大街、小巷、厂房、学校和办公楼，更要重点观察工厂“三废”的处理、居民区的垃圾堆和公共厕所。只有抓住了典型环境中的典型对象作为观察的重点，才能收到“一叶知秋”的观察效果。

2）确定观察内容。观察内容一般包括以下四个方面。

- 情景条件，即观察对象活动的自然条件和社会环境。
- 人物活动，即观察社会现象所涉及的所有人物，并对其中最重要的人物进行认真仔细地观察。
- 人际关系，即不能孤立、单个地观察和描述所观察的社会现象中的人物，而应从他们的相互关系与联系中观察他们，从而揭示被观察者的身份、地位、相互作用、群体结构等。
- 目的动机，即人们的精神面貌、社会态度、思想感情、思维方式、从事社会活动的目的等。

一般来说，社会调查的内容是在客体确定之后才进入设计和计划阶段的，因此确定观察内容应归属于调查提纲的内容。但是，由于许多观察法的调查项目无法预先估计现场可能发生的情况，所以常常只给观察者规定一个总的方向，具体调查内容的确定是到现场对情况有了一定了解之后才做出的，这就是某些调查中“走着瞧”的办法。期限长达数年或数十年的人类学的实地考察，多半就是“走着瞧”，这使人类学家能在一个总题目下收集到极为丰富的调查资料。

对于有明确的、具体要求的社会调查来说，人类学的方法并不完全适用。因而，做社会调查时，应该尽可能在观察之前确定观察范围并拟订观察提纲，以便能在确定的时间内用确定的人力、物力、时间、经费完成收集资料的任务。对于观察内容的组织，一般可以依据 5W（Who、When、Where、What、Why）和 1H（How）进行设计，即在什么时间、什么地点观察谁的哪些行为和态度，调查者的观察目的是什么，以及通过怎样的方式去观察等。

3）确定观察时间、地点、方式。社会现象或事物动态多变，在观察前应选择观察对象表现较为充分的时间、地点和观察方式。例如，要观察社区内上下班高峰期的交通问题，就应该选择工作日的上下班时间，在小区内进行观察。

（3）知识准备和物质准备。一个合格的观察员应该具备比较广博的知识。一是应该具备与观察内容有关的科学知识；二是应该具备关于观察对象历史和现状的知识；三是应该具备关于观察方法和观察工具的知识，以及进行实地观察的经验和技能。实践证明，观察前的知识准备越充分，发生观察误差的可能性就越小。

在物质准备上，如果观察要借助仪器，就必须事先检修仪器，并做使用安排；如果是结构式观察，则需要印刷观察记录表格或卡片，以便迅速、准确和有条理地记录所需要的材料，便于日后的核对、比较、整理和应用。

2．观察中——实施阶段

在观察过程中，主要是围绕观察计划与提纲，进行现场观察和记录的。

（1）进入观察现场。进入观察现场时需要注意两点：一是选好观察位置，要有较好的角度和光线，以保证观察有效、全面、精确；二是处理好与观察对象的关系。如果是间接观察与非参与性观察，则不要惊扰观察对象；如果是直接观察与参与性观察，则要与观察对象建立和谐良好的关系，以免被观察者产生戒备心理。

（2）与观察对象建立友好联系。在直接的、参与性的观察中，观察者获准进入观察现场之后，还需要与观察对象建立友好联系。这应该注意以下几个方面的问题。

1）了解当地的一般社交礼仪和禁忌。每个民族或每个地区都有特殊的社交礼仪，如见面礼节、作客礼仪，以及各种禁忌等。只有先了解一般礼仪和禁忌，才有可能较好地开展田野调查。

2）入乡随俗，尊重当地人。比如，去乡村进行观察，观察者一定要做到不怕脏，不要怕住的地方脏，不要怕碗筷不干净，不要怕吃的、喝的不干净。这些举动往往能够拉近与当地人的距离。

3）注意个人形象。外在形象要注意做到几点：一是服饰整洁、大方；二是发型、妆容适当，如女性的口红不要涂得太浓，香水不要喷得太多。内在形象也要注意做到几点：一是言谈举止文雅，既要有风度，又要彬彬有礼，不说粗话、脏话；二是不做有损人格之事，不占小便宜。

简单地说，观察者需要“入乡随俗”和谦虚谨慎，这样观察对象对观察者会有一种亲切感，比较容易建立对观察者的信任。

（3）进行观察和记录。实施观察要注意看、听、问、思、记等互相配合，达到最佳效果。

1）观看。观看是最主要的方式，凡是与观察目的有关的行为反应和各种现象都要仔细察看。

2）倾听。凡是现场发现的声音都要听，特别是观察对象的发言更要仔细地听。

3）询问。参与观察时，观察者可面对面询问观察对象有关问题，如这个问题你是怎么想的？

4）查看。现场查看与观察目的有关的资料，如参加会议、查看以前的记录等。

5）思考。从现场开始获取信息时就要进行思考、分析，随着观察活动的深入进行和观察资料的积累，逐步形成自己的初步看法。

观察时还要及时做好现场记录。记录时要注意以下几点。

- 准确，即尊重客观事实。
- 全面，即不能随意删减。
- 有序，即要按事情发展的固有顺序记录，不能随意颠倒。

（4）撤离观察现场。这是观察实施阶段的最后一步。撤离现场要么因为已经完成了观察任务，要么因为种种原因无法继续，但不管属于哪种情况，观察者都必须坚持善始善终的原则，妥善地撤离观察现场；应该以感激、友好的态度向观察对象或有关部门辞别，同时应考虑到后续观察。

3．观察后——资料处理阶段

观察后所得的事实资料一般是凌乱、分散的，必须及时进行整理、分析与补充，在此基础上撰写观察报告。

（1）整理、分析观察记录资料。

1）整理。按照预定计划对事实资料进行及时的分类、归档与统计，如有遗漏和错误，要设法补做记录和改正错误，以免时间久了补充和修正难度更大。

2）补充。对缺漏、错误记录进行及时的修正与追补，使之系统化；如果需要的材料还没有收集到，那就要延长观察时间继续观察，直到所需材料基本齐全为止。

3）分析。关于资料的分析后文将详细讨论。

（2）撰写观察报告。调查者根据对观察资料的分析研究，提出自己的认识，最后撰写成研究报告。仅仅借助自然观察法往往不能完成对一个课题的系统研究，只有将通过观察所收集的资料与其他研究方法所获得的信息融为一体，才能提出观点并加以阐述。

相关链接3

一个简要的观察报告

（1）观察目的：了解某小区地下停车场的使用情况。

（2）观察对象：某小区的所有轿车。

（3）观察时间：2012年6月17日晚上6点至9点。

（4）观察地点：某小区内的所有路面和地下停车场。

（5）观察内容：1）观察小区地下停车场的停车容量。

2）观察轿车的停车位置，计算小区内在不同停车地点的轿车数目。

（6）观察结论：小区共有轿车 193 辆，其中有 38 辆停在地下停车场中，占 19.7%；有 12 辆停在小区的篮球场上，占 6.3%；有 81 辆停在小区路边，占 42.0%；有 62 辆停在地面停车位上（免费但需提前登记），占 32.0%。

停车场共有停车位 108 个。现在仍有 70 个车位闲置，占总车位的 74.1%。

由此可以看出，小区的地下停车场并没有被充分使用。其原因有待于进一步的调查。

练习 51

改写观察报告

参照“相关链接 3”，将以下报道改写为一个简要的观察报告。最好以这样的顺序改写。

（1）观察目的：

（2）观察对象：

（3）观察时间：

（4）观察地点：

（5）观察结论：

（6）原因分析：

2008 年年初，上海市千个小区开始实行垃圾四色分类，不少封闭式小区开始实行不同程度的垃圾分类法。

2008 年 3 月 9 日上午，记者来到长宁区水霞小区，这里的生活垃圾回收箱房上已经贴上了分类标志：“有机物”和“非有机物”。居民可以通过垃圾箱房上开的口子，将垃圾分类投放到垃圾桶内。但是垃圾箱房上并没有标出哪些是“有机物”，哪些是“非有机物”。

记者留心观察了 10 个前来倒垃圾的居民，发现他们根本没有将垃圾分开装投。废纸、菜叶等全都倒入了标有“有机物”的垃圾箱。

水霞小区垃圾箱房管理员告诉记者，他们小区的垃圾分类只要求分两类，已经很简单了，不过实施的时间不长，也没有人教，加之居民已经习惯于不分类地倒垃圾，大多数居民根本不会分，所以他每天都要把垃圾拆开几次，分类成“有机物”和“非有机物”。

记者了解到，在大多数实行垃圾分类的封闭式小区，生活垃圾通常要分为玻璃、有害垃圾、可回收的垃圾和其他垃圾。虽然垃圾箱分为不同颜色，垃圾箱上也标明了垃圾的“归口”，但是在垃圾分类的第一道关居民这里，真正认真分类的所占比例太小，而分正确的居民更是少之又少。

8.2.2　观察中应注意的问题

在实际观察中，除了上述的一般步骤之外，还有一些应该注意的问题。

1．与被观察者建立良好的人际关系

这既是一门技术，更是一门艺术。一般说来，在参与观察中，可以通过说明来意来打消被

观察者的顾虑；通过参与被观察者的某些活动来增进了解；尊重当地的风俗习惯和道德规范；对被观察者提供力所能及的帮助；重点选择若干有威信、有影响的当地人作为重点依靠对象；不介入被观察者之间的纠纷。做到了以上这些，才有可能与被观察者建立良好的人际关系。

2．尽可能减少观察活动对被观察者的影响

在观察中，当观察对象是人或人群活动时，观察活动本身往往会对被观察者产生一定影响，使被观察者自觉不自觉地产生某些反应性心理或行为，从而产生种种反应性观察误差。特别是在被观察者人数很少而又比较稳定的情况下，素不相识的观察者突然出现及其进行的观察活动，必然会使被观察者的行为失去常态。因此，观察者要了解处于自然状态下的社会现象，就必须善于控制自己的观察活动，尽量减小对被观察者的影响。

3．灵活安排观察程序

观察程序有三种安排方法，即主次程序法、方位程序法和分析综合法。主次程序法指先观察主要内容后观察次要内容；方位程序法指根据观察对象的位置，采取由近到远、由左到右、由上到下等方位逐次观察；分析综合法则是先观察事物局部后观察整体，或者按相反顺序观察，然后再进行综合或分析，得出观察结论。这三种观察程序各有其优缺点，运用时应灵活掌握，最终服务于观察目的。

4．善于分辨各种现象或事实的轻重缓急

调查者应该紧紧围绕此次观察的中心任务，把注意力集中到能获得有价值材料的重要因素上去，不为无关、次要的因素所纠缠，这样才能提高观察效率。但是，因为认知的局限，人们往往不能对现象或事实做出客观的评判，那么应该尽可能客观全面地记录下所观察的现象或事实。

5．注意观察与分析相结合

观察时要一边观察一边思考，摒弃先入之见，按照观察对象的本来面目提出问题，进行分析；要深思细察，善疑多问，面对观察事实进行分析，不断提出为什么；要一直保持对观察对象的高度注意，不分散注意力，不漏掉细节；不急于下肯定性的结论；见机行事。

6．及时做好观察记录

同步记录的方式最能够忠于事实，但是有些观察场合不便于做记录，那么事后应该尽快追记。记录时，要尽可能中立、具体、详尽地描述事实，不推论、不总结、不抽象。

7．制作观察记录工具

统一设计和制作的观察工具可以提高观察质量和记录速度，而且可以对观察结果进行定量分析和对比研究。常用的观察记录工具有观察表格、观察卡片等。值得说明的是，制作观察记录工具时不能闭门造车，应该尽可能地充分了解所要观察的任务，应有小规模的非结构性观察做铺垫。

相关链接 4

社区公共阅览室观察卡片

社区公共阅览室观察卡片　　　　编号：

观察时间：　　年　　月　　日　　时　　分至　　时　　分　　　　观察员：

序号	性别（a—男 b—女）	估计年龄	估计职业	入室时间	出室时间	逗留时长	阅览报刊类目（多选，填序号）A 管理・财经 B 教育・教学 C 科技・电脑 D 医药・卫生 E 文学・艺术 F 人文・社科 G 党政・法律 H 农业・农村 I 生活・休闲 J 其他	备注
1				时 分	时 分	分		
2				时 分	时 分	分		
3				时 分	时 分	分		
4				时 分	时 分	分		
5				时 分	时 分	分		
6				时 分	时 分	分		
7				时 分	时 分	分		
8				时 分	时 分	分		
9				时 分	时 分	分		
10				时 分	时 分	分		
11				时 分	时 分	分		
12				时 分	时 分	分		
13				时 分	时 分	分		
14				时 分	时 分	分		
15				时 分	时 分	分		
16				时 分	时 分	分		
17				时 分	时 分	分		
18				时 分	时 分	分		
19				时 分	时 分	分		
20								
备注								

相关链接 5

社区业主讨论会观察卡片

绿港小区业主讨论会观察卡片

编号：_____

讨论主题：________________________________

观察时间：___年___月___日___时___分至___时___分

观察地点：________________________________ 观察员：________

项目	人数	备注
（1）按时参加讨论会	________	________
（2）迟到	________	________
（3）早退	________	________
（4）会议结束时	________	________
（5）发言	________	________
（6）参加讨论	________	________
（7）做与讨论会无关的事情	________	________

备注：____

____

____

____

练习 52

设计观察方案和观察卡片

为你的调查题目设计一个观察方案，并设计一个适用于你的观察题目的观察卡片。

如果你的调查题目不适合做观察，那么请你自己找一个观察题目，如观察某门课程同学的出勤率或上课状态（认真听？睡觉？干别的？）。你也可以观察社区的体育器材的使用情况（什么时间用得最多？什么人用得最多？）；你甚至可以观察走在街上的人们的年龄、服饰、使用交通工具（自行车、汽车、摩托车等）的情况；你还可以到商场或菜市场观察人们的购买意愿。你会发现，你想要观察的事情简直太多了，找一个你感兴趣的来实践一下吧。

注意：观察的内容千万不要太多，有一个就足够了。

相关链接 6

基于合作的课堂观察

某高级中学的生化教研组正在探索一种新的教学研究方式——课堂观察。为了更好地实施课堂观察活动，学校开发出了操作性很强的《课堂观察手册》，确定了课堂观察实施的三个步骤，即课前会议、课堂观察、课后会议；明确了课堂观察的四个维度，即课程、教师、学生和课堂文化，每个维度都确定了有针对性的观察指标。

步骤之一：召开课前会议

在课前会议上，作为开课教师要说课，根据说课和参加观察的教师自身教学中的问题明确观察点。这样的课前会议一般在开课的前一天召开，参与观察的教师也要做充分的观察准备，而不能随心所欲地观察。

根据开课教师的教学设计、教学困惑及观察者自己关注的问题，参与观察的六位老师确定了六个观察点：一是教师教学机智的观察；二是目标达成的观察；三是教师指导有效性的观察；四是教师讲授的观察；五是学生回答行为的观察；六是课堂教学环节的观察。

步骤之二：开展课堂观察

进入课堂观察时，每位观察教师根据自己确定的观察点进行观察记录。观察记录要求有定性的描述性记录，也有定量的记录，如行为发生的时间和出现的频率；同时要有观察者的现场感受与理解，观察的教师还要记录音像资料。这节课，某观察教师观察的是“学生的错误和教师针对这些错误做出的反应和采取的应对行为”，根据他的观察记录，本次课上学生出现的知识性错误为 3 次，表达性错误为 2 次，思考不全面的错误有 5 次，没有把握问题指向的错误 5 次。同时，他还对教师的反应和教师相应的行为做了记录。其他观察教师也都从自己的观察点出发，按照规范的观察记录记下了在每个观察点上学生的表现、教师的反应和相应的行为，并记录了当时的课堂片断，为课后会议及撰写观察报告提供了翔实的依据。

步骤之三：召开课后会议

课堂观察结束后，教研组及时召开课后会议。在课后会议上，开课的教师先就这节课的实施情况进行充分说明与反思，参与观察的教师就这节课展开对话。

会后，每位参与观察的教师都从自己观察的角度，根据自己的课堂原始记录和课后会议的对话写出了详细的观察报告。报告中有数据、有分析，还有建议，每项建议和分析都建立在课堂表现的基础之上。开课教师根据课后会议上参与观察教师的意见和自己上课的体会，写出了课后反思。

说起本次观察活动，开课教师有三点感想：一是通过这样的观察活动让她对这一教学内容理解得更深了；二是这次观察活动对以后的教学行为改进会产生积极的影响；三是这种方式对参与观察的人来说也有很大收获。

8.3 观察误差的减少

从严格的科学意义上讲，任何观察都会有一定的误差，而观察误差的大小会对调查结果产生很大影响。因此，需要弄清楚观察误差产生的原因和减小误差的方法，使观察最大限度地反映或接近社会事实。

8.3.1 观察误差产生的原因

观察误差来自观察主体和观察客体两个方面。

1. 就观察主体——观察者而言

（1）思想因素。观察者的社会价值取向不同，观察同一对象的感受就会大不相同。比如，面对相对城市而言比较原始的农村社区的生产和生活方式，向往现代工业社会的观察者就会注意到其落后、封闭等负面现象，而向往传统农业社会的观察者则往往更加注意其浓郁的乡土气息、温情的人际关系等正面现象。另外，观察者的职业道德和工作作风不同，对同一现象的观察结果也会有所差异。一个事业心强、认真负责的观察者，可能观察到许多深入、细致的社会现象；一个应付差事的观察者，则可能漏掉许多重要的社会现象，甚至可能在观察中出现种种错误。

（2）知识因素。观察者的知识水平和知识结构不同、实践经历和社会经验不同，观察问题的参照系就会不同，因而在对同一对象的观察重点、观察结果上就会产生很大差异。例如，到一个现代化小区去考察，一个社区管理与服务领域的专家可能在社区组织、社区规划、社区环境、社区治安等方面观察到许多重要情况，发现许多重要问题；而一个没有相关知识的门外汉却往往感叹于高楼绿地。这说明，知识和经验不足是产生观察误差的一个重要原因。

（3）心理因素。观察者的兴趣、爱好和情绪等心理因素也会对观察结果产生一定影响。观察者对某种事物的爱好越强烈，他对与这种爱好相联系的事物和现象的观察就越认真；反之，对自己不感兴趣的事物或现象就会观察得越马虎，甚至根本就没有引起注意。同样，观察者对某种需要强烈一些，他对与这种需要相联系的事物和现象的观察就会认真一些，仔细一些；反之，就会淡然一些、马虎一些。观察者的情绪也会对观察结果产生一定影响。在观察过程中，特别是在参与观察中，经常会有令人不愉快的事情发生，如果观察者不能很好地控制自己的情绪，高兴时积极认真，不高兴时被动应付，这也会造成观察结果的误差。

（4）生理因素。人类感觉器官的感受能力（如视觉、听觉、嗅觉等）在生理上总是有一定局限的，也有可能发生观察误差。

（5）其他因素。例如，观察仪器的精确度、灵敏度不高，观察仪器和观察工具失灵，观察场所光线不足，观察角度不对，观察距离太远等，这些都是造成观察误差的重要原因。

2. 就观察客体——观察对象而言

（1）事物本质的显现程度。在实施观察时，往往有许多作为观察对象的事物正处于发展变化的动态过程之中，其本质特征还没有充分显现出来，观察者如果对此没有正确的认识，就可能对它们产生一些片面的看法，从而造成观察结果的误差。例如，对于小区业主协会、虚拟社区等新兴事物，在其本质特征充分表露之前，人们就会存在不同的观感。

（2）反应性观察误差。由于观察活动引起的被观察者的反应性心理和行为必然会造成反应性观察误差。例如，当一个社会工作者知道房间的一面墙壁是单面镜，而此时正有人通过单面镜对他的工作进行观察时，他就可能放不开，比平时紧张得多；由于有其他教师进班听课，一个吵吵嚷嚷的班级可能一下子变得秩序井然等。观察活动引起的被观察者的这些反应性心理和行为一般都不是受人指使的结果，也不是故意要欺骗别人，但它却是造成反应性观察误差的重要原因。

对于被观察者来说，观察者毕竟是局外人，即使在参与观察中，至少在开始的一段时间观察者是局外人。如果被观察者感到了局外人的存在，他就会在一定程度上改变自己的心理和行为，从而影响观察结果的真实性和准确性。

（3）人为的假象。例如，背地里干坏事的人，在公开场合往往表现得异常正直；为了骗取别人的信任和好评，许多人有目的、有计划地制造种种虚假现象等。在社会生活中，人为的假象是经常存在的，因此它是造成观察误差的一个十分重要的原因。

总之，观察总会发生误差，任何观察都不可能完全符合客观实际，观察的准确性和可靠性总是有限度的。牢牢记住这一点：时时处处防止观察误差的发生，是搞好实地观察的一个必要条件。

8.3.2　减少观察误差的途径和方法

由于上述的种种原因，观察不可能完全准确，观察误差也不可能完全消除。但是，努力减小观察误差、力求观察基本准确则是应该做到的，也是完全可以做到的。减少观察误差有以下一些途径和方法。

1. 选择和培养观察员

（1）正确选择观察人员。一个合格的观察人员必须具备两个最基本的条件：一是感觉器官正常，特别是视觉器官；二是有求实精神，能够如实地观察和记录观察情况。

（2）认真进行思想教育。对观察人员特别要注意进行两个方面的教育：一是教育观察人员要有认真负责的态度，要严格按照观察提纲、表格或卡片的要求进行观察和记录，同时还应该根据观察目的，注意到那些设计之外的稍纵即逝的社会现象。二是教育观察人员要认识观察任务的重要性，注意培养观察人员对观察课题的兴趣和感情，调动其责任感。

（3）注重科研精神的培养。社会现实纷繁复杂，观察不是一次或一时就能得到成果的，所以观察员应该注意培养自己勇于面对困难、不辞辛苦、锲而不舍的精神，同时在观察中做到耐心、敏锐、细致，力争做到明察秋毫。

（4）做好必要的知识准备。实践证明，观察前的知识准备越充分，发生观察误差的可能性越小。一个合格的观察员应了解与观察问题有关的科学知识，涉猎广泛；应该充分了解观察对象的历史和现状的知识；应该掌握观察方法和观察工具的使用知识，以及进行实地观察的经验和技能。俗话说“内行看门道，外行看热闹”，观察者要力争使自己成为所要观察事项的“内行”。

（5）培养良好的观察习惯。观察员要处处留心，注意灵活运用各种观察方法，掌握不同类型观察方法的顺序、步骤，随手做记录并在观察后不断总结经验教训。长此以往，即能养成良好的观察习惯。

（6）不断加强感官训练。例如，组织新观察员与有经验的观察员同时观察某一社会现象，并当场做观察记录，然后对观察记录进行对比研究，分析观察优劣的情况及其原因，这就是观察训练的一种有效方法。

2. 控制观察中的误差

（1）合理安排观察任务。观察任务的安排应以感觉器官的承受能力为限。例如，每个观察人员分配的观察对象应尽可能专一，特别是观察离散对象时一般不应超过 5 ~ 9 个单位；安排的观察项目应尽可能简明、集中，避免发生遗漏；每次观察的时间不宜过长等。

（2）充分利用科学仪器。在观察中，应根据具体情况，尽可能地充分利用科学的观察仪器，减少误差。

（3）努力控制观察活动。观察者应该努力控制自己的观察活动，尽可能减少或消除观察活动对被观察者的影响；在某些特殊情况下，可事先不做说明，采取隐蔽、伪装、突然袭击的方式进行观察，但应用这种方法时应注意合法、合理、合情。

（4）进行纵横对比观察。对于比较复杂的事物或比较重要的社会现象，应该选择不同类型的观察对象进行横向对比观察，或者对同一观察对象进行纵向重复对比观察。一般来说，通过多点对比观察和重复对比观察所得出的观察结论，发生观察误差的可能性会大大减少。

8.4 观察法的评价

和访问法、问卷法等方法相比，观察法既有其十分明显的优点，又有其难以克服的局限性。在社会调查中，应酌情将观察法与其他方法配合使用，扬长避短，相辅相成，充分发挥其作用。

8.4.1 观察法的优点

1. 直接

由于观察者与被观察的客观事物直接接触，不需要其他中间环节，所以观察到的结果能够获得直接、具体、生动的第一手资料。

2. 可靠

俗话说，“耳听为虚，眼见为实”、“百闻不如一见”等，这些都能够说明观察法的可靠性。观察者亲自到现场，直接观察所要了解的社会事实或现象，虽然可能产生观察误差，但是与访谈法等方法相比，它还是具有明显的可靠性。

3．客观

观察一般是在自然状态下实施的，无外来人为因素的干扰，能获得生动朴素的资料，具有一定的客观性。例如，在消费者不知不觉的情况下观察其购买行为，消费者没有任何心理负担，表现也比较自然，因而通过观察所获得的资料也比较客观、真实。

4．及时

对于那些正在发生的社会现象或行为，观察法调查研究的及时性是其他方法所无可比拟的，观察者所面对的是“正在发生的历史”，所获信息资料及时、新鲜，便于调查者迅速了解问题、掌握情况。

5．纵贯

观察法可以对被观察对象做较长时间的反复观察与跟踪观察，可以对被观察对象的演变进行分析。例如，可以观察社区内不同时段的交通问题，观察社区内某便民超市一天中各个时段的客流量变化情况等。

6．简便易行

观察法简便易行，适应性和灵活性都比较强，观察任务可大可小，观察人员可多可少，观察时间可长可短，只要调查人员到达现场，就能获得一定的感性知识。因此，它是一种使用最为广泛的调查方法。

有些类型的数据只能用观察法来收集。对调查者不知道或不能交流的行为模式就可以用观察法，如有关幼儿玩具喜好方面的信息最好通过观看正在玩玩具的孩子的行为来得到，因为幼儿不能恰当地表达自己的喜好。对于一些不宜询问的内容也可以采取观察法，如餐馆门前的客流量、车流量、就餐人数等。如果所观察的现象发生十分频繁或持续时间很短，用观察法就可能比其他调查方法更快速地获得信息，而且花费较少。

8.4.2 观察法的缺点

1．表面性和偶然性

观察法最大的缺点是无法判定所观察到的行为产生的原因。在所要观察的事件出现时，观察员只能观察到观察对象的活动，如果该观察对象是人，那么仅仅通过观察只能得到表面的行为，并不能观察到其兴趣、偏好、心理感受、动机、态度、看法等。例如，观察消费者的购买行为，人们只能观察到行为本身，却不能了解消费者到底喜欢不喜欢所购物品，因为他可能是为家里其他成员购买，也可能是准备购买后送给别人。

2．被动性

在进行观察时，观察者只能被动地等待所要观察的事件出现。

3．受制于时空条件

观察的对象和范围有很大的局限性，只能“所见即所得”，难以突破时间限制，得到关于过去情况、未来取向的资料；难以通过空间限制，得到观察视野以外的“别处”的资料。另外，一些隐秘的社会现象也难以通过观察的方式获得资料。

4．受制于观察员的主观因素

如前所述，观察资料的质量在很大程度上受到观察者本人的能力水平、心理因素的影响。而为了使观察得来的资料全面、真实、可靠，被观察的人和事数量就要多，面要广；而且为了取得大量的资料，所需的人力和时间自然要多。

5．易受无关变量的干扰，缺乏控制

自然状态下的观察由于缺乏控制，因变量混杂在无关变量之中，没有纯化和凸显，从而使观察结果缺乏科学性。

6．资料整理和分析的难度较大

一方面，观察法得到的结果需要经过调查研究人员的整理和解释才能够被理解，而这一过程将不可避免地受到观察者和资料整理分析者主观因素的影响；另一方面，除了结构性观察之外，其他观察法难以进行定量分析，结论的代表性不足。

综上所述，观察法优缺点兼备，在实际的社会调查研究中，应该根据所要调查的事项灵活选择。实践证明，最好将观察法作为其他调查方法的补充。

练习53

比较调查方法

实施你设计好的观察方案。比较你用观察法收集到的资料和用问卷法、访谈法收集到的资料有哪些相同之处和不同之处。讨论一下，什么情况下使用观察法比较好。

复习思考题

一、填空题

1．在观察过程中，应掌握的基本原则是________原则、________原则、________原则、条理性原则、持久性原则、________原则、遵循法律和道德原则。

2．观察记录应该注意以下几点：________、________、________。

3．从观察者方面，观察误差产生的原因主要有________因素、________因素、________因素、________因素和其他因素。

4．观察法的优点主要有________、________、________、________、纵贯、简便易行。

二、选择题

1．某同学拟对本班自习课纪律进行观察，下列哪些观察类型比较合适（　　）？

A．参与观察　　B．非参与观察　　C．直接观察　　D．间接观察

2．以下哪种因素会导致观察误差的产生（　　）？

A．观察者的兴趣爱好　　B．被观察者的反应性心理

C．被观察者的掩饰性表演　　D．观察点的位置

三、简答题

1．如何制定观察计划？

2．观察实施阶段的主要任务是什么？

四、讨论题

1．怎样正确理解观察法的优缺点？

2．为了减小观察误差，该如何选择和培养观察员？

第 9 章 网络调查法

引　言

随着科学技术的不断发展，以纸媒为主的传统调查方式越来越多地被以计算机、网络为代表的新技术手段所代替，社会调查中又多了一种新的调查方式，这就是网络调查。本章主要介绍网络调查法的含义、类别，网络调查法的优势与局限，网络调查法的实施，帮助读者了解社会调查方法的最新发展趋势。

本章学习目标

1. 了解网络调查法的含义、类别。
2. 了解网络调查法的优势与局限。
3. 了解网络调查实施中应注意的问题。

学习导航

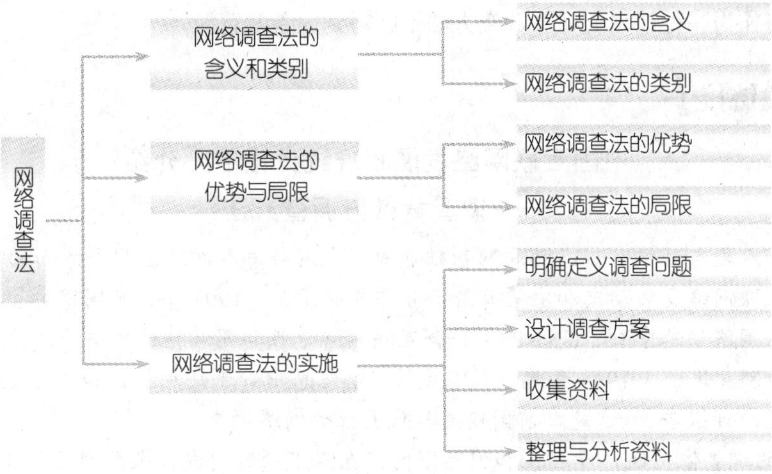

工业化、城市化的不断发展及演变使以纸媒为主要访问方式的传统调查方法越来越多地受到了挑战与质疑。如何在保证调研项目周期缩短、资金减少的前提下，保证调查项目的质量与提高调研效率，这是传统调查方法迫切需要解决的问题。

20 世纪末，人类步入信息时代，计算机技术和互联网络的快速发展，以网络为代表的新技术手段的引入，为社会调查的发展注入了活力，使项目灵活执行的同时有效地减少了成本，节省了项目资源。目前，网络调查已经广泛应用于各类社会调查之中。

9.1　网络调查法的含义和类别

9.1.1　网络调查法的含义

网络调查法是指借助联机网络、计算机通信和数字交互式媒体，在电脑网络上广泛发布问卷，在一定时间内，征询一切应答者的回答，然后通过预先设定的程序对应答者的意见进行回收和统计，以实现研究人员研究目的的一种调查方法。

网络调查发端于 20 世纪 90 年代，兴起于 21 世纪初。1994 年，美国佐治亚理工学院的 GVU Centre 进行的关于互联网使用情况的调查，被认为最早的网络调查。在国内，随着互联网络的迅猛发展，网络调查也得以在图书馆学、旅游、体育、新闻传播、市场营销等多个领域应用开来。

实质上，网络调查与传统社会调查的最大不同之处就在互联网络这一载体上。互联网络作为一把双刃剑，在赋予网络调查巨大优势的同时，也给其带来了诸多挑战和困难。对于网络调查的科学性、准确性，以及如何操作，目前还没有一套成熟完整的理论，还需要对这个全新的调查方法不断进行研究。但必须承认的是，无论调查方法的未来走向如何，世界已经进入信息时代，以国际互联网为基础的信息技术正在改变着人们的生活方式、工作方式和商务方式。网络调查法也将作为一种新型的社会调查方法不断得到完善和普及。

相关链接 1

《中国互联网络发展状况统计报告》介绍
——调查背景与调查方法

中国网民人数与结构特征、互联网基础资源、上网条件和网络应用等方面的信息，对国家和企业掌握互联网络发展动态和决策有着十分重要的意义。1997 年，经国家主管部门研究，决定由中国互联网络信息中心（CNNIC）联合互联网络单位共同实施这项统计工作。为了使这项工作正规化、制度化，从 1998 年起，中国互联网络信息中心于每年 1 月和 7 月发布《中国互联网络发展状况统计报告》。这是目前国内最具代表性的网络调查。

CNNIC 的调查依据统计学理论和国际惯例，在规定的时间内，采用网上抽样、网上联机、网上自动搜索和统计数据上报的调查方法，将问卷放置在中国互联网络信息中心（CNNIC）的网站上，同时在政府媒体网站、全国较大 ICP/ISP 网站与各省的信息港上设置问卷链接，由网民主动参与填写问卷。问卷回收后，通过技术手段进行答卷有效性检验，筛除无效答卷。

这项调查得到各大网站的大力支持和广大网民的热情参与，最终形成的统计报告受到国内外的重视，是有关中国互联网发展统计引用率最高的调查报告。

9.1.2　网络调查法的类别

关于网络调查法的类别，本书引用柯惠新的分类方法。从广义上来说，网络调查包括两大类：一类是以互联网为手段进行的调查，包括网上定量研究方法和网上定性研究方法两种。另一类则是测量互联网使用情况的调查，它又可分为以网站为中心的测量、以用户为中心的测量和以广告为中心的测量三种。

1. 以互联网络为手段进行的调查

这一类调查的研究目的与一般的社会调查原则上基本相同，所不同的只是将计算机网络作为传播手段，代替传统的面对面（FTF）的访问、电话访问或邮寄调查的手段，来研究人类的一般行为或研究特定群体的行为。实施这一类调查必须具有必要的技术条件，例如，调查机构必须有自己的或可租用的 Web 服务器，有与主要网站的宽带连接，以及具有相应的调查软件和数据库软件等。此类网络调查可以分为网上定量方法与网上定性方法两大类。

（1）网上定量研究方法。

利用互联网技术进行的定量调查研究主要有以下几种收集数据的方法。

1）网站（页）问卷调查（w-survey）。网站（页）问卷调查将设计好的问卷放在网站的某个网页上，问卷一般都设计得比较吸引人，而且易于回答。网民可以根据自己的情况，决定是否参与调查。方法一般是给调查对象发出一份 E-mail 邮件，解释该调查的性质并邀请他们参加。邮件中有与调查问卷的超级链接，只要单击该链接，浏览器就会打开显示出问卷的第一页。调查的结果自动进入数据库，便于快速处理。这种调查方式类似于传统调查中将问卷刊登在报纸杂志上的调查。

2）电子邮件调查（e-survey）。电子邮件调查将问卷直接发送到被访者的私人电子信箱中，引起被访者的注意和兴趣，主动地填答并发送回问卷。这种方式的调查需要将收集目标群体的电子邮件信箱地址作为抽样框。类似于传统调查中的邮寄问卷调查。这种调查到达面广，是几种网络调查方法中相对最快、最简单的。不过由于电子邮件调查只限于平面文本格式，所以无法实现跳答、随机化、错答检查等较为复杂的问卷设计；而且调查的质量在很大程度上取决于抽样框的完备性和回收率的高低。

3）弹出式调查（pop up）。网民在访问网站的过程中，可能碰到弹出来的一个窗口，请网民参与一项调查；如果网民有兴趣参与，单击该窗口中的“是”，则会出现有一份问卷的新窗口，完成网上问卷后即可以在线上提交。网站安装有抽取被访者的软件，可以按照一定的方法（如等距、随机或一定比例）自动地抽取被访者。这种调查类似于传统调查中的街头或商场的拦截式调查，得到的一般也不是真正意义上的随机样本。

4）网上固定样本调查（int-survey）。网上固定样本调查是一种将互联网技术与传统（网下）调查相结合的方法。通过随机的抽样调查（如电话或入户访问），征募目标总体的一个有代表性的固定样本（panel），样本户可能是网民，也可能不是网民。对不是网民的样本户赠送电脑和提供上网的条件并进行定期的网上调查（利用 e-survey 或 w-survey）。这种调查类似于传统调查中的 CAPI（计算机辅助调查）。如果固定样本的抽样和征募保证了质量，这种方式的调查则具有较好的代表性，而且快速、可靠，利用多媒体技术还可以增加参与调查的趣味性。开始建立固定样本所需投入的费用也是相当高的。

（2）网上定性研究方法。

虽然目前网上做的大多数都是定量的研究，但实际上互联网还很适用于做定性研究，而且常常能得到高质量的数据，参加者似乎也很喜欢这种形式的研究。利用互联网技术进行定性研究的方法主要有一对一的网上深层访谈、小组座谈、观察、文献资料分析等，由于本书以定量研究方法为主，所以对网络定性研究方法只介绍框架，不再进行细述。

2. 测量互联网络使用情况的调查

测量互联网络使用情况的调查是互联网研究的一个重要部分。其主要目的是测量网站的流量及网站使用者——网民的数量、结构和行为，还包括网络广告方面的监测：网络广告的发布量、网络广告被点击的情况等。

互联网使用情况的数据不但具有研究价值，还极具商业价值。网站拥有者、广告主和广告客户都需要有关网站流量及其受众的详细可靠的数据。其性质和重要性相当于电视的收视率、广播的收听率、报纸和杂志的阅读率等。

（1）以网站为中心的测量方法。

以网站为中心的测量也叫做基于网站的测量或服务器方测量，主要通过网站服务器的 log 进入量的统计来提供网站的使用情况或受众的测量量，提供的是有关网站的“供应量”的数据，主要包括网站数量、网页数量、网站的访问量、唯一用户数、页面浏览数、浏览时数、到达率、忠诚度（重复访问的频率）、购买率等。这一类的测量需要有专门的软件，例如 WebTrends 软件等。

（2）以用户为中心的测量方法。

以用户为中心的测量也叫做用户方测量或基于用户的测量，主要通过对使用网络媒体的个人的即时跟踪来提供对受众的测量量，测量的对象主要是互联网用户或网民，提供的是有关用户的“消费量”的数据，包括使用者的数量、结构和分布（性别、年龄、文化程度、职业、收入等）、上网目的、使用网络的基本情况、行为、态度等。

（3）以广告为中心的测量方法。

以广告为中心的测量主要通过广告服务器的 log 进入量的统计来提供网站的使用情况或受众的测量量。实际上这一类的测量也属于用户为中心测量中的基于固定样本的测量，只是这一类的测量更强调对广告横幅的跟踪，其数据报告一般会详细地给出按照横幅广告、广告主和域名分类的结果。这一类的测量类似于传统媒体中的广告监测，例如将各个电视频道的所有广告录像按照广告的类型、产品/服务的类别、广告主、频道、价格、地区等指标，分类整理成广告监测报告，提供给相关的客户。因此，这一类的测量对软件的技术要求更高，要求不仅能够记录页面的浏览和辨别唯一访问者，还需要准确地、自动地测量对广告的浏览和单击。

9.2 网络调查法的优势与局限

练习 54

网络调查的优缺点

网络调查正在受到人们越来越多的重视，有人称，网络调查必将取代传统的调查方式，这是调查业发展的趋势和方向。但在现阶段，一个最主要的问题是，互联网调查的客观性，即网络调查的结果究竟在多大程度上是可信的。

2004 年，媒体曾经以“中国人均性伴侣数全球排第一”为标题，报道了杜蕾斯公司根据网络调查所作的全球性调查报告（见《北京晨报》2004 年 11 月 25 日），调查结果显示，中国人的平均性伴侣为 19.3 人，远远高于全球的平均数 10.5 人。

你觉得这个网络调查结果是否可信？在此基础上讨论一下，网络调查的优点和缺点有哪些？弥补网络调查不足的解决方案有哪些？

9.2.1　网络调查法的优势

与传统的调查方法相比，网络调查法有很多优势。将其进行总结，并通过表 9.1 从调查费用、范围、对象、时效性、结果的可信度和适用性等方面对两者进行比较。

表 9.1　网络调查和传统调查的比较

比较项目	网络调查	传统调查
调查费用	较低，主要是设计费和数据处理费，每份问卷所要支付的费用几乎为零	昂贵，包括：问卷设计、印刷、发放、回收、聘请和培训访问员、录入调查结果、问卷统计分析等多方面的费用
调查范围	全国乃至全世界，样本数量庞大	受成本限制，调查地区和样本的数量均有限
调查对象	网民	普通公民，可以根据调查需要选择不同的调查总体
调查的时效性	全天进行	有时间限制，不同的访问者需要不同的访问时间
被访问者的便利性	非常便利，被访问者可自由决定时间、地点回答问卷	不太方便，一般需要跨越空间障碍，到达访问地点
运作速度	很快，只须搭建平台，数据库可自动生成，得出结论的时间短	慢，得出结论至少需要 2～6 个月
调查结果的可信性	被访问者主动参与，相对真实可信	一般有督导对问卷进行审核，措施严格，可信度高
适用性	适合长期的大样本调查；适合要迅速得出结论的情况	适合面对面的深度访谈；适合要对受访者进行感官测试的调查

1．便捷性和低费用

网络调查不需要派调查人员，不需要印刷问卷，繁重的信息采集和录入工作分布到众多网络用户的终端完成，被调查者只需要一台能上网的电脑即可，数据的收集汇总都是由程序自动完成的，大大节省了访问员的劳务费和印刷、录入、复核等费用，同时节省了交通、联络等所花费的时间。

2．时效性和大样本

由于网络调查能二十四小时不停地自动运行，并能很快得到反馈，所以能在短时间内得到足够多的样本进行数据分析，有些网络调查甚至可以即时看到推断总体的频率分布结果。随着越来越多的人使用互联网，网上调查所获得的样本也是超乎想象之多。这是传统调查方法难以做到的。

3．交互性和充分性

在网上调查时，被调查者可以及时就问卷相关的问题提出自己的看法和建议，没有时间的限制，可减少因问卷设计不合理而导致的调查结论出现偏差等问题。同时，网络访问的实时控制可以有效避免访问员作弊、录入人员出错等人为偏差的出现。

4．可靠性和客观性

由于网络的匿名性，被调查者可以毫无顾虑地回答一些敏感性问题，从而使调查结果更加真实可靠。并且网络调查是在被调查者完全自愿的原则下进行的，因此被调查者一般对调查内容有一定的兴趣，被调查者在完全独立思考的环境中有充裕的时间接受调查，能最大限度地保证调查结果的客观性。

5．无时空和地域限制

网络调查可以不分时间、地点，通过世界性的服务器询问不同国界的成千上万的人，这与受区域和时间制约的传统调查方式有很大的不同。例如，某家电企业试图在全国范围内进行市场调查。如果使用传统调查方式，需要各个区域代理商的密切配合；但如果使用网络调查方式，则可以完全不受地域限制。

6．无效数据少

网络访问过程由电脑程序引导，电脑程序结合前面回答的结果判断后续题目，数据获得了同步检验，因漏题而导致的数据缺失将不会发生；同时，网络访问也可以控制像“多选题目选项之间的逻辑错误”、“排序题目序位混乱”、“数值题目超越范围”等问题的出现。因此，路径的自动控制减少了无效数据的数量，减轻了查错、复核、补充样本等后续工作的工作量。

7．问卷形式针对性强

网络访问系统可以借助网络优势，展示图片、文字介绍、声音等资料。通过相关技术可以使不同的受访者所看到的问卷形式更具个性化、更有针对性，因此能激发受访者的热情，使其更愿意回答问题。

练习55

运用网络调查避免尴尬

对于一些存在生活障碍的人（如艾滋病患者、吸毒人员）来说，他们的生存从来都不是一帆风顺的。在实际的调查中对该类人群的接触通常非常困难，同时对这些特殊调查对象的提问往往涉及隐私性问题。直接提问，往往会使调查员和调查对象同时感觉尴尬，这时最好的调查形式便是运用网络调查，使其自主完成调查，这样可以极大地减少调研过程的不适性。

请以此为出发点，想一想还有哪些尴尬问题可以用网络调查的方法进行调查，怎样才能对网上的调查对象进行甄别呢？

9.2.2　网络调查法的局限

网络调查相对传统调查方式而言具备一定的优势，但网络调查始终是依附于网络、以网络为媒介的调查，网络普及程度及网络技术自身的缺陷，也给网络调查带来了一些局限性，主要表现在以下几个方面。

1. 样本代表性问题

样本代表性问题是网络调查中最为突出的一个问题。网络调查中的样本框不是全部人口，而只是网民或部分网民。虽然目前网络在全世界范围内都得到了迅猛发展，但网络普及程度仍然较低，互联网用户只是社会人群的部分，所以网络调查面临上网人员结构单一，网络应用范围偏窄的束缚。这样假如被调查者并非网络用户，必然造成目标总体单元的丢失。如果不顾样本选取的代表性而实施网上调查，那么得到的结果将与实际情况大相径庭。

另外，从统计学的角度看，针对不同内容的统计调查，应该对受访者的身份进行“甄别”。

而网络调查的缺点就在于对于主动访问者的身份未给予有效的限制，或者对访问者身份的识别存在明显的漏洞，任何一个上网的人都有可能成为调查的对象。比如，调查女性对某化妆品的意见，可能某些关心该问题的男性也会来回答，其实男性不在调查之列，但调查者根本无法进行判断和区分。

2. 拒答/重复回答问题

“拒答”是指由于种种原因没能够从所有样本单位及问卷的所有问题中获得有用的数据，简言之，即被调查者有能力回答而未回答。拒答问题分为有意拒答和无意拒答。有意拒答体现在对于一些敏感性问题的调查，虽然没有调查员的直接面对面，但是受心理的影响，还是会有很多人拒绝回答，甚至还会有恶意错答的情况发生，这一点完全受个人心理因素的影响；而无意拒答则体现在被调查者对该调查项目没有兴趣或对问卷中的问题不能理解，在填写调查问卷过程中粗心大意或随便应付。此外，网速慢、网络不稳定等都可能导致拒答问题的出现。

“重复回答”是指同一个被调查者可以使用不同的网络标志多次回答同一张问卷。由于网络调查无须调查者和被调查者见面，问卷往往是通过网络标志来区别不同的回答者，然而隐藏在网络标志后的回答者究竟是谁无从知晓，所以当同一个人使用不同的网络标志多次回答同一张问卷时，系统就会被“欺骗”。虽然现在很多网络调查系统通过硬件地址和 Cookie 技术来防止重复回答的现象，但效果不很明显，尤其是对那些具有商业利害关系的调查，作弊现象屡禁不止。

拒答和重复回答的现象使得调查结果与被调查者的真实想法产生偏差，甚至完全相反。

3. 互联网的安全性问题

当今影响互联网发展的最大因素就是网络的安全性问题，网络调查也不例外。首先，互联网使用者对私人信息安全担忧，加上媒体上的负面报道，使调查对象对某些敏感问题回答感到为难，同时，调查者也担心调查信息被竞争对手窃取。其次，网络统计数据库作为一种信息资源，是网络调查获得数据资料的来源之一，加强网络统计数据库的安全防范意识，防止黑客侵犯，提高网络统计数据库的正确性、完整性和权威性，提高安全性是网络统计调查急待解决的问题。

4. 计算机技术问题

建立一个完备的抽样调查网络系统是一项艰巨而又富有挑战性的工作，它需要足够的资本、技术和人力投入。网络调查对调查者的计算机知识、网络知识有很高的要求，如需要一定的网页制作水平和编程技术，需要开发出各种计算机技术以保证被调查者的随机性和回收问卷的有效性等。因此网络调查要以计算机技术支持为前提。

总之，虽然由于网络调查自身的局限性使得它的应用领受到了一些限制，但是人们有理由相信，随着技术的进步和网民比例的不断提升，网络调查的应用和发展将会拥有广阔的前景。

9.3 网络调查法的实施

和其他社会调查方法相同，一个标准的网络调查也需要经历明确定义调查问题、设计调查方案、收集资料、整理与分析资料、撰写调查报告五个步骤。由于网络调查法和传统调查方法在撰写调查报告这个步骤上没有明显差异，所以本节只对网络调查法在明确定义调查问题、设计调查方案、收集资料、整理与分析资料四个步骤中遇到的突出问题进行讲解。

9.3.1 明确定义调查问题

在进行网络调查之前，首先要看的是一个调查项目是否适合做网络调查，再进行调查方案的设计。由于网络调查是以网上用户作为调查对象的，所以调查项目应与网民的生活、工作、学习等方面密切相关，比如，调查网民访问某个网站的原因，上网的习惯、兴趣、爱好等；通过网络购物的消费者的基本情况，了解电子商务产品的相关调查；对某些专业组织的成员、某些高学历人群、在校大学生等上网比例比较高的群体的调查；等等。总之，只要能够确保所要调查总体的每个个体都有条件接触网络就能采取网络调查的方式。

9.3.2 设计调查方案

在进行方案设计时，要充分考虑到互联网的技术优势及调查目标和调查对象的特征，建立合适的抽样框，合理设计调查问卷，慎重选择网站或服务商。

1. 建立合适的抽样框

抽样框是调查总体全部单位的名录，比较好的抽样框与调查单位之间应该存在一一对应的关系。理想的网络调查也是要首先建立一个合适的抽样框，这样就避免了因代表性不足而产生非抽样误差。

在建立网络调查的抽样框方面，国外的一些经验值得借鉴。例如，国外有的调查公司，通过在高访问率的网站上，运用各种激励手段如宣传、赠送礼品等吸引上网者，经过个人资料注册，建立一个较大规模的志愿者数据库。在进行某项网络调查时，根据数据库中的某项特征值来抽样，分发问卷到各个被调查者手中。一方面可以使抽样框尽可能与目标总体相接近从而减少调查中的抽样框误差，另一方面由于上网者是自愿成为数据库中一员的，具有较高的参与积极性，又可以降低无回答误差和计量误差。

一些发达国家进行网络调查时所采用的固定样本调查，也是一种比较好的将网络调查与抽样调查相结合的方式，值得调查者研究和借鉴。其具体做法是，先按照传统方法确定抽样框，进行抽样选取样本，然后为这些样本配备计算机并下载相应的调查控制软件，开展网络调查。也就是说，在调查时不区分“网民”和“非网民”，而是对全部总体进行抽样，并为样本中的所有被调查者提供上网设备，再通过网络进行调查。这样做的好处是：可以确定被调查者的身份，便于控制调查样本的代表性，可以说是网络调查与传统调查手段比较完美的结合点。采用该方式必须有足够的财力与物力的支持。

2．合理设计调查问卷

网络调查的问卷设计是一个涉及面非常广泛的问题。从问卷页面的布局、版式的设计、颜色的选择，到技术手段的使用、个性化手段的使用，都是在网络问卷设计的过程中应该注意的问题。提高网络问卷设计质量的主要目的是激起网民的参与性，提高问卷的回收率。

在问卷的布局、版式设计上，要注重研究调查对象的特点，根据调查对象的兴趣爱好及性格特征来设计问卷；要合理利用互联网所提供的特有工具（如色彩、声音、图象等）来增强问卷的美观性和趣味性，吸引更多的参与者。

在问卷内容的设计上，应力求简明扼要、易于理解，不宜过长。答题形式力求简单，方便操作，保证被调查者做出准确而真实的回答，如尽量少用键入式，而多采用选择式答题方式等。可以采用分层次进行的形式，将问卷按其内容或问题的深度等特征分成几个部分，每个部分既是独立的，又与其他部分相联系，当被调查者做完某一份问卷时，通过弹出的对话框询问其意见，来决定是否继续该项调查。这种方式适合过滤性的调查活动，因为有些特定问题只限于一部分调查者，所以可以借助层次的过滤寻找适合的回答者。

在问卷设计的技术上，要注意问卷形式与不同类型软硬件的适应性，要能够支持多种平台和浏览器；尽可能地采用问卷智能化技术，比如实现问卷的自动检验，被调查者答题过程中，自动检查前后的逻辑性和完成状况，并给予一定的提示；还可以运用动态解释的方法，当被调查者对某一概念不够理解时，只要将鼠标置于相关概念上，就会出现一个提示窗口进行解释，有效地降低理解误差；避免重复提交；对于较长的问卷提供对此保存的机会；在调查完成后向调查者表示“谢谢”。

3．选择可靠性高、访问率高的网站或服务商

选择一个可靠性强、访问率高的网站或服务商，有助于提高调查的可信度，保证一定的访问量，减少调查数据丢失等。就国内而言，如雅虎、搜狐、网易、新浪等都是访问率比较高、较为稳定的站点，比较适合担当此类角色。

与权威机构合作建立专门的网络调查网站则是另一种选择，这样一方面可以增强调查的可信度，另一方面也可以对网络调查进行宣传，提高人们参与的积极性。

9.3.3 收集资料

收集资料阶段的最主要任务是尽可能获得全面、丰富、有用的调查数据，因此要努力争取被调查者的合作，同时还要控制由调查对象产生的误差，保护调查对象的隐私。

1．努力争取被调查者的合作

可以根据需要公开部分有关调查单位、调查目的、调查方案的信息，使被调查者了解有关情况。比如在问卷中附上邀请函，说明调查的基本情况，消除被调查者的戒备心理，取得其信任和配合。也可以利用有偿参与、有奖参与等方法，给予被调查者一定的回报和奖励，如参与抽奖或赠送小礼物等，来调动被调查者的积极性。或者与电话调查相结合，通过电话联系说明调查情况，邀请合适的对象参与调查。这样一方面有利于提高资料的收集数量，另一方面有利于提高资料的真实性，减少调查结果的误差。

2．控制由调查对象产生的误差

网络调查给予了被调查者更多的自由发挥空间，所以由调查对象产生的误差更为明显。由调查对象产生的误差主要包括不回答误差和回答误差。

网络调查的不回答误差可能是由于网络用户对调查主题不感兴趣、没有足够的耐心和时间、物质或精神奖励不够等传统因素；也可能是由于计算机不能连接网络、网速太慢、浏览器不能支持等软硬件原因；还可能是由于受到计算机病毒攻击、黑客入侵等技术性原因。当然也有可能出现用户名、密码不正确，网络阻止访问等其他原因。

网络调查中的回答误差不仅包括回答者有意隐瞒或者无意歪曲实际情况、回答者没有完全理解指标含义等主观因素引起的非抽样误差，也可能是因为网络浏览器版本太低、调查问卷不能正确显示、调查问卷设计不够合理等客观原因引起的回答误差。

由于缺乏调查员和调查对象的互动，网络调查的回答误差比传统调查方式更加突出。实际调查中，可以采取网络管理员在线答疑、在线管理等方式解决这一问题。

3．保护调查对象的隐私

对于网络调查中的一些隐私问题，必须保障调查对象的身份不会公开暴露。像居民收入状况之类的调查，由于涉及个人隐私，利用传统调查可能很难收集到真实信息，通过网络调查，在网络这个虚拟世界中，可能得到满意的调查结果。但调查者一定要替调查对象保密。要运用访问控制等手段，在用户身份被确认合法后，对该用户进行文件和数据操作权限的限制，防止个人资料泄密，保障公民的隐私权。

9.3.4 整理与分析资料

在整理与分析资料时，调查者必须加强对资料的审核，同时要注意网络的安全性给调查结果带来的影响，有时还要对调查结果进行校正。

1．加强资料审核

传统调查资料的录入工作主要由经过专门培训的调查员进行。而利用网络调查方式进行调查，数据的录入工作主要由调查对象来完成，这虽然减轻了调查员的工作负担，但会极容易产生数据的录入误差。此外，如果在网络调查中不及时地轮换样本，也会产生计量误差。同样一份问卷，给同一个人来做，在他刚接触网络和上网一段时间之后，网络调查的结果肯定是大不相同的。所以长期固定样本调查很可能影响被调查者的心理和行为，而使资料失去代表性。

因此，必须加强对资料的审核工作。在有条件的情况下，尽可能对调查对象进行网上或电话回访。同时，在网络调查过程中，最好采取联机在线调查，而不是脱机调查。调查对象联机填写调查表，数据信息及时传递到调查机构的电脑中，调查员如果发现录入问题就可以及时提醒其修正或补登。

2．注意网络安全性

网络调查的安全问题可分为三大类:一是网络调查系统与数据的安全问题，是指在开展调查的过程中，调查系统的服务器能否正常运行，服务器上的数据能否得以安全的存放；二是网络调查的保密性问题，是指在开展调查的过程中，国家和企业的机密，以及个人的隐私是否能够得到很好的保护，网络调查的数据和结果是否能够在正式公布之前不被泄漏；三是网络调查的精确性问题，是指在开展调查的过程中，是否能够在各个环节防止某些利益集团对调查的不当干预和操纵，从而保证调查结果的准确性。

安全性问题重则导致一次调查的失败，轻则导致用户重复答题、未接受的调查对象闯入等影响调查质量的问题。所以必须采取口令加密，数字签名，定期备份调查数据，及时更新病毒库，设立网络防火墙和入侵检测系统，开发和利用 IP 地址识别技术、身份代码技术、模式识别技术等安全措施。

3．校正调查结果

当网络调查存在各种非抽样误差时，可以采用一些方法，如进行补充调查，利用有关信息，对调查结果进行校正，以便将其用于对目标总体参数的估计。

假如调查中国目前的网民文化素质、男女性别结构等与国民的结构有较大的差别。调查者可以在进行网络调查时，要求被调查者在回答有关问题时标出其性别、文化程度等。用对相应文化程度和性别网民调查的样本估计值来代表相应文化程度和性别的国民的总体估计值，再用全国人口普查得到的不同文化程度和性别人群所占的比重进行加权平均便可得到整个国民的总体特征值的估计。

对于网络调查中遗漏抽样框产生的误差，还可以应用关键因素调整法进行处理。其具体步骤是：先确定关键因素，再调查关键因素在目标总体中的表现水平，再测算关键因素表现水平变化量对待调查目标特征值之间的函数影响关系，最后根据关键因素在网络调查中的平均表现水平与关键因素在待调查真实总体中的表现水平的差异，按前面测算的函数影响关系对目标调查值的结果进行调整。这种方法对调查的类型没有限制，其好处是可以对抽样的结果在事后进行调整，提高调查的可靠性。缺点是关键因素难以确定，调整后的结果到底能否有效提高可靠性还有待于验证。

相关链接 2

2005 年中国高校信息化调查报告（调查实施及受访者背景）

这是由北京大学网络调查研究中心于 2005 年实施的一项全国性调查研究项目，调查对象包括国内高校的学生与教师。此报告是继 2003 年、2004 年以来的第三份关于中国高校信息化发展状况的调查报告。

调查实施及受访者特征

在经过多次问卷测试与修改之后，研究者于 2005 年 10 月 20 日将网络问卷正式发布于北京大学教育技术系网络调查研究中心的网站上，调查正式开始。截至 11 月 25 日，调查结束。在为期 35 天的调查时间里，共收到教师问卷 304 份，学生问卷 3 584 份。

以下将从调查实施过程和问卷填写对象背景介绍两方面分别叙述。

1. 调查实施过程简介

调查对象分为大学的教师与在校大学生两类，分别采用概率抽样和自愿填写的方式进行。例如，对于教师问卷，研究者通过分层抽样的方式，在国内已建成校园网的高校中抽取 600 所，并通过在其主页上浏览的方式获得高校教务处、网络中心或教学院系老师的 E-mail 地址，然后利用电子邮件群发的功能向 600 名教务管理人员、网站管理员和普通教师发送电子邮件邀请函。对于学生问卷，则采用自愿填写的调查方法。研究者通过国内各地区 45 所高校 BBS 网站宣传等方式来邀请对象填写问卷的。同时，还将网络问卷的链接置于北京大学天网搜索引擎入口等其他网站中，邀请在校大学生参加问卷调查。为吸引学生积极参加调查活动，研究者还利用抽奖的方式，奖品为电子词典。

通过对反馈问卷的数据分析结果可以看出，对于大学生问卷来说，利用各高校 BBS 来发送调查邀请函是一种非常有效的通知方式。调查结果显示，首先有超过一半（57%）的大学生是看到 BBS 上的邀请函来填写问卷的；其次为看到天网搜索引擎上的调查通知（20%）；第三为门户网站（Sohu 和慧聪教育频道），达到 11%。另外，也有一部分同学是相互转告或教师通知后来参加调查的。

值得一提的是，在问卷调查过程中，研究者充分利用网络问卷的实时监控与同步交流功能，每天定时通过网络调查管理系统详细查看每位填写者在问卷开放题中的建议或意见，在必要的情况下，通过受访者在问卷中填写的 E-mail 信箱对参加调查的教师和学生在问卷中的关于校园信息化的各种意见及时进行交流和反馈。交流的内容主要包括有关调查内容的解释、对校园信息化的建议及对调查方式的意见等。在某些情况下，研究者与受访者（包括教师与学生）之间的 E-mail 交流达到 3～4 次（例如，调查对象在收到研究者的 E-mail 后，又写信表达对某个问题的看法）。通过这种交流方式，获得了大量有关校园信息化的实际建议和意见，对后期的数据分析具有非常重要的意义。另外，从反馈数据也可以看出，绝大多数高校教师和大学生都对网络问卷调查（Web Survey Research）这种研究方法持赞同的态度，认为填写方便，节省时间，可以不受地域的影响，因此以后愿意再参加类似的网络问卷调查研究活动。例如，90%的大学生表示，当以后再有类似的调查项目时，可以通过他们在问卷中填写的 E-mail 直接通知他们参加；96%的高校教师也表示，以后愿意通过网络的方式再参加类似的调查。这些情况都表明，以网络问卷调查的方式进行学术研究是一种非常有前途的研究工具。

2. 参加调查的大学生背景信息

在大学生问卷中，国内 31 个省、市和自治区的 481 所高校中的 3 584 名大学生参加了调查。其中，学生所在省市比例最高的是北京市（33.5%），其次是江苏（9.9%）、福建（6.8%）等；比例最低的是青海和西藏，分别为 0.08%和 0.04%。

首先，从学生分布的地理区域来看，同样也是华北地区最高（40.3%），西北地区最低（5.4%），总体上与上述省市分布情况基本类似。越是发达地区的高校学生，其参加调查的比例也越高。这一方面反映了我国高校信息化发展的总体情况，另一方面在分析数据时也需要加以注意，因为这些数据可能更多的是代表发达地区高校学生的情况。与参加调查的教师一样，填写问卷的学生所在学校类型也主要以全日制本科院校为主（93.9%），其次为民办高校（3.7%）、高职（专科）院校（1.5%）和成人高校（0.7%）。

其次，从参加调查的大学生年级分布情况来看，从专科一年级到博士三年级的学生都有，但专科生所占的比例最低，参加填写的学生只占总人数的 7.0%。从总体来看，参加调查的本科生比例最高（93.9%）。其中，比例最高的是本科三年级（19.1%），其次为本科四年级（17.2%）；在硕士研究生中，一年级与二年级的比例基本相同（分别为 12.0%和 12.2%）；博士生层次三个年级参加调查的比例也基本相同，分别为一年级（2.7%）、二年级（2.9%）和三年级（2.0%）。这在一个侧面可能反映了不同年级学生在使用网络的频率上也有所不同，因为调查邀请函都是通过网络来发布的，只有那些经常上网的大学生才有可能看到邀请函并填写问卷。

最后，从参加调查学生的性别来看，男生的比例要远远高于女生的比例，分别为 71.6%和 28.3%。根据以往有关上网群体的性别差异结果，通常男性上网的比例要高于女性。本次调查结果显示，在高校中同样存在着类似的情况。但与 2004 年的调查结果相比，发现女生上网的比例有所提高（2004 年女生参加调查的比例为 21.2%）。

综上所述，研究者认为，参加调查对象的广泛性分布特点能够在一定程度上反映我国高校信息化发展的实际情况。不过，考虑到学生问卷采取了自愿填写的方式，因此调查结果只能在一个侧面反映国内大学生对校园信息化的态度和看法，同时无法代表全体大学生的意见。这一点是需要提醒读者注意的一个地方。

练习56

对网络调查的讨论

网络调查作为一种新型的调查方式在很多方面与传统调查存在不同。其中最为重要的一点是网络访问的调查对象主要以处于匿名状态的网民为主，而传统调查的调查对象则更多地为现实生活中有真实身份的个体。

请结合上面的相关链接，谈谈网络调查和传统调查不同的调查对象可能对调查结果造成哪些影响。

复习思考题

一、填空题

1. w-survey 的中文称谓是____________________。
2. e-survey 的中文称谓是____________________。
3. pop up 的中文称谓是______________________。
4. Int-survey 的中文称谓是__________________。

二、选择题

1. 电子邮件调查属于（　　）。

A. 以互联网络为手段的调查方法　　B. 以网站为中心的测量方法
C. 以用户为中心的测量方法　　D. 以广告为中心的测量方法

2. 网络调查能24小时不停地自动运行，并能很快得到反馈。这说明网络调查具有（　　）。

A. 便捷性　　B. 时效性　　C. 充分性　　D. 可靠性

三、简答题

1. 网络调查有哪些优点和局限？
2. 怎样才能设计好网络调查问卷？
3. 如何提高网络调查的安全性？

四、讨论题

举出三个网络调查在社区调查、大学生调查、消费行为调查项目中的应用实例。

第10章 整理资料

引　言

通过前面章节的系统学习，读者掌握了调查资料的收集方法，接下来就需要将原始资料转换成具有统计学意义的数据。本章将介绍如何进行资料处理，在了解整理资料的原则和意义的基础上，掌握原始资料的审核、复查方法，掌握问卷资料的整理方法，掌握常用统计图表的制作方法，为下一步进行数据分析做好准备。

本章学习目标

1. 了解整理资料的原则和意义。
2. 掌握资料审核和复查的方法。
3. 掌握问卷资料的整理方法。
4. 掌握统计图表的制作方法。

学习导航

10.1 整理资料的意义和原则

为了确保资料转化为数据时的准确性，需要调查执行者在调研项目的执行过程中及时把握资料转换为数据的每一步骤，了解整理资料的意义和原则。

10.1.1 整理资料的意义

整理资料，是指运用科学系统的方法，对通过调研获得的原始资料进行审查、检验、分类、初步加工，使收集到的资料系统化和条理化，符合统计分析的标准，并能通过统计分析反映总体的概况。一般来说，整理资料具有以下几个方面的重要意义。

1．整理资料是为了日后研究去粗取精

整理资料的过程是将分散凌乱的原始资料梳理并归纳的过程。因为调研过程中的误差难免会使原始资料出现虚假、差错、短缺等现象，这些现象都会使调查资料质量和使用价值大打折扣。因此，为了避免这类问题的出现，就要求调研人员在研究阶段开始之前有针对性地进行资料的整理，消除资料中的假、错、缺、杂等现象，以保证资料的真实、准确和完整。因此，整理资料的首要意义是去粗取精。

2．整理资料是为日后研究奠定基础

资料收集、整理资料、分析资料三个过程一脉相承，成为调查研究必不可少的系统环节。其中，整理资料作为承上启下的重要环节，它为下一步对资料进行更透彻的分析奠定了坚实的基础。通过对数据的分析得出正确的结论，这是调查的中心任务。而正确的结论来源于科学的统计分析和思维加工，科学的统计分析和思维加工又有赖于调查资料的真实、准确、完整和统一。因此，必须把各种错误，特别是数据上的错误消灭在统计分析和思维加工之前。所以说整理资料是为日后研究奠定基础。

3．整理资料是后续研究的必备条件

通过整理资料将资料收集与数据分析结合，使调研人员对数据的认识从感性上升到理性阶段，从阶段性的研究进入实质性的研究。所以，整理资料是后续研究的必备条件。

相关链接 1

整理资料如同烹饪

其实，整理收集的资料的过程就如同烹饪。你收集来的资料就像是你从菜市场买回来的各种食物材料，至于做什么菜和怎么做，则取决于你的口味和技能。对于相同的材料，由于每个人的想法不同，有的人喜欢食物简单些、新鲜些，有的人喜欢精雕细刻、合理搭配、创新出奇，还有的人愿意草草完成了事，因此他们得到的结果也各不相同。可见，最后做出的菜的质量的高低，一方面取决于你购买的食物材料，另一方面还取决于你是怎么想的、怎么设计的。会设计、技能又高的人往往可以充分利用各种食物材料，利用它们各自的优势，做出一桌美味佳肴；不会做菜的人，即使有相同的食物材料，做出来的菜也可能是平平常常，不能物尽其用。

人们在“烹饪”自己的调查资料时，也要充分考虑自己的喜好、特长，不断提高自己的技能，尽量让自己做出来的“菜”（调查结果）美味（有价值）、新鲜（时效性强）、独特（有创新）。

练习 57

检查调查资料

把你通过调查获得的所有资料（包括问卷、访谈记录、观察笔记等）汇总到一起，看看哪些可以用于你的调查报告中。粗略计算一下每种资料的数量。

在收集到的不同种类的资料中，可以将其区分为两种基本类型，即定量资料（数字）和定性资料（文字）。可以肯定，人们收集到的资料既有定性资料也有定量资料，不过在一项调查中，往往只有一种资料占据主导地位，在整理资料时，应该以占据主导地位的资料为主线。

由于社会调查往往以定量研究为主，本书所要讲述的资料整理以定量资料为主。这样做并不是说定性资料没有用处，其实，定性资料和定量资料往往会互相渗透，人们很少看到一份调查报告没有包含数字和文字两方面的内容，定量资料使调查结果更加精确，定性资料则提供了与调查主题相关的更多细节内容。由于定性资料的分析在一定程度上难于定量资料，加之社会调查主要以定量资料为主，所以本书着重介绍定量资料的整理，在学习了定量资料整理的基础上，有兴趣的读者可以通过其他专业书籍继续深入地学习定性资料的整理方法。

10.1.2 整理资料的原则

1. 实事求是

实事求是是整理资料的第一原则。调查研究的目的是还原真实，还原隐藏在社会事实下的有价值的社会规律。调查人员必须保证调查过程中所得的资料是确实发生过的客观事实，而不是弄虚作假、主观杜撰的情况。一旦调查资料出现弄虚作假或对事实的歪曲现象，整个调查将失去意义。所以，实事求是是整理资料的第一原则，只有确保资料在实事求是的态度和操作规范上获得，这样的资料才是具有分析价值的资料。

2. 精确恰当

精确恰当是整理的第二原则。它包括两层含义：一是保证整理后的资料准确、精准地反映事实；二是保证整理出来的数据能恰当有效地反映调研对象的现状。例如，年龄在资料收集过程中可以通过定距测量的方式，以受访者的实际年龄数目进行收集；同时还可以在数据整理之后通过分组，以年龄段为基本分析单位对受访者的年龄进行分析。总之，在保证通过实事求是的基础上通过精确恰当的方法是整理数据的第二条原则。

3. 完整统一

完整统一是整理数据的第三原则。整理反映某一社会现象的资料，应尽可能地全面、完整，以便真实地反映调查对象的全貌。如果资料残缺不全，就有可能犯以偏赅全的错误，甚至失去研究的价值。整理出来的资料，对于各个调查指标要有统一的解释。对于调查指标的各项数值，其计算方法、计量单位也要统一。如果调查指标的解释不统一，计算单位或计量公式不统一，调查资料就失去了统计价值，就无法进行比较研究。

总之，整理资料应力求真实、准确、完整、统一和简明，并尽可能做到新颖。只有在这样的调查资料的基础上，才能做出科学的调查结论。

10.2 资料的审核与复查

10.2.1 资料的审核

资料处理的第一步工作就是对资料进行审核。简单地说，资料审核，是指在着手整理资料之前，对需要整理的原始资料进行认真审查和核实的过程，并通过此过程将可能存在于原始资料中的错误挑出来。通过对资料的审核，可以分辨真伪、去除原始资料中可能存在的误导信息，解决调查资料的真实性和合格性问题，为进一步整理和分析研究资料打下基础。

一般来说，资料审核由两方面内容构成：第一，对原始资料中可能存在的错误进行系统的排查审核；第二，核实原始资料中的文字数据是否准确真实地反映了客观事实。同时，根据原始资料类型的不同，资料审核又可以分为文字资料审核与数据资料审核两大类。

1. 文字资料审核

毋庸置疑，对文字资料的审核应该集中核实资料的真实性和合格性，检验文字资料是否符合客观事实、是否有夸张和虚浮的成分。

（1）信度审核。在文字资料的检验过程中，首先应该对文字资料的可信任程度进行检验，即对资料进行信度审查。在进行信度审核时，往往依靠研究人员自身的经验、对生活理解的常识和逻辑来进行判断。首先，研究人员根据以往的实践经验判断资料的真实性。如果发现资料中有明显违反实践经验的东西，那么就要对资料重新核实或重新进行调查。该方法一般需要找有经验的专家或实践经验丰富的调查人员来实施。其次，研究人员依据生活常识及文字资料的逻辑检验资料的真实性。如果发现调查资料前后矛盾，或者违背事物发展的逻辑，即判断为不真实的资料。最后，研究人员还可以通过考核文献资料的来源确定资料是否是客观而真实的。

（2）质量审核。质量审核，顾名思义即对文字资料的内容质量进行把关，保证其符合研究的效度。对文字资料进行质量审核时，要按照两个步骤去做。首先，确定质量审核的效度检验指标，明确所需要检验的具体方向和尺度。其次，通过订制好的指标审核原始资料，得出结论以检验原始资料是否符合规范。

2. 数据资料的审核

数据资料的审核就是检查、验证各种数据资料是否完整和正确。数据资料审核的内容是检查应该填报的表格是否齐全，有无漏掉单位或表格的现象；检查调查表格的答案是否完整。数据资料的审核方法如下。

（1）经验审核。经验审核是根据已有的经验或已知的情况判断资料的真实性。例如，已知某企业经营状况很差，而其调查指标的数字却明显超过经营状况很好的企业，那么对于这些数字就应该设法进一步审查核实。

（2）逻辑审核。逻辑审核是从数字资料的逻辑关系中检验资料的真实性。例如，人口调查时，某人填写的年龄是20岁，而工龄填的是10年，很明显，这两个数字必定有一个是虚假的。

（3）计算审核。计算审核是通过各种数字运算检验资料的真实性。比如，各分组数字之和是否等于总数，各部分的百分比相加是否等于1。各种平均数、发展速度、增长速度、指数的计算是否正确等，这些都可以通过数学运算进行检验。

10.2.2 资料的复查

为了确保调查资料的真实性和准确性，除了要对原始资料进行上述审核工作外，通常还要对资料进行复查工作。所谓资料的复查，是指调查者在调查资料收回后，又由其他人对所调查的样本中的一部分个案进行第二次调查，以检查和核实第一次调查的质量。

复查的基本做法是：由研究者自己或由研究者重新选择另外的调查员，从原来的调查员所调查过的样本中随机抽取5%～15%的个案重新进行调查。调查一方面核实原来的调查员是否真的对个案进行过调查（由于各种原因，有的调查员会自编自填问卷答案，实际上并没有将问卷发送给被调查者或访问被调查者）；另一方面可将两次调查的结果进行对比，以检查第一次调查的质量。在社会调查中，这种复查工作更是必不可少的。

需要说明的是，并非所有的调查都能十分方便地进行如上所述的复查，因为复查必须依据第一次调查结果所提供的被调查者姓名、地址等信息才能进行。对于一些缺少上述信息的调查样本来说，要进行复查往往是比较困难的。因此，作为调查者，在对调查方案、抽样方案及资料收集方法进行设计时，就要考虑到复查的问题，有意识地创造一些可以进行一定程度复查的条件。

通过审核和复查，调查者可以发现并纠正原始资料中存在的一些错误，剔除一些无法进行再调查且又有明显错误的问卷，还可以普遍了解整个资料收集工作的质量，从而对把握资料的真实性和准确性具有更大的信心。

练习 58

审核调查资料

分析你汇总的调查资料中哪些是不太可靠的，剔除那些不太可靠的资料。

10.3 调查问卷的整理

社会调查通常要收回成百上千份问卷，整理调查问卷是人们获得定量资料的最重要的途径。调查问卷的整理一般要经过接收与核对问卷、检查问卷、编码和数据录入四个步骤。

10.3.1 接收与核对问卷

对于从不同地区、不同调查员手里回收的问卷，第一步要做的事情就是核对问卷，对问卷进行登记和编号，并剔除无效问卷。

1. 登记与编号

负责接收问卷的人要事先设计好一定的表格，用于登记交付上来的问卷。表格上的项目一般包括调查员姓名、调查地区、调查事实的时间、问卷交付日期、实发问卷数、上交问卷数、未答或拒答问卷数、丢失问卷数、其他问卷数、合格问卷数等。

重要的是，对不同调查员和不同调查地区（或单位）交付上来的问卷，在登记之后要及时在问卷表面编号或注明调查员和调查地区等，否则大量的问卷混在一起，弄乱之后就会失去很多有用的信息，最后可能造成无法进行对比研究。因此，登记与编号至关重要。

2. 剔除无效问卷

负责接收问卷的人员要将全部问卷检查一遍，剔除无效的或不能接受的问卷。无效问卷指的是以下几种可能情况。

（1）不完全的问卷，即有相当多的部分没有填写的问卷。

（2）被调查者没有理解问卷内容而错答的，或者是没有按照指导语的要求来回答的问卷，如跳答的问题没有按要求去做等。

（3）回答没有什么变化的问卷，如在 5 级态度量表中，不管正向还是反向的看法，填表人都选 3（一般）的情况。

（4）缺损的问卷，即有数页丢失或无法辨认的问卷。

（5）在截止日期之后回收的问卷。

（6）由不符合要求的其他人填写的问卷，如一项调查要求被调查者的年龄在 25 ~ 55 岁，那么在这个范围之外的人所填写的问卷都应视为无效问卷。

（7）前后矛盾或有明显错误的问卷。例如，年龄为 20 岁，职业为退休人员；或者在职务一栏填写“国家总理”、“国家主席”等不是以严肃态度填写的问卷。

3．确定是否需要补充调查

如果剔除的无效问卷很多，而有效问卷又不能很好地代表调查总体，出现这种情况时，应该视实际情况进行补充调查。

10.3.2 检查问卷

在对问卷进行登记并剔除了无效问卷之后，还要对问卷进行进一步的检查。这次检查所要求的精度要比接收问卷时的粗略核查高得多，主要检查回答是否清楚可认、是否完全、是否一致及是否明确、不含糊等。

对于检查出来的无法令人满意的问卷，通常用以下几种方法进行处理。

1．退回去重新填写

退回去重新填写是指调查员找到原来的被调查者重新填写问卷。这一般适用于样本量较小、调查对象很容易识别的调查。第二次调查得到的数据可能与第一次的不同，因为调查的时间不同，或者调查的方式也可能不同。

2．按缺失数据处理

如果退回问卷的方法不可行，调查人员就要按缺失值来处理那些未答的题目。以下三种情况按缺失值来处理是可行的：① 不大符合要求的问卷数较少时；② 这些问卷中不大符合要求的回答的比例也很小；③ 对应于不合要求的回答的变量不是关键变量。

3．丢弃

在以下五种情况下，不大符合要求的问卷（即调查对象）可以丢弃：① 不大符合要求的问卷的比例较小（低于 10%）；② 样本量很大；③ 不大符合要求的调查对象与符合要求的调查对象之间没有明显的不同（如在人口特征、行为等方面）；④ 准备丢弃的每个调查对象所完成的问卷不符合要求的回答占很大的比例；⑤ 对关键变量的回答是缺失的。

需要说明的是，如果调查者决定要丢弃一些问卷，在调查报告中应当说明丢弃的理由及丢弃的数量。

10.3.3 编码

在对问卷进行核对检查之后，要对问卷资料进行分析，还必须进行一项资料的转换工作。现代社会调查的资料统计分析工作已全部由电脑来承担，而电脑所使用的语言与调查者在问卷中所获得的资料通常有很大差别，因此需要首先对问卷进行编码，然后再通过电脑进行数据处理。

编码是一个与问卷制作息息相关的问题，它是指将文字层面的问题或答案转换成数字或字母等可以标示的符号的过程。简单地说，就是对应问卷上每个问题中的每种可能的回答，都规定一个相应的数字或字母来表示。在对问卷中的每个问答题进行编码的同时，也要对每份问卷本身进行编码。所以，编码包括对问卷中的每个答案（答案代码）进行编码和对问卷编码。

1. 确定代码

（1）答案代码的确定。问卷中的每个问题都要用一个或多个代码来对应。代码可以在问卷设计时事先规定好，也可以事后规定。为了便于查找，一般最好将代码与问卷的题号相对应。我们用下面的例子来说明如何编码。

相关链接2

《运动员职业声望调查问卷》（节选）

（1）你的性别：　① 男　　② 女

（2）你的年龄：__________周岁

（3）你已经获得的最高学历：

① 小学及以下　② 初中　③ 高中或中专　④ 大专以上

（4）你2004年3月的个人收入：　　元

（5）你的家庭所在地：

① 省会城市　② 市级城市　③ 县级城市　④ 农村

（6）你对下列项目中运动员的整体道德水准评价如何？

	不满意	不太满意	不清楚	比较满意	很满意
① 乒乓球					
② 排球					
③ 足球					
④ 台球					

上述问卷的节选中，问题的代码为1，2，3，4，5，6，而每个问题中的每个答案也都被赋

予了一个阿拉伯数字作为代号。例如，“问题 1”中，男性被赋予了数字①，女性被赋予了数字②；“问题 3”中的小学及以下文化程度被赋予了数字①，大专以上则被赋予了数字④ 等。这样，就把文字的答案转换成了数码。

根据问卷中问题形式的不同，代码的赋予形式也略有不同。对于填空形式的问题，如“问题 2”，问卷中没有标出具体答案，而是给被调查者留了一个空白，让被调查者根据自己的情况，直接将数字填入空白中。因此，就用回答者所填写的数字作为其回答答案的代码值。比如，一位被调查者回答年龄为 23 岁，他在空白中填 23 这一数字；这个数字就是他对“问题 2”所给予的答案的代码值。

对于多项选择问题（这是问卷中使用最多的一种问题形式），人们一般在设计问卷时就将每一答案的预编码作为它们的代码值，如“问题 1”、“问题 3”、“问题 5”中各项答案前的数字就是它们的代码值。需要说明的是，这些代码值虽然都是人们在算术中所使用的阿拉伯数字，但它们此时却不能作为那种数字来进行各种运算，它们此时仅仅只能作为各种不同答案类别的一个代号或一种记号。

矩阵式问题和表格式问题的情况稍有不同。由于问卷设计时通常没有对矩阵式问题和表格式问题的答案进行预编码，所以资料收回后首先需要对回答进行后编码。对于有些具有定序层次答案的问题，后编码时还要特别注意它的方向性。例如，“案例 2”中的“问题 6”，在问卷收回后，可以对表中五种答案分别赋值为：

1=不满意，2=不太满意，3=不清楚，4=比较满意，5=很满意。

每份问卷中被调查者所选择的回答结果都可以用上述五个阿拉伯数字表示出来。也可以用其他的编码赋值方式，如令 0=不满意，1=不太满意，2=不清楚，3=比较满意，4=很满意等。

（2）问卷代码的确定。除了对问卷中的每个问答题规定一个或多个代码外，对问卷本身也要进行编码，如地区编号、街道编号、单位编号、调查员编号等。有了这些编号，就可以通过下一步的统计分析，对不同地区、不同街道、不同单位的调查数据进行比较分析。

2．问题栏码的确定

除了将问卷中问题的答案进行编码外，还需要给每个问题分配栏码，即指定该问题的编码值共几位，以及它们在整个数据文件中所处的位置（相当于日常生活中指定教室的几排几号）。这种栏码有时在问卷设计时就印在问卷上，但也有很多情况是在问卷收回后进行编码时再指定的。

栏码的指定方法是从问卷的第一项目或问题开始，先根据每个项目或问题答案数码的位数，确定该项目或问题所占有的宽度，再根据前后顺序确定其在整个数据排列中所处的位置，这样从头依次往后排列。表 10.1 就是这种栏码指定的一个例子。

表 10.1 栏码分配表

项目或问题	宽 度	栏 码
街道编号	2	1 ~ 2
个案号码	4	3 ~ 6

续表

项目或问题	宽　度	栏　码
1. 你的性别：① 男　② 女	1	7
2. 你的年龄：______周岁	2	8 ~ 9
3. 你已经获得的最高学历： ① 小学及以下 ② 初中 ③ 高中或中专 ④ 大专以上	1	10
4. 你 2004 年 3 月的个人收入：____元	5	11 ~ 15
5. 你的家庭所在地： ① 省会城市 ② 市级城市 ③ 县级城市 ④ 农　村	1	16
6. 你对下列项目中的运动员的整体道德水准评价如何？ ① 乒乓球 ② 排球 ③ 足球 ④ 台球	4	17 ~ 20

现在对表 10.1 的栏码做一说明。在这个问卷中，问卷代码有两个（一般印在问卷的封面上），第一个项目是街道编号。假设人们共调查了某市的 11 个街道，那么在对街道进行编码时，只会出现 1，2，3，4，5，6，7，8，9，10，11 这 11 个数字，即它最多只有 2 位数，所以其宽度为 2；又由于它是问卷编码的第一个数据信息，所以给定栏码 1 号。第二个项目是个案编号（或叫识别码）。假设该项调查的样本规模为 1 200 名居民，它是一个四位数，所以宽度为 4；又由于它是第二个项目，接第一个项目的序号，所以给定栏码 3 ~ 6 号。其第一个问题答案代码只有 1 和 2，是一位数，所以宽度为 1；接前序号，给定栏码为 7 号。第二个问题是“年龄”。在一般情况下，所调查居民基本上不会超过 100 岁，所以是个 2 位数，所以宽度为 2；接上面序号，给定栏码 8 ~ 9 号。其他情况完全类似。需要说明的是，对于年龄、工资收入、时间、人数等定距变量，在分配栏码时，一定要根据实际情况，确定合适的宽度。

简单地说，栏码就是输入数据时一个值最多占几位，其意义是规定数据中的哪几位数字对应于问卷中的哪个变量。如表 10.2 数据中的第 7 位数字对应于问卷中“性别”这一变量；第 11 ~ 15 位数字对应于“月收入”这个变量；第 16 位数字则对应于问卷中“家庭所在地”这一变量。

3. 编码手册

由于社会调查的样本规模通常都达到成百上千，而每份调查问卷往往又包括几十个问题，这样调查问卷的编码任务就十分繁重，需要多人共同完成（通常是请调查员负责完成）。为了减小编码工作中的误差，保证编码数据的质量，调查组织者需要编制一份编码手册（也称编码簿），将其发给编码员，每个编码员可按编码手册的要求，统一进行编码。

编码手册中，研究者要将需要编码的项目和问题一一列出，逐一规定它们的代码、宽度、栏码、项目名称、答案赋值方式及其他特殊规定等。整个编码手册的格式要规范统一，指示要明确，且容易理解，便于操作（见表10.2）。

表10.2 “运动员职业声望调查”的编码手册

项目号	项目名称	变量号	变量名	变量类型	类别数	宽度	栏码	答案赋值方式
0	街道号	1	NO1	单选	11	2	1～2	1=街道A 2=街道B …… 11=街道K
0	答卷人号	2	NO2	单选	1 200	4	3～6	与问卷号码相对应
1	性别	3	A1	单选	2	1	7	1=男，2=女
2	年龄	4	A2	单选		2	8～9	以所填数字为准
3	获得最高学历	5	A3	单选	4	1	10	1=小学及以下 2=初中 3=高中或中专 4=大专以上
4	3月个人收入	6	A4	单选		5	11～15	以所填数字为准
5	家庭所在地	7	A5	单选	4	1	16	1=省会城市 2=市级城市 3=县级城市 4=农村
6	对下列项目中运动员的评价		B6	多选	4			
	乒乓球	8	B61	单选	5	1	17	1=不满意 2=不太满意 3=不清楚 4=比较满意 5=很满意

续表

项目号	项目名称	变量号	变量名	变量类型	类别数	宽度	栏码	答案赋值方式
6	排球	9	B62	单选	5	1	18	同上
	足球	10	B63	单选	5	1	19	同上
	台球	11	B64	单选	5	1	20	同上

应该注意的是，在对问卷进行编码时，要对每部分的问题规定一个相同的变量名称。比如，街道名称和答卷人号都属于问卷来源部分，可以统一用 NO 表示；“问题 1 ~ 5”是调查对象的自然属性部分，可以统一用大写字母 A 表示；“问题 6”是调查对象的态度倾向性部分，可以用大写字母 B 表示（见表 10.3）。

表 10.3　问卷编码结果实例

答卷人号	变量号	1	2	3	4	5	6	7	8	9	10	11
	变量名	NO1	NO2	A1	A2	A3	A4	A5	B61	B62	B63	B64
	栏　码	1 ~ 2	3 ~ 6	7	8 ~ 9	10	11 ~ 15	16	17	18	19	20
1		03	0001	1	35	3	02500	2	5	3	2	4
……												
354		07	0354	2	27	4	03000	2	1	4	3	3
……												
1008		11	1008	2	41	4	06000	2	5	2	2	1
……												

由表 10.3 可以看出，答卷人号为 1 的问卷经过编码处理后得到的数字为 03000113530250025324，结合表 10.2 的编码手册，可知这位被调查者是来自街道 C，编号为 0001 号，男性，今年 35 岁，文化程度是高中或中专，2004 年 3 月的个人收入是 2 500 元，住在市级城市，他对乒乓球运动员的整体道德水准很满意，对足球运动员的整体道德水准不了解，对台球运动员的整体道德水准不太满意，对排球运动员的整体道德水准比较满意。由此，从这组阿拉伯数字中就可以知道被调查者的具体情况。

练习 59

编码练习

（1）介绍一下表 10.3 中第 354 号和第 1008 号被调查者的具体情况。

（2）试着对你自己的调查问卷进行编码。

如果你还不清楚如何编码，请赶快回过头去再学习一遍。

10.3.4　数据录入

数据的录入并不是在任何情况下都有必要。如果数据是用上一章讲过的计算机辅助电话调查系统或计算机辅助面访系统收集的，就不需要再经过敲键盘来录入，只须将数据直接进行分析，或者转换到其他软件系统中做进一步分析。但对于大多数社会调查项目来说，数据录入还是要依靠录入人员从计算机的键盘上人工输入。

目前运用较普遍的统计分析软件主要有 SPSS，SAS，BMDP 等，尤其是 SPSS 应用最为广泛。因此，在这里简单介绍运用 SPSS 进行数据录入的注意事项。

1．社会科学统计软件 SPSS 简介

SPSS 是软件英文名称的首字母缩写，原意为 Statistical Package for the Social Sciences，即“社会科学统计软件包”。它是一个组合式软件包，集数据整理、分析功能于一身。用户可以根据实际需要和计算机的功能选择模块，以降低对系统硬盘容量的要求。SPSS 的基本功能包括数据管理、统计分析、图表分析、输出管理等。它使用 Windows 的窗口方式展示各种管理和分析数据方法的功能，使用对话框展示各种功能选择项，操作人员只要掌握一定的 Windows 操作技能，略通统计分析原理，就可以使用该软件为特定的科研工作服务。

20 世纪 60 年代末，美国斯坦福大学的三位研究生研制开发了最早的统计分析软件 SPSS，同时成立了 SPSS 公司，并于 1975 年在芝加哥组建了 SPSS 总部。20 世纪 80 年代以前，SPSS 统计软件主要应用于企事业单位。1984 年，SPSS 总部首先推出了世界第一个统计分析软件微机版本 SPSS/PC+，开创了 SPSS 微机系列产品的开发方向，从而确立了个人用户市场第一的地位。同时，SPSS 公司推行本土化策略，目前已推出 9 个语种版本。SPSS/PC+的推出极大地扩大了 SPSS 软件的应用范围，使其能很快地应用于自然科学、技术科学、社会科学的各个领域，世界上许多有影响的报纸杂志纷纷就 SPSS 的自动统计绘图、数据的深入分析、使用方便、功能齐全等方面给予了高度的评价与称赞。

随着 SPSS 产品服务领域的扩大和服务深度的增加，SPSS 公司已于 2000 年正式将英文全称更改为 Statistical Product and Service Solutions，意为“统计产品与服务解决方案”，标志着 SPSS 的战略方向正在做出重大调整。

SPSS for Windows 的分析结果清晰、直观、易学易用，而且可以直接读取 EXCEL 及 DBF 数据文件，现已推广到各种操作系统的计算机上，它和 SAS、BMDP 并称为国际上最有影响的三大统计软件。和国际上几种统计分析软件相比，它的优越性更加突出。在众多用户对国际常用统计软件 SAS、BMDP、GLIM、GENSTAT、EPILOG、MiniTab 的总体印象分的统计中，SPSS 诸项功能均获得最高分。国际学术界有条不成文的规定，即在国际学术交流中，凡是用 SPSS 软件完成的计算和统计分析，可以不必说明算法，由此可见其影响之大和信誉之高。最新的 12.0 版采用分布式分析系统 DAA（Distributed Analysis Architechture，DAA），全面适应互联网，支持动态收集、分析数据和 HTML 格式报告，性能优越于诸多竞争对手。但是它很难与一般办公软件，如 Officc 或 WPS2000 直接兼容，在撰写调查报告时往往要用电子表格软件及专业制图软件重新绘制相关图表，这已经遭到诸多统计学人士的批评；而且 SPSS 作为三大综合性统计软件之一，其统计分析功能与另外两个软件（即 SAS 和 BMDP）相比仍存在一定欠缺。

虽然如此，SPSS for Windows 由于其操作简单，已经在我国的社会科学、自然科学的各个领域发挥了巨大作用。该软件还可以应用于经济学、生物学、心理学、医疗卫生、体育、农业、林业、商业、金融等各个领域。

2. 运用 SPSS 进行数据录入的注意事项

运用 SPSS 进行数据录入时，需要注意以下事项。

（1）挑选和培训输入人员。对选出的录入人员要进行一定的培训，使其熟悉调查问卷，熟悉输入方式和具体软件，并合理分工和加强管理。

（2）注意将编码手册与 SPSS 的库文件变量名称保持一致。整理调研资料制作编码手册的过程实际上也是生成对应 SPSS 数据文件中的变量名称的过程。为了方便数据的录入与整理，编码时应力求将编码手册与 SPSS 的库文件变量名称保持一致。运用 SPSS 定义变量名称时，需要注意以下几条规则。

第一，名称如果用英文字母界定，则开头必须是字母，其余字符可为任何字母、数字、句点或符号@、#、_、$，大小写可双管齐下。目前，SPSS 也支持以中文来直接定义变量名。当然，在一个 SPSS 的库文件中，不允许有两个相同的变量名。

第二，变量名称在定义过程中不能使用空格和特殊字符（如!、？、'和*），不能以句点结尾，同时应避免以下画线结尾的变量名称（以避免与某些程序自动创建的变量发生冲突）。

第三，不能将保留关键字用做变量名称。保留关键字为 ALL，AND，BY，EQ，GE，GT，LE，LT，NE，NOT，OR，TO 和 WITH。

（3）统一规定数据输入格式和数据文件名。由于多人输入，每个输入人员应采取统一的输入格式，并各自规定自己存放数据的文件名，以防与他人输入的数据格式不同或发生混淆和丢失。尤其是输入格式一旦确定，每个输入人员都必须严格遵守执行，否则以后很难处理，这一点十分关键。

（4）每个输入人员独立完成各自所输的那一部分问卷，不同输入人员的问卷之间，以及同一个输入人员已输和未输的问卷之间，千万不要混淆搞乱，以免造成漏输或重复输入，影响数据质量。

（5）每个输入人员完成各自所负责的问卷输入任务后，由研究者把他们的数据合起来形成一个总的数据文件，以供统计分析时调用。

练习 60

录入数据

结合你所学习的 SPSS 课程，将你回收的调查问卷的数据录入计算机。当然，你也可以用其他统计软件，不论用哪种统计软件，请一定在数据录入之前认真学习软件使用方法。

10.4 制作统计表和统计图

统计表和统计图都是对数据资料进行整理后所得结果的表现形式。用表和图来呈现数字，通过表和图，可以知道数据说明了什么。直观可视的图表可以增强调查报告的明了程度和效果。

10.4.1 统计表的制作

1. 统计表的构成

统计表通常由表号、标题、横标目、纵标目、数字注释和资料来源等要素构成。

（1）表号。表号是表的序号，位于表顶端左角，其作用是便于指示和查找，如“表 10.4”就是下表的表号。

表 10.4 中国各年龄段人口数（2005 年）

	人数（万人）	百分比（%）
0 ~ 14 岁人口	26 543	20.27
15 ~ 64 岁人口	94 144	72.04
65 岁以上人口	10 069	7.69
总　数	130 756	100

资料来源：《中国统计摘要 2006》，国家统计局编，中国统计出版社，2006 年 5 月，第 38 页。

（2）标题。标题是统计表的名称，位于表的顶端中央。表 10.4 的标题就是“中国各年龄段人口数（2005 年）”。它的作用是说明表中统计资料的内容，包括这些资料收集的空间和时间范围等。

（3）横标目。横标目又称统计表的主项，是指统计表所要说明的对象，通常写在表的左边。表 10.4 的横标目有“0 ~ 14 岁人口”、“15 ~ 64 岁人口”、“65 岁以上人口”和“总数”。

（4）纵标目。纵标目又称统计表的宾项，是指调查指标或统计指标的名称，通常写在表的最上面一格。表 10.4 的纵标目有“人数”和“百分比”。

（5）数字。数字是对资料进行统计整理的结果，是统计表的主体，一般有绝对数、相对数等。每个数都必须与横标目和纵标目一一对应。

（6）资料来源。有些统计表根据需要还在表的下面增列注解，用以表明资料的出处及对表中的有关内容做必要的说明。表 10.4 下方就注有“资料来源”。

相关链接 3

什么样的表才清楚

表 10.4 是数据表的一个好的示范。表的标示很清楚，所有资料的主题一目了然，主标题描述了资料的总主题，并且列出年份，因为这种资料会逐年改变。表里面的标题阐明了变量，并

且说明了度量变量所用的单位，你可以注意一下，计数是以万人为单位。资料来源出现在表的底部。

建议你看看《中国统计摘要》，它每年出版一本，里面有各式各样的数值信息，这些数据表对资料做了摘要。

2. 制作统计表应注意的问题

统计表制作的原则是科学、规范简明、实用、美观。具体地说，在制作统计表时，应注意以下几个方面的问题。

（1）标题要简明、扼要。每张表都要有号码和标题。标题要能确切地说明资料的时间、空间范围和表中数据的内容，使人一目了然。

（2）表的纵标目与横标目要准确反映变量取值的含义，它们的排列顺序也应具有一定的逻辑结构。一般应将最显著的放在前面，如果强调的是时间，则按时间顺序排列；如果强调的是大小，就按大小顺序排列。当然也可以按照其他顺序排列。

（3）表中的数据资料必须注明计量单位，如频数单位（人数、个数、户数等）和频率单位（百分比等）。如果表中只有一种计量单位（如只有百分比）或以一种计量单位为主要单位，则可将其写在表的右上角，而将次要的计量单位用括号注明。

（4）对于一般频数分布表，则应列出合计栏，以便获得整体情况的资料。

（5）各种表格应以横线为主，斜线、竖线、数之间的横线均可省去。即便需要用竖线的表格，也应是开口式的，即表的左右两端不画竖线。

（6）层次不宜过多。变量较多时，可酌情列数表。

（7）分组要适当。分组不可过细，以免冗繁，而且小格中的频数太少也难以说明问题；分组也不可以过粗，以免有遮盖差别的可能。

（8）小数点、个位数、十位数等应上下对齐，一般应有合计。

（9）给出必要的说明和标注。对表的说明可通过短小标题或标注（加“*”号，再在表格下面说明）来实现，但应尽可能避免一些不必要的数、字、符号和注。

（10）说明数据的来源。如果表中的数据是二手数据，一般应注明来源。

3. 运用 SPSS 制作统计表

根据不同的分析目的，可以使用 SPSS 制作出不同类型的统计表格。这里以最常用的频数表格来讲解如何利用 SPSS 制作统计图表。

（1）制表步骤。首先，可以在 SPSS 的选项设定中根据自己实际的需求设定具体的表格形式（见图 10.1）。在 SPSS 的主界面上依次单击“EDIT→OPTIONS”，在弹出的窗体中选择对应的 Pivot Tables 选项，在这里可以根据所需要表格具体形式的不同选择不同的样式。接下来，单击 OK 按钮完成表格生成样式的设置。

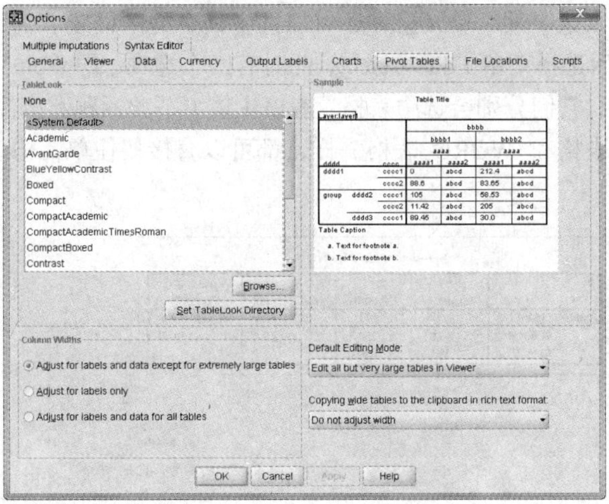

图 10.1

然后，在 SPSS 的主界面上依次选择“Analyze→Descriptive Statistics→Frequencies”，接下来即可以看到对应的频数分析表格窗口（见图 10.2）。

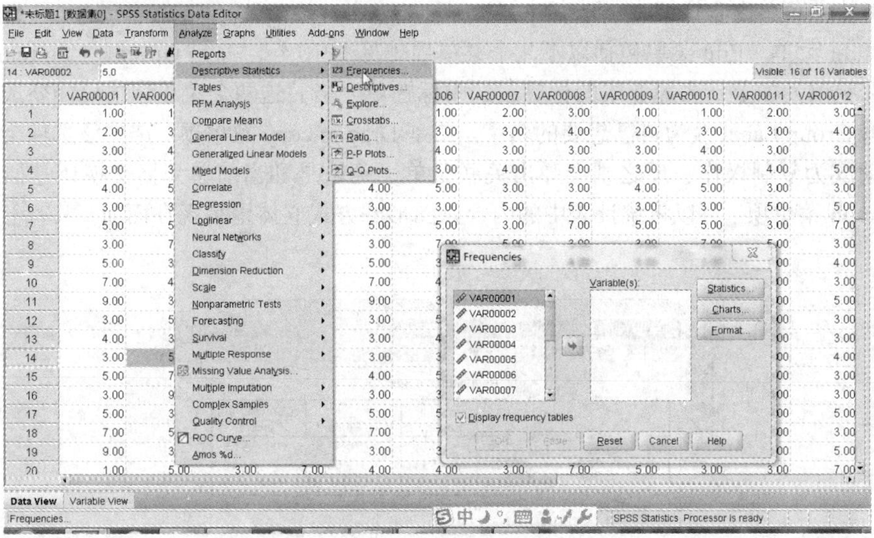

图 10.2

最后，可以在 SPSS 中编辑生成的表格。先双击选中的表格，就会进入该表格的编辑模式。此时进入的是表格的默认编辑模式，相当于右键菜单上的 SPSS Pivot table→Edit。如果要强行让它在新窗口中编辑，选择右键菜单上的 SPSS Pivot table→open。此时，可以通过更改表格编辑模式中的基本单位——单元格来更改对应的表格。在更改表格的过程中，表格标题和脚注均被当做特殊的单元格来处理。单击可以选中单元格，双击则显示单元格内数据的确切值，并可以修改。人们不仅可以选中某个单元格，还可以选中其中的一行或一列，但这要先选中最上侧或左侧的标题格，然后选择菜单 Edit→select，此时有四个选项，即 table，Table body，Data cells 和 Data cells and label，它们分别会选中表格、表格主体（不含标题和脚注）、所在行、列的数据区和所在行列。这些表格和 WORD 表格一样，都可以直接按住单元格边界拖放其大小（见图 10.3）。

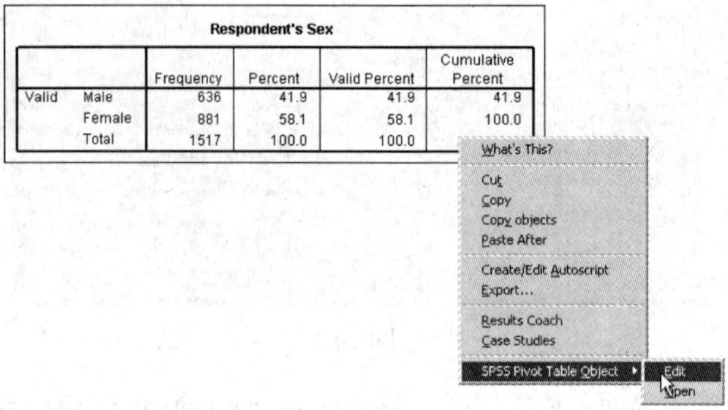

图 10.3

（2）特色菜单内容详解。

1）Edit 菜单。Edit 菜单包括以下几个菜单项（见图 10.4）。一是 Group、Ungroup 菜单项。用于给标题单元加上、去掉亚组的标签，选中标题单元格后这两个菜单项才可能变成黑色。用户可以将 Group Label 改为自己想要的名字。二是 Drag to copy 菜单项。选中该选项会使对单元格的拖动成为复制操作，反之则会弹出关联菜单，确认是和当前单元格交换还是插入。三是 Create graph 菜单项。可以将统计表中的内容以图形的方式立体地呈现在面前。共有七种图形可供选择。

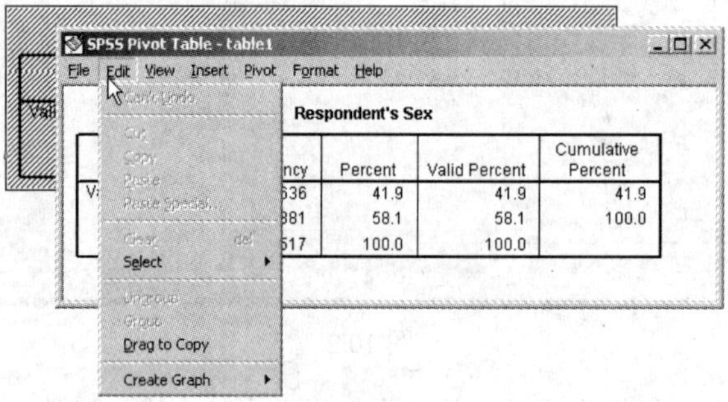

图 10.4

2）Pivot 菜单。一是 Transpose Rows and Columns 菜单项。该选项进行表格的行列转置操作。该操作在表格太宽时非常有用。二是 Pivoting Trays 菜单项，即数据透视表托盘，选中该菜单项会弹出数据表托盘，可以进行将数据表变换成多层表、行列转置等操作。

3）Format 菜单。Format 菜单包括 Tablelooks 菜单项和 Autofit 菜单项。Tablelooks 菜单项：可以在这里直接选用新的表格模板。Autofit 菜单项：表格的行高、列宽会自动按内容的多少调整为最小。

10.4.2　统计图的制作

统计图又称分布图，它也是调查者用来简化和反映调查资料的一种常用方法和形式。画图是传达数据信息最有效的方式，好的统计图常常可以把数据当中的信息清楚地显示出来，统计表可能很难甚至不可能做到这一点。更重要的是，比起数值资料所造成的印象，图所制造的直观视觉效果强多了。因此，只要有可能，应尽量采用图形来帮助理解调查报告的内容。

统计图主要用于调查资料初级统计结果的描述，特别适合于对调查总体的内部构成进行描述、对不同现象的分布进行比较及对现象变化的趋势进行展示等。

1. 统计图的种类

常用的统计图主要有圆饼图、条形图、直方图和折线图四种。不同层次的变量其统计图的制作也不相同。一般情况下，定类变量用圆饼图或条形图；定序变量用条形图；定距变量用直方图或曲线图。

（1）圆饼图。圆饼图又称饼状图、圆形图等，它可以显示一个整体怎样分成几个部分。要画圆饼图，先要画个圆，圆代表总体 100%，圆里面的扇形就代表各个部分，各扇形的圆心角和各部分的大小成比例，用圆心角 360°乘以各个部分的百分比就得到了这个部分的扇形度数。以表 10.4 为例，先算出每一部分所占的扇形度数。

0 ~ 14 岁人口：0.202 7×360°=73°

15 ~ 64 岁人口：0.720 4×360°=259°

65 岁以上人口：0.076 9×360°=28°

然后，就可以画出圆饼图了。如果用电脑做圆饼图，你只要直接输入百分比，电脑就会自动生成圆饼图，如图 10.5 所示。

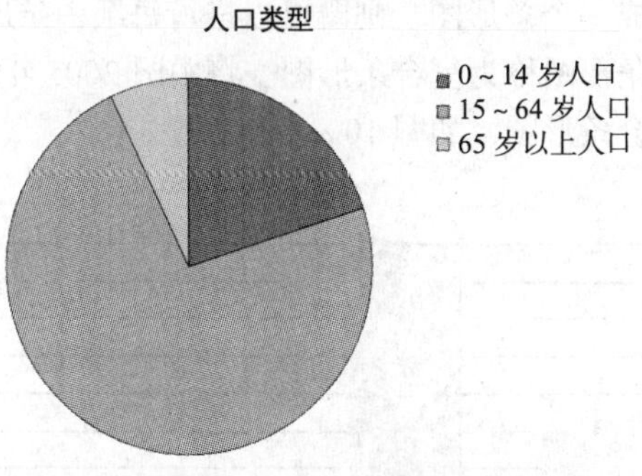

图 10.5　2005 年中国各年龄段人口分布

需要注意的是，圆饼不能切成太多的部分，一般不要超过 7 个部分。圆饼图的好处是让人们看到：所有部分合起来的确是全体。但是圆饼图只能用来比较一个整体的各个部分，不能用来比较并不属于同一个整体的数量。

（2）条形图。条形图又称矩形图，是最常用的图形。它是以宽度相等、长度不等的长条表示不同的统计数字，如表示频数或百分比的多少。它既可以是水平的，也可以是垂直的（垂直的又叫柱形图），可以用来显示事物的大小、内部结构或动态变动等情况。

可以将表 10.4 的资料用垂直的条形图（柱形图）表示出来（见图 10.6）。

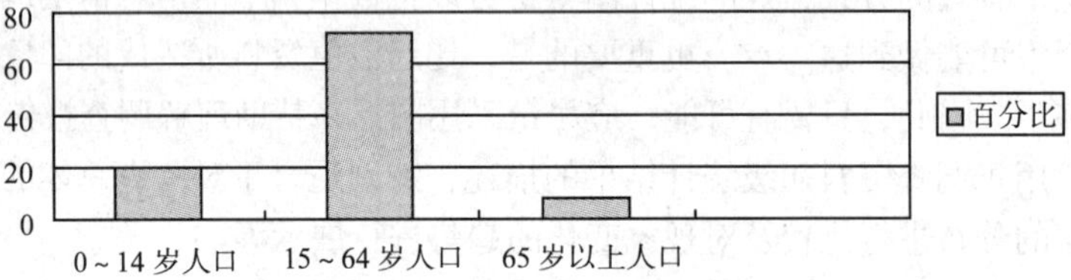

图 10.6　2005 年中国各年龄段人口分布

也可以将表 10.4 的资料用水平的条形图表示出来（见图 10.7）。

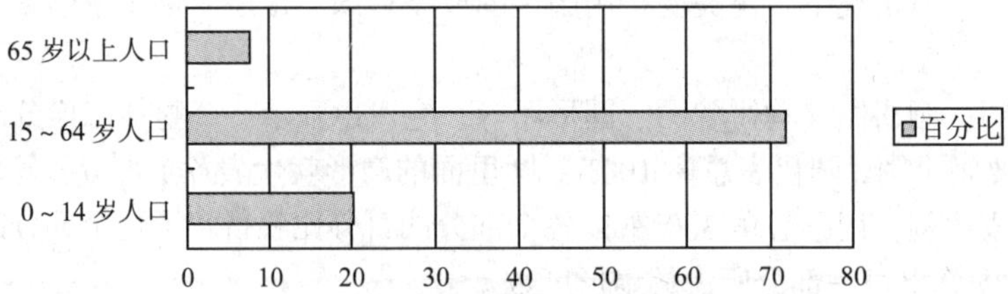

图 10.7　2005 年中国各年龄段人口分布

从图 10.6 和图 10.7 中，可以十分清楚地看到调查样本中不同年龄的人口分布情况，形象鲜明。每个条形的高度或长度显示出该年龄段的中国人口占总人口的百分比。从条形图中可以清楚地看出，15～64 岁人口比 0～14 岁人口多，因为“15～64 岁人口”的条形比较高或长。

这种条形图由于只有一组对象，所以又称为简单条形图。如果把两组或两组以上对象的条形并列在一起，共同构成一个条形图，则既可以进行每组中条形间的比较，又可以对各组的同类条形进行比较。这种条形图称为复合条形图。将中国 2005 年的各年龄段人口数与 2000 年相比，就可以画出一个复合条形图，如图 10.8 所示。

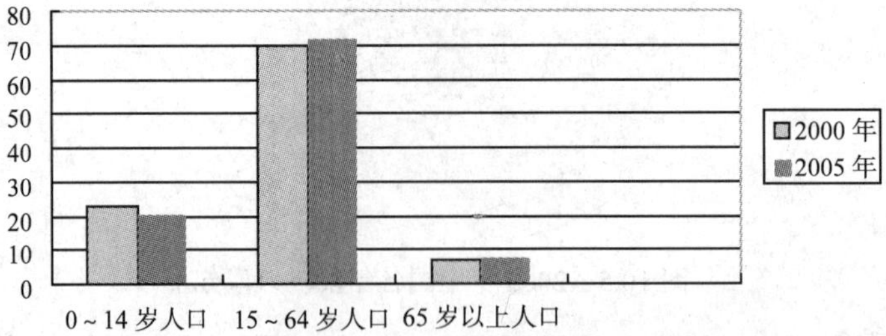

图 10.8　中国 2005 年与 2000 年各年龄段人口分布对比（%）

不难看出，条形图的用途比圆饼图要广泛得多。圆饼图只能用来比较一个整体的各个部分；条形图既可以比较一个整体，又可以用来比较不属于同一个整体的数量。

（3）直方图。直方图看上去和条形图类似，实际上它与条形图不同，它的宽度是有意义的。一般而言，直方图是以长条的面积表示频次或相对频次；而条形图的高度表示的是频次密度或相对频次密度，其宽度为组距。直方图条形与条形之间没有空隙，除非有一组是空的，此时它对应的条形高度是零。直方图仅适用于定距变量，常用来表示数量变量的分布，如学生高考分数、家庭收入等。因为这些变量的可能值太多，如果把比较接近的值归为一组，画出的直方图就会清楚一些。我们用下面一个例子来说明如何画直方图。

相关链接4

如何画直方图

调查得到某社区50户居民某月的个人收入（元）如下。

2 200	300	4 750	1 500	3 200	1 800	2 500	3 900	2 800	2 150
1 900	650	3 500	2 300	4 100	3 700	2 050	400	2 150	2 600
3 900	800	1 200	4 850	3 400	2 200	2 300	3 550	2 900	2 300
3 150	900	1 500	3 200	1 100	3 750	2 700	2 900	5 800	2 100
2 000	3 700	750	2 700	8 000	4 250	3 100	1 450	2 800	7 500

首先，将资料的数值范围分成同样宽度的组。人们的眼睛会对直方图的柱体面积起反应，因此要确保直方图每个组的宽度一样。如何分组并没有绝对的标准，不过如果组数太少，会组成“摩天楼”直方图，所有的值只落在少数几个组里面，而那几个组的柱体会很高；而分了太多的组，又会造成“煎饼”图，分到每组里的值的数量非常少，甚至没有，到处平平的。这两种选择都不能有效地描绘出分布的形状。所以，要展示出形状，调查者必须自己判断怎样选择合适的组数，当然也有统计软件会帮助决定怎样分组。电脑的选择通常很不错，不过调查者也可以根据需要进行修改。根据实际情况，将上述50个数据分成0～999元、1 000～1 999元、2 000～2 999元、3 000～3 999元、4 000～4 999元、5 000元以上共六个组。

其次，数一下每组中每个个体的个数（数值）（见表10.5）。

表10.5 每组中每个个体的个数

组别	数值
0～999元	6
1 000～1 999元	7
2 000～2 999元	18
3 000～3 999元	12
4 000～4 999元	4
5 000元及以上	3
合计	50

最后，把要显示的变量在横轴上标示出刻度。刻度要包含选定的组的所有范围。然后把计数的刻度标示在纵轴上。每一个柱体代表一组，柱体底部涵盖该组的范围，而柱体的高度代表该组的计数。柱体与柱体之间不要有空隙，除非有一组是空的，此时它对应的柱体高度是零。这样就得到了图10.9。

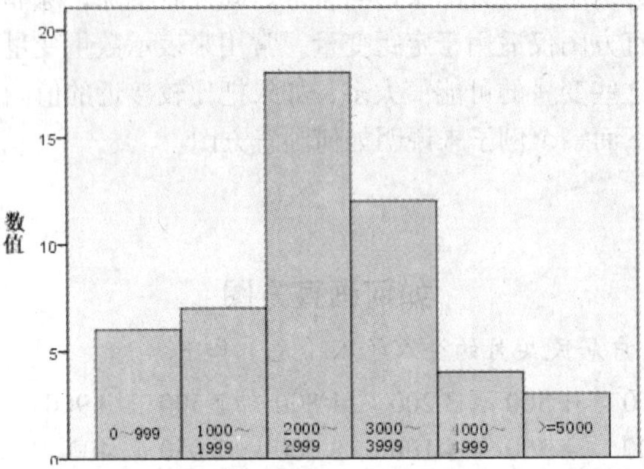

图 10.9 某社区 50 户居民 2004 年 3 月的个人收入分布

直方图的整体图提供了关于变量的重要信息。解释直方图，首先要描述分布的一般形态，其次要将注意力放在主要的尖峰上，而不是放在直方图中的小起伏上。

（4）曲线图。许多变量都是隔一段时间测量一次。比如，人们也许会度量成长中儿童的身高，或者每个月的月底记录某只股票的股价。在这类例子当中，人们主要感兴趣的是变量如何随着时间变动。要标示变量随着时间推移所产生的变化，应使用曲线图。曲线图又称折线图，它是通过上下变化的线段来反映所研究现象随时间变化的过程和发展趋势的图形。如果一个图中只含有一条曲线，人们把这种图形称为单式曲线图；如果一个图中含有两条以上的曲线，人们则称其为复式曲线图。图 10.10 是一个单式曲线图，图 10.11 则是一个复式曲线图。

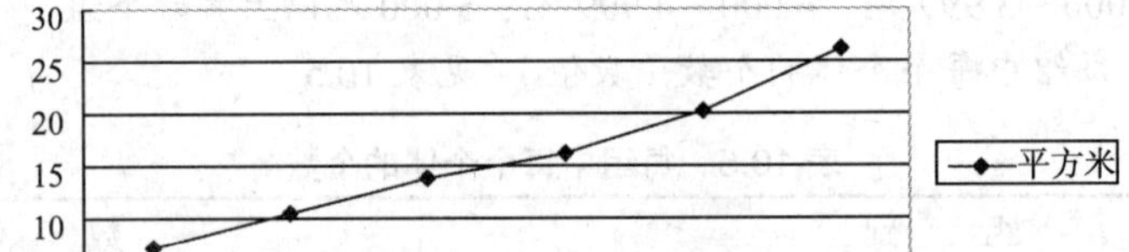

图 10.10 我国城市人均住宅建筑面积增长情况

曲线图描绘出该变量在不同的时间所量出来的结果，因此一定要把时间刻度放在图的横轴上，而把正在度量的变量放在纵轴上。用直线连接根据数据画出的点，以便呈现出随时间变化的情况。

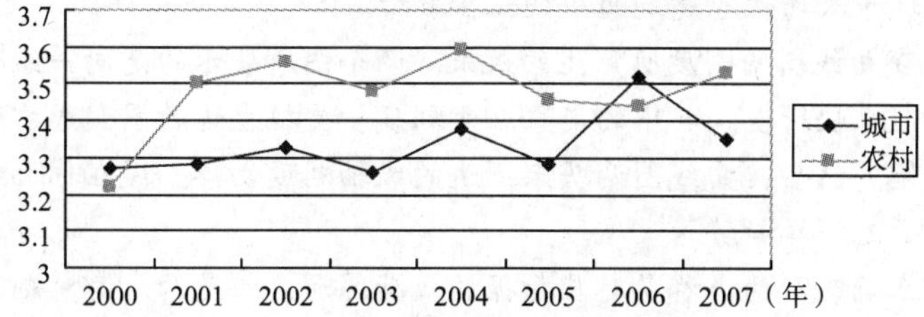

图 10.11 2000—2007 年中国城乡居民总体生活满意度变化趋势

注：图中数据为基于 5 级量表的得分，5 分表示非常满意，1 分表示非常不满意。

看曲线图时，首先，要找出整体形态。比如，长期以来是随着时间上升，还是随着时间下降，这叫趋势；其次，看有没有显著偏离整体形态的现象。随时间变动的变量，常常会出现有规则的季节变动现象。

相关链接 5

对图 10.11 的解释

比较历年城乡居民总体生活满意度的调查结果发现：2000—2005 年，农村居民总体生活满意度均高于城市居民；2006 年，城市居民总体生活满意度有较大幅度提升，首次超过农村居民。2007 年，农村居民总体生活满意度有所回升（3.44 分→3.53 分）；而城市居民的满意度有较大回落（3.52 分→3.35 分），城市居民的总体生活满意度再次跌至农村居民之下。

2．制作统计图应注意的问题

（1）要根据绘图目的和统计资料本身的特性选取适合的图形。

（2）标示和说明要清晰。图里面画的变量是什么，单位是什么，以及资料来源，这些一定要在标示和说明里表示清楚。

（3）要让数据很醒目。一定要注意，抓住看图者注意力的是数据本身，而不是标示、格子，也不是背景的图样。你是在画一个呈现数据的图，不是在从事艺术创作，所以数据要很醒目。

（4）不要在图中加入不必要的东西（如物体图片、画像等），以免数据看不清楚。

（5）注意曲线图中的刻度。图给人的印象深刻，所以不小心的人很容易被误导。谨慎的人读曲线图时，会很仔细地看横轴和纵轴上标示的刻度，看看有没有被刻意拉大或压缩来制造特定效果。

相关链接 6

小心刻度

我国城市人均住宅建筑面积数近年来增加了很多，这说明我国人民的生活水平在不断提高。图 10.12 是我国城市人均住宅建筑面积数的两个线图，数据出自《中国统计摘要 2006》。右边的图告诉人们，我国城市人均住宅建筑面积数正在激增。

图 10.12 是改变曲线图的刻度所产生的效果。两个图所展示的是同一组数据，但是右边的图使增加的速度看起来快得多，其中的奥秘在于刻度。要把左边的图变成右边的图，只要把纵轴拉长，把横轴压缩，然后把曲线图两头未到达的纵轴刻度切掉。现在你已经知道如何夸大或压低一个线图的上升或下降趋势了。

这两个图哪个正确呢？两个都是对应数据的正确图形，但是两者都对刻度做了选择，以便制造出特定的效果。曲线图并没有所谓的“正确”刻度，通过对刻度的选择，同样都是正确的图形也可以给人很不一样的印象。所以，一定要小心刻度！

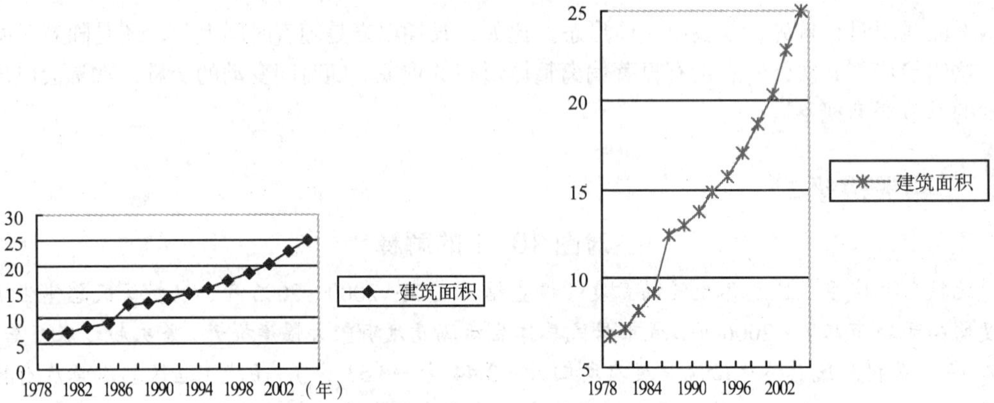

图 10.12　我国城市人均住宅建筑面积增长情况

练习 61

用什么图形

（1）在《中国统计摘要 2006》里面，有关 2005 年中国就业人员状况数据中，可以找到下列资料。

第一产业：33 918 万人

第二产业：18 092 万人

第三产业：23 815 万人

总　　计：75 825 万人

想一想，这些数据用什么图形最合适？画出这个图。

（2）下面数据是 1978—2002 年，每隔 4 年的居民消费价格指数。资料来自《中国统计摘要 2006》。居民消费价格指数：1978=100 元。

年　　份：　1978　1982　1986　1990　1994　1998　2002

居民消费价格指数： 100.0 114.4 139.6 216.4 339.0 438.4 433.5

想一想，应该用什么图形表示？根据图形说一说居民消费价格指数如何随着时间改变的，这段期间的价格整体趋势是什么？有没有哪几年是和趋势相反的？哪几年价格上涨最快？哪一段时期上涨最慢？

3．运用 SPSS 制作统计图示例

运用 SPSS 制作统计图不仅十分方便、效率很高，而且非常准确。这里简单介绍条形图的制法。有兴趣的读者可以参阅有关书籍进一步学习。

在 SPSS 中，做出的统计图不是简单的图片格式，而是可以继续编辑的增强图片格式，双击统计图就可以打开图片编辑窗口。

（1）基本操作。所有命令都可以在菜单上找到，该窗口的特殊命令主要集中在 Gallary、Chart、Format 三个菜单中，对于不同类型的统计图，这些菜单的内容会略有区别，但大部分相同。另外，菜单中还有和外面完全相同的 Analyze、Graphs 菜单，可以直接在这里继续进行分析。下面对特色菜单进行简单介绍。

1）File 菜单。File 菜单包括 Save chart template 菜单项和 Export chart 菜单项。Save chart template 菜单项：将现在的图片设置格式存为模板，便于以后再做图时直接套用。Export chart 菜单项：将 SPSS 的统计图输出为常用格式的图形文件，如 BMP、JPG 等。

2）Gallery 菜单。有许多统计图可以互相变换，如线图和饼图、面积图等（当然是按某种对应关系）。选择该菜单，可变换的统计图类型为黑色可选；选中需要的类型，确定后图形就会自动转换。

3）Chart 菜单。Chart 菜单包括 Options 菜单项、Axis 菜单项和 Reference line 菜单项。Options 菜单项：做各种统计图比较有自身特色的设置，因而每种统计图的内容均不相同。Axis 菜单项：对两个坐标轴进行设置，如最大、最小值、坐标轴标题等。Reference line 菜单项：在纵坐标或横坐标方向上按所给数值的位置加上参考线。

（2）条形图的绘制与编辑。由于不同图形的绘图对话框有相当强的共性，下面通过一个简单的例子看看绘图菜单的大致界面，通过这个例子读者可以举一反三（见图 10.13）。选择 graphs→bar 后，系统首先会弹出一个简单的导航对话框，在该对话框中，SPSS 将条形图进行了大致的分类，对话框的上半部分用于选择条形图类型，下半部分的 Data in Chart are 单选框组用于定义条形图中数据的表达类型。比如，根据所需绘制条图的类型，选择简单条图，在表达类型中则应选择“Summaries for groups of cases”。选好后单击 Define 按钮。

然后，可以看到 Bars Represent 单选框组：用于定义条形图中直条所代表的含义，可以是频数、百分比等。选择最后一项 Other summary function，系统开启 summary function 对话框，列出了更多的统计汇总函数，可以满足绝大多数情况的需要。

其中，上部分包括大多数常用统计汇总函数，如均数、标准差、中位数、方差、众数、最大值、最小值、样本例数、变量值之和、累计变量值。

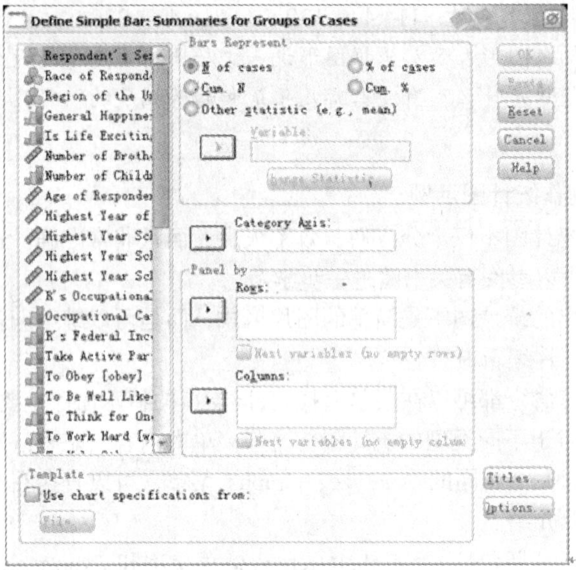

图 10.13

中间部分可对各记录按大小进行筛选，如上侧百分之多少，或者只选择小于某个数值的记录。具体的数值在 value 框中输入。

最后，在下部分可按数值大小选择取值在某个范围内的记录，具体的范围在 low 和 high 框中输入。

此外，对话框最下侧还有一个 Values are grouped midpoints 复选框，当选中 median of values 或 percentile 单选框时，该框变为可选，选中则表明数据为频数表格式，所输入的数值为组中值。

Category Axis 框：用于选择所需的分类变量，此处必选。这里根据要求，将 subject 选入，此时可以看到 OK 按钮已经变黑可用了。

Template 框：用于选择绘制条形图的模板，一般较少用。

Titles 钮：用于输入统计图的标题和脚注，最多可以输入两行主标题、一行副标题、两行脚注。

Options 钮：弹出 Options 对话框，用于定义相关的选项。

Confidence Interval 框：输入需要计算的均数差值可信区间范围，默认为 95%。如果是与总体均数为 0 相比，则此处计算的就是样本所在总体均数的可信区间。

Missing Values 单选框组：定义分析中对缺失值的处理方法，可以是具体分析用到的变量有缺失值才去除该记录（Excludes cases analysis by analysis），或者只要相关变量有缺失值，则在所有分析中均将该记录去除（Excludes cases listwise）。默认为前者，以充分利用数据。

练习 62

制作统计表和统计图

将你的调查结果根据具体情况制成统计表和统计图。请至少制作两个表格、一个圆饼图和一个条形图。

复习思考题

一、填空题

1．整理资料是为了日后研究__________、__________、__________。

2．__________是整理资料的第一原则。

3．信度审核是指______________。

二、选择题

1．以下哪种检验方法不是数据资料的检验方法（　　）。

A．经验检验　　B．逻辑检验　　C．计算检验　　D．折半检验

2．以下哪个变量名称符合 SPSS 的变量定义规则（　　）。

A．ALL　　B．1_1234　　C．1.23　　D．educ

3．以下哪项对 SPSS 的操作可以生成频数表格（　　）。

A．EDIT→OPTIONS　　B．Analyze→Descriptive Statistics→Frequencies

C．SPSS Pivot table→open　　D．graphs→bar

三、简答题

1．制作统计表格应该注意什么？

2．制作统计图形应该注意什么？

四、讨论题

1．为什么说整理资料时应当遵循一定原则？

2．对问卷的整理步骤为什么缺一不可？

3．请谈谈在 SPSS 中的变量定义如何与问卷编码相统一？

五、画图

以下数字是 1994—2005 年的我国国内旅游人数（见表 10.6），资料来自于《中国统计摘要 2006》。用什么图来展示这些数据最合适？从这些数据看出来的最重要的信息是什么？

表 10.6　1994—2005 年的我国国内旅游人数

年　份	旅游人数（亿人次）
1994	5.24
1995	6.29
1996	6.39
1997	6.44
1998	6.95
1999	7.19
2000	7.44
2001	7.84
2002	8.78
2003	8.70
2004	11.02
2005	12.12

第 11 章 资料的统计分析

引 言

通过社会调查收集到有关社会现象的资料并进行整理之后，就需要对这些已经初步实现条理化的资料进行统计分析，以便能够发现问题、探求内在规律。本章介绍比较常用的统计分析方法,如集中量数、离中量数、列联表、相关与回归分析等的原理及使用方法。

本章学习目标

1. 掌握变量分布的统计方法。
2. 掌握集中趋势和离中趋势的分析方法。
3. 了解列联表分析、相关分析和回归分析的基本方法。
4. 了解 SPSS 的统计功能。

学习导航

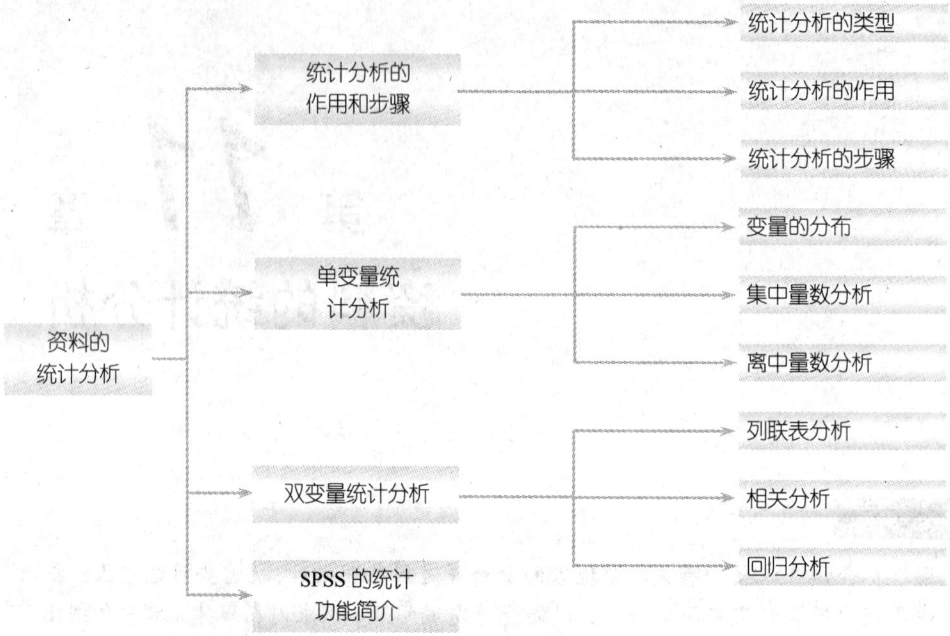

11.1 统计分析的作用和步骤

统计作为一种社会实践活动已有悠久的历史。在英语中，“统计”（statistics）一词与“国家”一词来自同一词源。可以说，自从有了国家就有了统计实践活动。最初，统计只是为统治者管理国家的需要而收集资料，弄清国家的人力、物力和财力，为国家管理提供依据。19 世纪中叶，概率论引入统计学，此后，一门研究客观世界随机现象的严谨的数学理论——数理统计学逐渐形成。

统计分析是运用统计方法和技术对数据进行分析处理的过程，是社会调查不可缺少的环节和重要内容，也是应用最广泛的定量分析方法。数据的统计分析工作质量的高低不仅是能否保证“颗粒还家”的关键，还是能否“去伪存真”、“由表及里”、“找到规律”、“发现问题”、“更上一层楼”的重要环节。

今天，电子计算机的迅速发展为统计学插上了翅膀，统计分析在自然科学研究和社会科学研究中发挥着越来越重要的作用，而且已经成为科学研究必不可少的工具。

11.1.1 统计分析的类型

统计分析可以按照不同标准进行划分。按照统计分析的性质，统计分析可分为描述性统计分析和推断性统计分析；按照统计分析涉及的变量，统计分析可分为单变量统计分析、双变量统计分析和多变量统计分析。

1．描述性统计分析和推断性统计分析

描述性统计分析就是运用样本统计量描述样本统计特征的统计分析方法。描述性统计分析是相对于推断性统计分析而言的，即凡是只涉及样本而不涉及总体特征的统计分析方法都属于描述性统计分析的范畴。

推断性统计分析是以概率论为基础，运用样本统计量推断总体的统计分析方法。一般来说，社会调查的目的都是要通过抽样调查来了解总体。因此，在统计分析中，一般都要运用推断性统计分析方法。

描述性统计分析和推断性统计分析是密不可分的。描述性统计分析是推断性统计分析的基础和前提。只有在描述性统计分析求出了样本统计量的基础上，才能推断总体参数或进行假设检验。推断性统计分析是描述性统计分析的发展和目的。

2．单变量、双变量和多变量统计分析

社会调查通常会涉及很多变量。在统计分析中，究竟进行单变量统计分析，还是进行双变量统计分析或多变量统计分析，这要取决于调查者的目的和意图。

单变量统计分析就是只对一个变量进行统计分析的方法。它只能用百分数、平均数、标准差等统计数值来描述单个变量的特征，而不可能对变量之间的关系做出解释，即只能做描述性研究。

双变量统计分析是对两个变量进行统计分析的方法。它可以进行解释性研究，可以通过常用的双变量统计分析方法，如列联表分析、各种双变量相关分析、二元回归分析等，分析两个变量之间的关系，如相关关系、因果关系等。

多变量统计分析就是对三个或三个以上变量（其中至少有一个因变量）进行统计分析的方法。多变量统计分析是一种非常复杂的统计分析方法，因而通常称为高级统计方法。

所有的调查都需要使用单变量统计分析的方法，大部分的调查也使用双变量统计分析的方法，而只有少部分比较复杂的调查才会使用多变量统计分析方法。因此，本书只介绍单变量统计分析和双变量统计分析，特别是重点介绍单变量统计分析。有兴趣的读者可以在此基础上参考相关书籍进行深入的学习。

11.1.2　统计分析的作用

1．可以简化和描述数据

社会调查往往涉及大量的信息。统计分析的作用之一就是以精简的数字来综合大量的事实，提高人们对数字的控制能力，帮助人们透过庞杂的数字和复杂的关系对研究变量自身特征做出清晰的描述。

2．可以用样本推断总体

由于大量的社会调查都是抽样调查，如何由样本资料推论总体就成为抽样调查必须解决的问题。统计学很好地解决了这个问题。它可以通过参数估计和统计检验等手段，将样本资料推论到总体并指出这种推论的误差及做出这种推论的把握有多大。由于它建立在概率论的基础之上，所以决定了这种由样本到总体的推论是科学的。统计学的介入大大扩展了社会调查的范围，提高了社会调查的效率，并使社会研究得以深入进行。

3．可以对变量间的关系进行描述和深入分析

科学研究的目的在于揭示现象之间的关系，发现事物发展的规律。统计分析可以通过相关分析、回归分析等方法，深入描述和分析两个或多个变量之间的数量联系，进而揭示变量之间的关系，探寻事物的变化发展规律。

11.1.3 统计分析的步骤

1．对应用统计分析的前提条件进行考察

社会调查过程是一个相互联系的整体，统计分析只是其中的一步，因此它的前导步骤是否正确执行就构成了统计分析能不能成功运用的实际前提。统计分析是建立在数理统计基础之上的，它的应用必须满足一定的理论前提，如资料在总体中的分布是否满足了统计分析的要求，抽样方法是否是随机抽样等。因此，在运用统计方法对调查资料进行分析之前，首先要注意审查使用统计分析的理论前提和实际条件是否得到满足。

2．制定统计分析方案

调查人员在设计调查方案时，就应该根据调查目的考虑准备进行哪些统计分析，再从统计分析的需要出发决定测量中的有关事项，提出适当的统计方法。比如，针对某份调查问卷，可以这样设计：

- 计算所有变量的频数。
- 计算第 1 ~ 5 题中所有变量的百分数。
- 计算第 6 题中各个变量的平均数与标准差。
- 计算第 8 题和第 9 题中两个变量的相关系数等。

这时对统计分析的考虑还只是初步的、粗略的。调查人员在对资料是否满足统计分析的前提条件进行考察后，还要经过周密审慎的思考，制定出详细的统计分析方案。

3．选择适当的统计分析方法

各种统计分析方法都具有特定的假设前提、应用范围和功能。在进行资料分析时，调查人员必须根据调查目的和资料本身的特点选择适当的统计分析方法，否则得到的统计结果不是毫无意义，也是不可信赖的。

选择统计方法时，要考虑的因素有测量层次、资料的收集方法、变量的个数等。

一般来说，适用于低层次测量的统计方法也适用于高层次的测量，反之则不可以。但为了不损失资料的信息，最好采用与测量层次相应的统计方法。

资料的收集方法是指资料是通过普查得到的还是通过抽样调查得到的。如果资料是由普查获得的，则使用描述性统计；如果资料是由抽样调查得到的，仅用描述性统计就不够了，还必须运用推断性统计技术，将样本资料推论到总体。

对于变量的个数，如果要概括调查对象的特征，则可使用单变量统计分析，如某一群体的“平均收入”、“平均年龄”，某一国家的“出生率”、“死亡率”等；如果分析要说明社会现象，如“个人的工资收入”与“个人的消费状况”之间的关系，就要用双变量统计分析或多变量统计分析。

表 11.1 给出了考虑各种因素后的选择统计分析方法的建议。

表 11.1　不同因素下适用的统计分析方法

变量类型	描述性统计	推断性统计
定类	百分比、比例、比率、众数	卡方、二项检验
定序	百分比、中位数、众数	秩相关系数
定距	平均数、中位数、众数、极差、标准差	积矩相关系数、学生 t 检验、方差分析、回归分析、因子分析
定比	平均数、中位数、众数、极差、标准差	变异系数

4．对统计结果做出解释

在对统计结果进行解释时，应该注意以下几点。

（1）解释不应超越调查结果的资料之外。

（2）解释不能忘记调查的限制，如调查工具的信度和效度问题、样本的代表性问题、抽样误差问题等，切忌夸大其词。

（3）解释时应将未能妥善控制的因素加以说明。比如，虽然是随机抽样，但其中某些样本并不随机等，这些应在调查报告中加以说明。

（4）避免做因果关系的解释。在社会调查中，变量之间如果有因果关系的证据，只能说明其有因果关系的可能，并不能直接解释为因果关系。

特别需要注意的是，即使得出的统计数据是真实、可靠的，对社会现象的解释也不能百分之百地依靠数据，正如爱因斯坦所说：“数学定律不能百分之百地确实地用在现实生活里；能百分之百确实地用数学定律描述的，就不是现实生活。” 恩格斯也说过：“数字是我们所知道的最纯粹的量的规定，但是它充满了质的差异。”

对于统计结果的解释，要从实事求是的立场出发，与其他有关资料相结合，并参考其他分析方法所得到的结果。只有综合各种因素后，统计结果才有可能反映和揭示调查资料所代表的社会现象的本质的、深刻的意义和内容。

11.2　单变量统计分析

单变量统计分析是对某一变量的数量特征所做的描述。它是最简单也是最基本的统计，是对某一变量大量数据的统计概括。

11.2.1 变量的分布

调查问卷中的项目或变量形成“分布”，即被调查者对某项目所做出的选择（或值）是分布在某些值的范围之内的。数据分析的第一件事就是描述每个变量的分布。简单地说，就是清点所有调查对象选择某一个变量的数量，掌握它们的相对规模。常用于描述变量分布情况的测量主要包括频数分析、比例、百分比和比率。

1．频数分析

频数分析就是计算某一个变量下各个变量值出现次数的统计分析方法。它是最常用的描述性统计分析方法之一。利用变量的频数分布分析，可以方便地按组对数据进行归类整理，形成观测量中各变量不同水平的分布情况表，以便对数值的数量特征和内部结构状况有一个整体上的认识，从而了解调查对象对于不同变量值的选择倾向。

例如，对某社区 100 名居民的“文化程度”进行调查，通过将文化程度进行归类，调查者就得到这 100 名居民的频数分布：小学及以下 10 人，初中 15 人，高中或中专 32 人，大专或以上 43 人。这样，只用四个数字就可以概括出这 100 人关于“文化程度”这一变量的内部结构情况。

2．比例

比例就是分类中的样本数除以样本的总和。测量比例的前提条件是，分类的方法可以保证不同类别之间相互排斥并具穷尽性。也就是说，任何一个确定的被调查者都可以被置放在一个而且只能是一个分类之中。比如，上例中的“文化程度”这一变量，调查者将其分成小学及以下、初中、高中或中专、大专或以上四类，它包含了文化程度的所有类型，因此具有穷尽性；这四个类别之间既没有互相涵盖，又没有交叉，因此具有互斥性。

在实际运用时，调查者通常保留两位小数来展示资料的比例。上例中，调查者通过计算得出的比例分布为：“小学及以下”占 100 名居民“文化程度”这个变量的 0.10，“初中”占 0.15，“高中或中专”占 0.32，“大专或以上”占 0.43。

不难看出，如果把所有分类中的比例相加，其结果为 1。这是比例的一个重要性质，它适用于任意数量的分类。

3．百分比

若在比例的基础上乘以 100，便可获得百分比（或称百分数）。在实际的调查报告结果中，百分比的使用较之比例的使用要频繁和普遍一些。既然比例必须相加成为一个单位的整数，那么百分比的总和将为 100，除非分类不是互斥的或可穷尽的。

下面用表 11.2 说明频数、比例和百分比。

表 11.2　某社区 100 名居民的“文化程度”分布

文化程度	频　数	比　例	百 分 比	累计百分比
小学及以下	10	0.10	10%	10%
初中	15	0.15	15%	25%
高中或中专	32	0.32	32%	57%
大专或以上	43	0.43	43%	100%
合　计	100	1	100%	

在统计表中，经常会列出累计百分比，就是每个数相当于上一列中到该数位置为止的前几个数的和，最后的累计结果就是 100%。

练习 63

百分比的和不等于 100%怎么办

在计算百分比时，由于有些数不能够除尽，经常要四舍五入，这样计算出来的百分比的总和就可能稍大于或稍小于 100%，如 99.9%，100.2%等，想一想，这时该如何处理？

按照常规，此时百分比要在最后一位的数值上进行必要的调整，使其总和精确地等于 100%。我们传统上习惯于调整那些含有最大百分比数的分类，这是因为大数值中的微小变化比小数值的变动影响小，故不会改变计算结果。同时，还必须与百分比一起报告各个类别样本的频数。

4．比率

数值 A 对数值 B 的比率可以定义为用 A 除以 B。这里的关键词是“对”。无论是什么样的数，只要它出现在“对”之前，就应该是分子，之后则为分母。

上例中，“小学及以下”对“初中”的比率就是 10/15；“高中或中专”和“大专或以上”对“初中”的比率则为（32+43）/15。与比例不同，比率的值可以大于 1。它经常可由分子和分母的化简而得到最简单的形式，如上面“小学及以下”对“初中”的比率就可以化简为 2/3 或 2：3。有时，还可以将分母作为一个单位来表示比率，沿用上例，则“小学及以下”对“初中”的比率为 0.67：1。

比例也属于比率，它是比率的一种特殊类型，其中分母是实例的总和，分子是分母中的某一部分。而通常意义的比率则是相比中的 A 和 B 来自完全不同的类别，这样的比率又称为相对比率。

人们在生活中经常会听到很多数字，如我国人口普查中常用的人口性别比、出生率、死亡率、增长率等。其实这些都是比率。比率可以用任何方便的数字作为基数，用分母的量值表示出来。人口性别比就是人口中男性人数与女性人数之比，通常用每 100 名女性人口相对应的男性人口数来表示。如果人口性别比为 94，说明男性略少于女性；而人口性别比为 108 则相反，说明男性略多于女性。出生率是指在一定时期内（通常为一年）平均每 1 000 人所出生的人数的比率；死亡率是指在一定时期（通常为一年）内死亡人数与同期平均人口数的比率（一般按每千人平均计算）；增长率是指用某一阶段中的实际增长数除以这一阶段开始时的规模。增长率有可能超过 100%，也有可能为负数。

比率很好地从数量上反映了两个相互联系的现象之间的对比关系。但是，随着变量类别的增加，比率数会变得很大，这时，既经济又简便且清晰的方法是使用百分比或比例。

练习 64

描述变量分布

根据你自己调查得到的数据，做一张或几张如表 11.2 的变量分布表，表中至少要包括频数和百分比，描述一下相关变量的分布情况，看看有什么发现。

11.2.2 集中量数分析

用分布来研究变量是最为全面的方法，但有时候，仅仅需要对变量的主要特征进行研究，而不必详尽了解所要研究的变量，如某一个社区的居民的平均工资、某单位职工的平均年龄等。在这种情况下，可以用某一个典型的变量值或特征值来代表全体变量值。这个典型的变量值或特征值就被称为集中量数。

例如，某单位职工的年龄是各不相同的，经过计算，平均年龄是 35 岁，那么 35 岁就是该单位职工年龄的集中量数。不论职工的年龄分布如何，它们都是以 35 岁为中心而上下波动。所以，平均数 35 岁所反映的就是该单位职工年龄分布的集中趋势。

集中量数用来测度集中趋势，即一组数据向某一中心值靠拢的程度，它反映了一组数据中心点的位置所在。用一个数值来代表一组数据对原始数据来说是一种简化的过程。这一过程损失了原始数据所具有的实在性，然而这一损失是以科学的抽象为前提的，因此它能帮助人们更加深入地了解这组数据。比如，单位职工的平均年龄是 35 岁，可能没有一位职工的年龄是 35 岁，也就是说 35 岁不具有实在性，但这一数值却是全体职工年龄的集中体现。

在统计分析中，测定集中量数具有以下作用。

一是可以说明某一社会现象在一定条件下的一般水平和规模。例如，人均住房面积可以反映某城市居民的居住水平，人均收入可以反映经济生活水平等。

二是可以对不同空间的同类现象或同一现象在不同时间的状态进行比较。例如，可以用国民人均收入来比较不同国家的生活水平；通过对不同时期的家庭人口平均数的比较，可以揭示家庭结构的发展变化趋势等。

三是可以分析某些社会现象之间的依存关系。例如，考察不同工厂的劳动生产率和人均奖金的情况，可以看出奖金水平对劳动生产率的制约关系等。

常用的集中量数有平均数、众数、中位数等。

1. 平均数

平均数也称均值，它是一组数据相加后除以数据的个数得到的结果。平均数是集中趋势的最主要的测度值，是最典型的、最常用的，也是最有意义的统计量。它主要适用于数值型数据，而不适用于分类数据和顺序数据。

（1）根据原始资料求平均数。当原始数据比较少时，可以直接加总观察值，然后除以观察总数。

$$\overline{X}=\frac{\sum X_i}{N}$$

式中，$\overline{X}$ 为变量 X 的均值；$\sum X_i$ 为观察值的总和；N 为观察总数。

相关链接 1

求平均数

在某社区中随机抽取 5 个家庭，调查得到每个家庭的人均月收入数据如下（单位：元）。

1 080　750　1 000　1 000　850

计算人均月收入的平均数。

$$\overline{X}=\frac{1\,080+750+1\,000+1\,000+850}{5}=936$$

（2）利用频数分布求平均数。利用频数分布可以简化平均数的计算，公式如下。

$$\overline{X}=\frac{\sum n_i X_i}{\sum n_i}=\frac{n_1X_1+n_2X_2+\cdots+n_kX_k}{n_1+n_2+\cdots+n_k}$$

n_iX_i 表示变量值 X_i 与和它对应的频数 n_i 的乘积，$\sum n_i=N$。

相关链接 2

鳗鱼的公共繁殖场所

费希尔在 1952 年的一篇文章中举了一个例子，说明如何由基本的描述统计量的知识引出一个重要的发现。

20 世纪早期，哥本哈根卡尔堡实验室的施密特发现不同地区所捕获的同种鱼类的脊椎骨和腮腺的数量有很大不同，甚至对在同一海湾内不同地点所捕获的同种鱼类也发现同样的倾向。然而，鳗鱼的脊椎骨的数量变化并不大。施密特从欧洲各地、冰岛、亚速尔群岛和尼罗河等几乎分离的海域里所捕捞的鳗鱼样本中，计算发现了几乎一样的均值和标准偏差值。

施密特由此推断：所有各个不同海域内的鳗鱼是由海洋中某公共场所繁殖的。后来名为“戴纳”的科学考察船在一次远征中发现了这个场所。

练习65

量量你的脉搏

即使你在静止时量自己的脉搏，每天的次数也可能不一样，而同一天不同时间量的数量也不一定一样。量一下你静止时的脉搏，同一天内至少量6次（时间要间隔开），而且至少要量4天。写一篇报告，内容必须包括你是怎样量脉搏的，以及你对数据做的分析。根据你的数据，当别人问你的静止脉搏是多少时，你会怎么回答？如果全班同学都做了这个报告，你们也可以讨论一下全班同学的脉搏情况。

2．众数

众数就是一组数据中出现次数最多的变量值，它表示的是最典型的个案，即包含最大比例的调查对象的变量值。众数主要用于测度分类数据的集中趋势，也适用于作为顺序数据及数值型数据的集中趋势的测量。一般而言，只有在数据量较大的情况下众数才具有意义。

众数最易求出，因为只要知道频数分布就能找到众数。

相关链接3

求众数

在某社区中随机抽取10个家庭，调查得到每个家庭的人均月收入数据如下（单位：元）。

1 080　750　1 000　1 000　850　900　1 000　1 200　1 500　1 300

由于在这10个家庭中人均月收入出现频数最多的是1 000元，共出现了3次，而其他均为1次，所以众数为1 000元。

众数是一个位置代表值，它不受数据中极端值的影响。从分布的角度看，众数是具有明显集中趋势点的值，一组数据分布的最高峰点所对应的数值即为众数。

相关链接4

生活中的众数

我的印象中，在日常生活中把统计应用得很活的，要算没有专门学过统计知识的老伴了。对于家务事，特别是到集市采购蔬菜等食品，已成了她的特权。要买的菜，她几乎跑遍整个市场，看了又看，问了又问。之后，才从中通过讨价还价的方式把菜买下来。我和统计差不多打了一辈子交道，这才真切意识到，她在运用大量观察法。难怪，买回的菜都物美价廉。更令我惊喜的是，有一次，看到好多人在挤着购买一种蔬菜，等我们上去时，只剩下几斤了；老伴不问三七二十一，全都买下来；在算账时，还砍掉几毛钱尾数。我问她："没有细看看，怎么就全买下来？"她回答得很干脆："这么多人买，还用担心质量和价格？"这真是把众数知识运用得淋漓尽致的一个好例证。

（资料来源：杨俊才，人人都来学点统计知识，《中国统计》2001 年第 3 期）

3．中位数

当资料由低到高或由高向低排列后，人们可能期望找到中间那一列的位置，中位数就是帮我们很容易地找到中间列的最重要的一个方法。它是变量的一个取值，用 M_d 表示。它把观察总数一分为二，其中一半具有比它小的变量值，另一半具有比它大的变量值。中位数就是数据序列中处于中间位置的变量值。中位数主要用于测度顺序数据的集中趋势，也适用于数值型数据的集中趋势，但不适用于分类数据。

（1）根据原始资料求中位数。当原始数据比较少时，可以将数据按照大小排序。当观察总数 n 为奇数时，中位数位于 $\frac{n+1}{2}$ 的位置；当观察总数为偶数时，由于 $\frac{n+1}{2}$ 的位置不存在变量值，所以取居中位置左右两侧变量值的平均数做中位数。

相关链接 5

根据原始资料求中位数

以上面某社区 10 个家庭的人均月收入为例，来求它的中位数。

首先，将案例中的数据排序，结果如下。

750　850　900　1 000　1 000　1 000　1 080　1 200　1 300　1 500

中位数位置=（10+1）/2=5.5，找到居于 5.5 位置左右的两个数 1 000，1 000。

则中位数为：M_d=（1 000+1 000）/2=1 000。

（2）根据频数分布求中位数。当原始数据比较多时，可以根据频数分布求中位数。决定频数分布中中位数所在的位置，需要计算累计频数，其计算方法与累计百分比的算法相同，就是每个数相当于上一列中到该数位置为止的前几个数的和。尽管没有统一规定，可还是应该养成写明所有频数并在表格中列入累计频数的习惯。我们先找出中位数的位置，然后顺着累计频数找到中位数所在的变量，那个变量就是中位数。

相关链接 6

根据频数分布求中位数

表 11.3 给出了某校某年级的体育期末成绩，来求其中位数。

表 11.3　某校某年级的体育课期末成绩

成　绩	频　数	累计频数 cf↑
及格	10	10
中	210	220

续表

成　　绩	频　　数	累计频数 cf↑
良	195	415
优	85	500

首先，求出中位数位置。中位数位置=（500+1）/2=250.5。

然后，找出中位数。从累计频数中，发现250.5这个值落在“良”中。

所以，中位数为：M_d=良。

它指出了某年级体育成绩是以“良”为中心，高于和低于这一中心值的学生各占一半。

4. 平均数与众数、中位数的特点及应用场合

从总体上看，要测量集中趋势，就要找出一个具有代表性的值，上述几种集中量数在许多场合中对同一资料所描述的代表值并不相同。也就是说，同一资料的算术平均数、中位数、众数的数值并不相等。那么，究竟选择哪种集中量数作为代表值，这就要结合数据资料的情况和研究的目的来决定。

平均数最严密、可靠，而且还可以进一步计算相关系数和回归系数，同时平均数乘以总体单位数可以得出全部数值总和，这是中位数和众数所不具备的。但当数据中出现极端数值时，就会改变平均数数值，从而削弱了平均数的代表性，这时可以考虑选择众数或中位数。当数据资料是等级或类别类型时，平均数也无能为力。

众数是一组数据分布的峰值，不受极端值的影响。其缺点是具有不唯一性，一组数据可能有一个众数，也可能有两个或多个众数，也可能没有众数。众数只有在数据较多的情况下才具有意义，所以当数据较少时不宜使用众数。众数主要适合作为分类数据的集中趋势测度值。

中位数是一组数据中间位置上的代表值，不受极端值的影响。当一组数据的分布倾斜程度较大时，使用中位数也许是一个比较好的选择。中位数主要适合作为顺序数据的集中趋势测度值。

可见，中位数和众数不具备平均数所具有的优点，但却能弥补平均数的不足，其适用范围比平均数宽，而且不受极端数值的影响。

练习 66

集中量数分析练习

在课堂上，请每位同学说出自己的民族和年龄。然后请同学们对全班同学的民族和年龄进行统计，看看是否能计算民族和年龄这两个变量的众数、中位数和平均数。

在此基础上讨论一下众数、中位数和平均数适用于什么层次的变量。

11.2.3 离中量数分析

一切事物都是有差异的，集中量数概括了一组数据的共性和一般水平，但它无法说明被它

所概括了的数据其差异究竟达到何种程度。离中量数反映的是各变量值远离其中心值的程度，即一组数据围绕中心值向两个方向的伸展程度。它的意义在于阐述被研究现象的差异特征。它与集中量数一起，分别从两个不同的侧面描述和揭示一组数据的分布情况，共同反映数据分布的全面特征。同时，它还对相应的集中量数的代表性做出补充说明，帮助人们理解数据的离散程度及集中量数的代表性。数据的离散程度越大，集中趋势的测量值对该组数据的代表性就越差；离散程度越小，集中趋势的测量值的代表性就越好。

相关链接 7

离散程度分析

从某校三个系各选 5 名同学，参加智力竞赛，他们的成绩如表 11.4 所示。

表 11.4　不同系别学生智力竞赛得分情况　　单位：分

系　别	成　绩					总　分	平均分
政法系	78	79	80	81	82	400	80
管理系	65	72	80	88	95	400	80
英语系	35	78	89	98	100	400	80

无论是从团体总分还是从平均分来看，三个系代表队的成绩都是相同的。因此，如果仅以集中量数的统计量（平均数）来衡量，三个系代表队的水平一样高，不存在什么差别。但从直观上我们不难发现，三个代表队中五名队员的成绩相互之间的差距程度（离散程度）很不一样。虽然三个队的平均成绩都是 80 分，但 80 分对政法系同学的代表性最高，而对英语系同学的代表性最低。

描述离散程度的离中量数主要有异众比率、极差、四分互差、方差和标准差等。

1. 异众比率

异众比率就是非众数的频数在总频数中所占的比例。它表示在总体中众数不能代表的比例有多大。可见，异众比率是对众数的补充，异众比率越小，各变量值相对于众数越集中，说明众数的代表性越好；反之，异众比率越大，各变量值相对于众数越离散，则说明众数的代表性越差。

$$V_r = \frac{N - f_{M_o}}{N}$$

式中　f_{M_o} 为众数的频次。

2. 极差

一组数据的最大值与最小值之差称为极差，也称为全距，用 R 表示。

极差=数据的最大值−数据的最小值

“相关链接7”中，英语系5位同学的成绩，其极差就是35和100的差，即65。极差越小，表明资料越集中；极差越大，表明资料越分散。但由于它的值是由端点值之差决定的，因此个别远离群体的极值会极大地改变极差，致使极差不能真实反映资料的分散程度。

3．四分互差

四分互差可以用 Q 来表示。它是将各个变量值按大小顺序排列，然后将排列好的数列分为四等份，第三个四分位上的值 Q_{75} 与第一个四分位上的值 Q_{25} 的差就是四分互差。

$$\text{四分互差}\ Q = Q_{75} - Q_{25}$$

本书以未分组资料为例，说明如何求四分互差。

相关链接 8

求四分互差

根据下列数据求四分互差。

1 2 5 6 6 6 6 6 7 11 12

首先，求出 Q_{75} 和 Q_{25} 的位置。其中

$$Q_{75}\text{的位置}=\frac{3(N+1)}{4} \qquad Q_{25}\text{的位置}=\frac{N+1}{4}$$

根据公式找到 Q_{75} 的位置是第9位（数值为7），Q_{25} 的位置是第三位（数值为5）。

然后，将两个数值相减，就得到四分互差。$Q = Q_{75} - Q_{25} = 7-5=2$

四分互差可以克服极值的干扰，因为它不是用数据的最大值和最小值来计算的。在统计分析中，四分互差常与中位数配合使用，从而使统计总体中的集中趋势与离散趋势更鲜明地表现出来。四分互差 Q 值越大，表明 Q_{75} 和 Q_{25} 之间有一半的变量值分布越远离它们的中心点，这时中位数的代表性越差；反之则越好。

4．方差和标准差

方差是各变量值与其平均数之差的平方和的平均数。

$$\text{方差}\ \sigma^2=\frac{\sum(X_i-\overline{X})^2}{N}$$

标准差是方差的算术平方根。

$$\text{标准差}\ \sigma=+\sqrt{\sigma^2}$$

方差 σ^2 和标准差 σ 能较好地反映数据的离散程度，是在实际中应用最广泛的离散程度测度值。标准差的数值越大，表明平均数代表性越小，变量的离散趋势越大，离中越势越小；标准差的数值越小，表明平均数代表性越大，变量的离散趋势越小，离中趋势越大。

相关链接 9

方差和标准差的计算

以前面“某校三个系各选 5 名同学参加智力竞赛所得成绩”的数据为例计算标准差。

政法系代表队 5 位同学的成绩分别为 78　79　80　81　82，平均分为 80。

将资料代入标准差计算公式后可得：

$$政法系代表队的方差\ \sigma^2=\left[(78-80)^2+(79-80)^2+(80-80)^2+(81-80)^2+(82-80)^2\right]\div 5=2$$

$$标准差\ \sigma=\sqrt{2}=1.414\ (分)$$

同理，计算出管理系代表队的标准差为 10.8 分，英语系代表队的标准差为 23.8 分。

从上述结果中可知，政法系代表队的标准差最小，管理系代表队次之，而英语系代表队的标准差最大。这一结果很好地反映出各队队员成绩之间的离散程度，同时也反映出 80 分的平均成绩对政法系代表队的代表性最大，而对英语系代表队的代表性最小。

在实际应用过程中，由于 $\sum(X_i-\overline{X})^2=\sum X_i^2-\frac{(\sum X_i)^2}{N}$，故 $\sigma=\frac{1}{N}\sqrt{N\sum X_i^2-(\sum X_i)^2}$。如果资料已经整理为频次分布，公式的一般形式则为 $\sigma=\frac{1}{N}\sqrt{N\sum n_iX_i^2-(\sum n_iX_i)^2}$。对于分组资料，只需将公式中的变量值变为组中心值 b_i 即可，即

$$\sigma=\frac{1}{N}\sqrt{N\sum n_ib_i^2-(\sum n_ib_i)^2}$$

5．集中量数与离中量数的关系

为了简化对资料的分析，可以用众数、中位数和平均数来代表数据分布的集中特征。但是，为了说明它们所能代表的程度或可靠的程度，还需要用数据分布的离散特征加以补充。两者之间的对应关系如下。

众数 ↔ 异众比率

中位数 ↔ 极差、四分互差

均值 ↔ 方差或标准差

练习 67

离中量数分析练习

分别用相应的离中量数检验一下“练习 68”统计出来的全班同学的民族和年龄这两个变量的众数、中位数和平均数的离散程度。

在此基础上讨论一下集中量数和离中量数的对应关系。

练习 68

集中量数和离中量数分析

根据你自己调查得到的数据，进行集中量数和离中量数分析，至少要做平均数和标准差的分析。如果你能借助计算机，这种分析将变得非常简便。希望你最好把所有介绍过的分析方法都尝试一遍，然后进行比较，看看结果有何不同。

11.3 双变量统计分析

前面介绍的统计方法，不管是集中趋势，还是离散趋势，都仅限于一种变量，或者对两种变量进行比较。在社会研究中，许多问题涉及的不仅是一个变量，常常要研究两个及两个以上变量之间的关系，如研究文化程度和择业心理的关系等。本节简单介绍分析两个变量关系的技术与方法，主要包括列联表分析、相关分析和回归分析。

11.3.1 列联表分析

1. 列联表的构造

列联表是由两个以上的变量进行交叉分类所构成的频数分布表。它主要用于分析定类变量之间的关系。例如，某社区对不同年龄档次的居民所喜爱的电视节目类型进行了调查，如果年龄分为三个档次，即老年、中年和青年，节目类型则相应有三类，即戏曲、歌舞和球赛。现在想考察一下喜爱的节目类型与年龄的分类之间的关系，这种情况下，列联表就是一种有用的分析工具（见表 11.5）。

表 11.5 某社区不同年龄档次的居民所喜爱的电视节目类型情况

	老　年	中　年	青　年	合　计
戏曲	20	10	2	32
歌舞	5	20	35	60
球赛	2	10	20	32
合计	27	40	57	124

从表 11.5 中可以清楚地了解到每个年龄段的居民对不同类型电视节目的喜好情况。表中的行是年龄变量，划分为三类，即老年、中年和青年；表中的列是节目类型，划分为戏曲、歌舞和球赛。表中的每个数据都反映了来自年龄和节目类型两个方面的信息。列联表中每个变量都可以有两个或两个以上的类别，所以列联表会有多种形式。如果将横行变量分为 c 类，纵列变量分为 r 类，则可以把每个具体的列联表称为 r×c 列联表。表 11.5 可称为 3×3 列联表。

2．列联表的分布

列联表的分布包括两个方面：一个是观察值的分布，另一个是期望值的分布。

（1）观察值的分布。表 11.5 就是一个最简单的观察值的分布。变量年龄档次和节目类型的每一对取值都有一个数字与之对应，所以称为两个变量的联合分布；由于对应数字是频数，所以也称为频数的联合分布。

根据频数的联合分布可以分别计算概率的联合分布、边缘分布和条件分布，如表 11.6 所示。

表 11.6　不同年龄档次所对应的电视节目类型的分布（联合、边缘）

	老　年	中　年	青　年	合　计
戏曲	20/124	10/124	2/124	32/124
歌舞	5/124	20/124	35/124	60/124
球赛	2/124	10/124	20/124	32/124
合计	27/124	40/124	57/124	124/124

观察表 11.6，表中的最后一列为关于变量节目类型的边缘分布，即只研究变量节目类型的分布，而不考虑年龄档次的取值。最后一行为变量年龄档次的边缘分布，不考虑节目类型的取值。如果将表中的最后一列与最后一行去掉，剩下的部分则构成了概率的联合分布，变量年龄档次和节目类型的每一对取值都有一个概率值与之对应。至于条件分布，即将其中一个变量控制起来取固定值，再看另一个变量的分布。例如，对于变量节目类型的条件分布共有三个，即当变量年龄档次分别取老年、中年和青年的条件下节目类型的分布。当变量年龄档次取老年的条件下，节目类型的条件分布如表 11.7 所示。

表 11.7　电视节目类型的条件分布

年龄档次（老年）	戏　曲	歌　舞	球　赛
概率	20/27	5/27	2/27

从理论上来讲，还可以列出三个关于年龄档次的条件分布，但从实际角度来看，控制因变量是没有实际意义的，因此一般只研究控制自变量之后因变量的条件分布。

（2）期望值的分布。什么是期望值的分布呢？以表 11.5 的数据为例，从总体上看，在 124 个调查对象中有 32 个调查对象喜爱戏曲节目，即 32/124 的调查对象喜欢戏曲节目。如果各个年龄段的调查对象对电视节目的偏好是相同的，那么对于老年人来说，喜欢戏曲节目的人数应当为 27×（32/124）=7.0；同样，对于中年人来说，喜欢歌舞节目的人数应当为 40×（32/124）= 10.3。7.0 和 10.3 就是期望值，由此可以计算期望值的分布，如表 11.8 所示。

表 11.8　不同年龄档次所对应的电视节目类型的期望值分布

	老　年	中　年	青　年	合　计
戏曲	7.0	10.3	14.7	32
歌舞	13.1	19.4	27.6	60

续表

	老　年	中　年	青　年	合　计
球赛	7.0	10.3	14.7	32
合计	27	40	57	124

如果各个年龄段的调查对象对三种类型的电视节目喜爱程度是相同的，那么观察值和期望值就应该非常接近。

3. 列联表的作用

列联表综合了两个变量的共同分布，因此像单变量频数分布表一样，它具有对变量进行描述的作用。列联表的另一个作用是可以对不同类别进行比较，这也是对变量关系的一种解释性分析。

列联表可用于各种测量层次的变量。在用于定序变量时，变量应按取值的大小顺序排列，如低、中、高，大、中、小等；在用于定距层次的测量时，需要先进行分组，然后按组的首尾相接顺序排列。

对于变量之间关系的分析，列联表的优点是直观、资料丰富，不仅可以看到关系的有无、大小，而且可以了解这种关系的详细结构。但当表很大时，这种直观性就会受到很大限制。此外，它无法确切地告诉我们变量之间的关系及关系的密切程度如何，因此还需要进行检验和计算相关系数。

4. 列联表的检验

列联表的检验可以帮助人们了解两个变量之间到底具有何种关系。它包括 χ^2 统计量、拟合优度检验、独立性检验等。

（1）χ^2 统计量。χ^2 可以用于变量间拟合优度检验和独立性检验，可以用于测定两个分类变量之间的相关程度。若用 f_o 表示观察值频数，用 f_e 表示期望值频数，则 χ^2 统计量可以写为

$$\chi^2=\sum\frac{(f_o-f_e)^2}{f_e}$$

由 χ^2 统计量的表达式可以看出，它描述了观察值与期望值的接近程度。如果两者越接近，计算出的 χ^2 值越小；反之，计算出的 χ^2 值越大。χ^2 检验正是运用 χ^2 的计算结果与 χ^2 分布中的临界值进行比较，做出对统计的决策。

（2）拟合优度检验。拟合优度检验是用 χ^2 分布进行统计显著性检验的重要内容之一。如果样本是从总体的不同类别中分别抽取，研究的目的是对不同类别的目标量之间是否存在显著性差异进行检验，这种检验就可以称为拟合优度检验，也可以称为一致性检验。对于前述的不同年龄段调查对象对电视节目类型的偏好这个例子，如果三个年龄段的调查对象对电视节目的偏好是一样的，那么三个年龄段的调查对象对三种节目的偏好比例应该是一致的，分别等于 32/124，60/124 和 23/124；反之，如果这些比例不一致，表明不同年龄段的调查对象对电视节

目的偏好是有差异的。

一般而言，如果根据调查数据计算出来的 χ^2 值大于在一定显著性水平下的临界值 $\chi_\alpha{}^2$，就可以认为在自变量分类既定的情况下，因变量的分类是有差异的。

（3）独立性检验。在研究问题时，有时候会需要判断两个分类变量之间是否存在联系，如对父母的孝敬程度是否与孩子的性别有关、子辈职业是否与父辈职业有关等。在这种情况下，可以使用 χ^2 检验，判断两组或多组资料是否相互关联。如果不相互关联，就称为相互独立，所以对这类问题的处理也可以称为独立性检验。

例如，某乡镇研究子辈职业和父辈职业之间的关系，调查了 140 人，结果如表 11.9 所示。那么子辈职业与父辈职业是否有关呢？（$\alpha = 0.05$）

表 11.9 子辈职业和父辈职业的情况

父辈职业 / 子辈职业	脑 力	体 力	农 业	合 计
脑力	20	5	5	30
体力	10	30	10	50
农业	5	5	50	60
合计	35	40	65	140

在这个问题中，可以根据 $\chi^2 = \sum \frac{(f_o - f_e)^2}{f_e}$ 计算 χ^2 值，然后比较 χ^2 值与 $\chi^2_{0.05}$ 的大小。如果 $\chi^2 > \chi^2_{0.05}$，则认为子辈职业与父辈职业是有关系的（本题 $\chi^2 = 86.22 > \chi^2_{0.05} = 9.49$）。

对于 χ^2_α 值的确定，在给定了显著性水平 α 的前提下，还必须确定自由度。自由度 $K = (r-1)(c-1)$。

从表面上看，一致性检验和独立性检验不论在列联表的形式上还是在计算 χ^2 的公式上都是相同的，所以有人对此并不进行严格的区分，而是笼统地把它们称为 χ^2 检验，但是两者还是有区别的。感兴趣的读者可以参照参考文献，阅读有关书籍或文章，进行深入探讨。

5．列联强度

如果变量相互独立，说明它们之间没有关系；反之，则认为它们之间存在联系。接下来的问题是，如果变量之间存在关系，如何衡量其相关程度呢？列联强度就是对于两个变量之间相关程度的测定，它可以通过相关系数来描述。下面介绍 φ 相关系数、列联相关系数和 V 系数。

（1）φ 相关系数。φ 相关系数（φ correlation coefficient）是描述 2×2 列联表数据相关程度最常用的一种相关系数。其计算公式为

$$\varphi = \sqrt{\frac{\chi^2}{n}}$$

其中，$\chi^2=\sum\frac{(f_o-f_e)^2}{f_e}$，$n$为列联表中的总频数。

因为对于2×2列联表中的数据，计算出的φ相关系数可以控制在0～1这个范围，所以φ相关系数比较适合2×2列联表。φ值越大，说明变量之间的相关程度越高。

（2）列联相关系数。列联相关系数又称列联系数，简称c系数，主要用于大于2×2列联表的情况。其公式为

$$c=\sqrt{\frac{\chi^2}{\chi^2+n}}$$

当列联表中的两个变量相互独立时，系数c=0，但它不可能大于1，这一点从公式中可以反映出来。c系数的不足是，在两个变量完全相关时，它也不能等于1。

（3）V系数。为了克服c系数的缺点，有人提出了V系数。其计算公式为

$$V=\sqrt{\frac{\chi^2}{n\times\min[(R-1),(C-1)]}}$$

当两个变量相互独立时，V=0；当两个变量完全相关时，V=1。

11.3.2 相关分析

1. 变量间的关系

在实际工作和科学研究过程中，经常要对变量之间的关系进行分析。例如，对农作物产量与施肥量之间的关系进行分析，以便分析施肥量对产量的影响。人们在实践中发现，变量之间的关系可以分为两种类型，即函数关系和相关关系。

函数关系是确定性的关系，当自变量取某个数值时，因变量依照确定的关系取相应的值。一般用$y=f(x)$表示函数关系，其中x为自变量，y为因变量。

函数关系是一一对应的确定关系。但在实际中，变量之间的关系往往是复杂的。例如，居民家庭收入和消费之间的关系，一般而言，消费是由收入决定的，但是消费又不完全由收入这一唯一因素决定，还受到其他因素的影响，如生活习惯等，这样收入和消费之间就不是一一对应的关系。大家经常会看到这样的情况，即两个收入相同的家庭的消费情况是不同的。正是由于影响一个变量的因素非常多，当仅仅考虑其中某个或某些因素对变量的影响时，变量之间出现了非确定性的关系，这种非确定性的关系称为相关关系。从遗传学的角度看，子女身高（x）与父母身高（y）有很大的关系。一般来说，身高较高的父母的子女身高也较高，而身高较低的父母的子女身高也较低。但有的时候，身高较低的父母的子女身高却较高，同样，身高较高的父母的子女身高也可能较低。显然，子女身高并非由父母身高完全决定，它还受到其他因素的影响，因此父母身高与子女身高之间的关系就属于相关关系。

从父母与子女身高的例子可以看出相关关系的特点，即一个变量的取值不能由另一个变量唯一确定。当变量x取某个值时，变量y的取值可能有几个。对于这种关系不确定的变量显然

不能用函数关系进行描述，但它也不是无任何规律可循的，通过对大量数据的观察与研究，就会发现这些变量之间也存在着一定的客观规律。例如，平均来说，父母身高较高，其子女身高也较高。相关分析及后面的回归分析正是描述与探索这种规律的统计方法。

2．相关关系的描述与度量

相关分析是对两个变量之间线性关系的描述与度量。它所要解决的问题包括以下几个。

- 变量之间是否存在关系？
- 如果存在关系，它们之间是什么样的关系？
- 变量之间的关系强度如何？
- 样本所反映的变量之间的关系能否代表总体变量之间的关系？

为解决这些问题，在进行相关分析时，对总体主要有以下两个假定：

- 两个变量之间是线性关系。
- 两个变量都是随机变量。

在进行相关分析时，首先需要绘制散点图来判断变量之间的关系形态。如果变量之间是线性关系，则可以利用相关系数来测度两个变量之间的关系强度。然后，对相关系数进行显著性检验，以判断样本所反映的关系能否用来代表两个变量总体上的关系。

（1）散点图。对于两个变量 x 和 y，通过观察或试验可以得到若干组数据，记为（x_i, y_i）（i=1, 2, …, n）。用坐标的横轴代表变量 x，纵轴代表因变量 y，每组数据（x_i, y_i）在坐标系中用一个点表示。n 组数据在坐标系中形成的 n 个点称为散点，由坐标及散点形成的二维数据图称为散点图。

散点图是描述变量之间关系的一种直观方法，从中大体上可以看出变量之间的关系形态及关系强度。

相关关系的表现形态大体上可以分为线性相关和非线性相关、完全相关和不相关等几种。就两个变量而言，如果变量之间的关系近似地表现为一条直线，则称为线性相关；如果变量之间的关系近似地表现为一条曲线，则称为非线性相关或曲线相关；如果一个变量的取值完全依赖于另一个变量，各观测点落在同一条直线上，则称为完全相关，两个变量之间实际上存在函数关系；如果两个变量的观测点很分散，无任何规律，则表示变量之间没有相关关系。

在线性相关中，若两个变量的变动方向相同，即一个变量的数值增加，另一个变量的数值也随之增加；或者一个变量的数值减少，另一个变量的数值也随之减少，这种相关称为正相关。若两个变量的变动方向相反，即一个变量的数值增加，另一个变量的数值随之减少；或者一个变量的数值减少，而另一变量的数值增加，这种相关称为负相关。

（2）相关系数。通过散点图可以对两个变量之间有无相关关系进行判断，并对变量间关系的形态做出大致判断。但散点图不能准确反映变量之间的关系强度，而相关系数则可以对此进行准确的衡量。

相关系数是根据样本数据计算的度量两个变量之间线性关系强度的统计工具。若相关系数是根据总体全部数据计算的，则该相关系数称为总体相关系数，记为 ρ；若相关系数是根据样本数据计算的，则该相关系数称为样本相关系数，记为 r。

样本相关系数的计算公式为

$$r=\frac{n\sum xy-\sum x\sum y}{\sqrt{n\sum x^2-(\sum x)^2}.\sqrt{n\sum y^2-(\sum y)^2}}$$

按照上述公式计算的相关系数也叫线性相关系数。

从理论上讲，相关系数的取值范围是 $-1\leqslant r\leqslant 1$，但根据实际数据计算出来的相关系数的取值范围是 $-1<r<1$。$|r|\to 1$ 表明两个变量之间的线性关系越强；$|r|\to 0$ 表明两个变量之间的线性关系越弱。对于一个具体的 r 值，根据经验可以将相关程度分为以下几种情况：当 $|r|\geqslant 0.8$ 时，称为高度相关；当 $0.5\leqslant|r|<0.8$ 时，称为中度相关；当 $0.3\leqslant|r|<0.5$，称为低度相关；当 $|r|<0.3$ 时，说明两个变量之间的相关程度极弱，可视为不相关。这种解释必须建立在对相关系数的显著性检验的基础上。考虑到本书的适用对象，对于相关系数的显著性检验本书不做介绍，感兴趣的读者可以参考其他相关书籍。

另外，在应用线性相关系数时，需要注意的问题是，r 是变量之间线性关系的一个度量，它不能用于描述非线性关系。也就是说，$r=0$ 仅仅意味着变量之间不存在线性相关关系，并不说明变量之间不存在任何关系，它们之间有可能存在非线性相关关系。同时，两个变量之间存在相关关系并不一定意味着它们之间一定存在因果关系。

相关链接 10

相关分析的应用

沃德（Abraham Wald，1902—1950）和许多统计学家一样，他在第二次世界大战时也处理了与战争相关的问题。他发明了一些统计方法，在战时被视为军事机密。以下是他提出的概念中较简单的一种。沃德被咨询飞机上什么部位应该加强钢板时，便开始研究从战役中返航的军机上受敌军创伤的弹孔位置。他画了飞机的轮廓，并且标示出弹孔的位置。资料积累到一定程度后，几乎把机身各部分都填满了。于是沃德提议，把剩下少数几个没有弹孔的部位补强。因为这些部位被击中的飞机都没有返航。

11.3.3 回归分析

相关分析的目的在于测定变量之间的关系强度，它使用的工具是相关系数。回归分析侧重于考察变量之间的数量伴随关系，并通过一定的数学表达式将这种关系描述出来，进而确定一个或几个变量（自变量）对另一个变量（因变量）的影响程度。本部分介绍一种最简单的回归分析——一元线性回归。

1. 一元线性回归模型

（1）回归模型。进行回归分析时，首先需要确定因变量和自变量。被预测或被解释的变量称为因变量，用 y 表示；用来预测或用来解释因变量的一个或多个变量称为自变量，用 x 表示。

当回归中只涉及一个自变量时，称为一元回归；若变量之间的关系为线性关系时，则称为一元线性回归。在回归分析中，假定自变量 x 是可控的，因变量 y 是随机的。

对于具有线性关系的两个变量，可以用一个线性方程表示它们之间的关系。描述因变量 y 如何依赖于自变量 x 和误差项 ε 的方程称为回归模型。只涉及一个自变量的一元线性回归模型可以表示为

$$y = \beta_0 + \beta_1 x + \varepsilon$$

其中，y 是 x 的线性函数（$\beta_0 + \beta_1 x$ 部分）加上误差项 ε。$\beta_0 + \beta_1 x$ 反映了由于 x 的变化而引起的 y 的线性变化；ε 为随机误差项，反映了除 x 和 y 之间的线性关系之外的随机因素对 y 的影响，是不能由 x 和 y 之间的线性关系所解释的变异性。β_0 和 β_1 为模型的参数。这一模型称为理论回归模型。对于这个模型有如下几个假定：①因变量 y 和自变量 x 之间具有线性关系。②在重复抽样的过程中，自变量 x 的取值是固定的，即假定 x 是非随机的。③误差项 ε 是一个期望值为 0 的随机变量。④对于所有的 x 值，ε 的方差都相同。⑤误差项 ε 是一个服从正态分布的随机变量，且具有独立性。独立性意味着对于一个特定的 x 值，它所对应的 ε 与其他值所对应的 ε 是不相关的。

（2）回归方程。根据回归模型中的假定，ε 的期望值等于 0，因此 y 的期望值 $E(y) = \beta_0 + \beta_1 x$。也就是说，$y$ 的期望值是 X 的线性函数。描述因变量 y 如何依赖于自变量 x 的方程称为回归方程。一元线性回归方程的形式为

$$E(y) = \beta_0 + \beta_1 x$$

一元线性回归方程的图形是一条直线，因此也称为直线回归方程。其中，β_0 是回归直线在 y 轴上的截距，是当 $x = 0$ 时 y 的期望值；β_1 是直线的斜率，它表示当 x 每变动一个单位时，y 的平均变动值。简单地说，这条直线描述了当自变量 x 的值改变时，因变量 y 的值怎样跟着改变。我们常用回归直线来预测：对于某一个给定的 x 值，y 会是什么？

2．最小二乘法

在一元线性回归方程 $E(y) = \beta_0 + \beta_1 x$ 中，参数 β_0 和 β_1 是未知的，需要通过样本数据去估计它们。用样本统计量 $\hat{\beta}_0$ 和 $\hat{\beta}_1$ 代替回归方程中的未知参数 β_0 和 β_1 就得到了估计的回归方程。对于一元线性回归，估计的回归方程形式为

$$\hat{y} = \hat{\beta}_0 + \hat{\beta}_1$$

估计参数 β_0 和 β_1 的方法一般采用最小二乘法。这种方法通过使因变量的观察值 y_i 与估计值 $\hat{y}_i$ 之间的离差平方和达到最小来估计 β_0 和 β_1，即使 $Q = \sum(y_i - \hat{y}_i)^2 = \sum(y_i - \hat{\beta}_0 - \hat{\beta}_1 x_i)^2$ 最小。此时，可以根据极限定理进行运算。最终计算结果为

$$\hat{\beta}_1 = \frac{n\sum_{i=1}^{n} x_i y_i - \sum_{i=1}^{n} x_i \sum_{i=1}^{n} y_i}{n\sum_{i=1}^{n} x_i{}^2 - (\sum_{i=1}^{n} x_i)^2} \qquad (\hat{\beta}_0 = \overline{y} - \hat{\beta}_1 \overline{x})$$

3．拟合优度

回归直线 $\hat{y}_i=\hat{\beta}_0+\hat{\beta}_1 x_i$ 在一定程度上描述了变量 x 和 y 之间的数量关系。这一方程可以根据自变量的取值来估计或预测因变量的取值。估计或预测的精度取决于回归直线对观测数据的拟合程度。如果各观测数据的散点都落在这一直线上，这条直线就是对数据的完全拟合，直线充分代表了各个点，此时用 x 来估计 y 是没有误差的。各观察点越是紧密围绕在直线周围，说明直线对观测数据的拟合程度越好；反之越差。回归直线与各观测点的接近程度称为回归直线对数据的拟合优度。可以用判定系数来说明直线的拟合优度。

回归平方和占总离差平方和的比例称为判定系数，记为 R^2 。判定系数的计算公式为

$$R^2=\frac{\mathrm{SSR}}{\mathrm{SST}}=\frac{\sum(\hat{y}_i-\overline{y})^2}{\sum(y_i-\overline{y})^2}$$

其中 SST 为总离差平方和，SSR 为回归平方和。从上述公式可以看出，回归直线拟合程度的高低取决于回归平方和 SSR 占总离差平方和 SST 的比例的大小。各观测点越是靠近直线，这个比例越大，则直线拟合得越好。判定系数测度了回归直线对观测数据的拟合程度。若所有观测点都落在直线上，则 $R^2=1$，说明拟合是完全的。如果 y 的变化与 x 无关，x 对于解释 y 的变差完全没有意义，此时 $\hat{y}=\overline{y}$ ，则 $R^2=0$。可见，R^2 的取值范围是[0, 1]。R^2 越接近于 1，表明回归平方和占总离差平方和的比例越大，回归直线与各观测点越接近，拟合程度越好；反之，R^2 越接近于 0，表明回归直线的拟合程度越差。

估计方程建立后，还不能马上用于估计或预测，因为该估计方程是根据样本数据得出的，它是否真实地反映了变量 x 和 y 之间的关系，还需要对方程进行检验。检验包括两个方面的内容，即线性关系检验和回归系数检验。对于本部分内容，本书从略，感兴趣的读者可以参照相关书籍。

相关分析和回归分析是研究现象之间相互依存关系的两个方面。相关分析的目的在于了解两个变量之间有无关系或关系的密切程度，它只是对客观事物的一种描述；回归分析的目的在于了解变量怎样随着另一个变量的变化而变化，它具有推理性质，表示了一种因果关系。只有在两个变量之间存在高度的相关关系时，回归分析才有意义。所以，一般先进行相关分析，以测定现象之间相关程度大小，进而决定是否需要进行回归分析，并拟合相应的回归方程，以便进行推算和预测。因此，可以说相关分析是回归分析的基础；回归分析是把变量的相关关系转变为函数关系的手段。但是，与相关分析可以不分自变量和因变量不同，回归分析必须明确自变量和因变量，当自变量和因变量互换位置后所得到的回归方程也会不同。

11.4 SPSS 的统计功能简介

今天，人们主要应用计算机来处理各种各样的数据。计算机不仅能够存储大量的数据，而且能够对数据进行计算、分析，最后将结果打印输出。计算机进行运算的速度和精度远非人脑

可及，它大大方便了人们对数据的统计过程，提高了工作效率。在数据统计分析软件中，目前最常用的是 SPSS 软件，它具有强大的统计功能，是进行统计分析不可缺少的工具。限于篇幅，本书只对其统计功能做简单介绍，具体技术的操作学习请参阅专业的 SPSS 书籍。

SPSS 的统计功能包括常规的集中量数和离中量数、相关分析、回归分析、方差分析、列联表分析、卡方检验、t 检验和非参数检验；也包括近期发展的统计技术，如多元回归、生存分析、协方差分析、判别分析、因子分析、聚类分析、非线性回归、Logistic 回归等。每类功能又分为好几个统计过程，如回归分析又分线性回归分析、曲线估计、Logistic 回归、Probit 回归、加权估计、两阶段最小二乘法、非线性回归等多个统计过程，而且每个过程中又允许用户选择不同的方法及参数，并能在屏幕上显示诸如正态分布图、直方图、散点图等各种统计图表。

从某种意义上讲，SPSS 软件还可以帮助数学功底不好的使用者学习运用现代统计技术。使用者仅须关心某个问题应该采用何种统计方法，并初步掌握对计算结果的解释，而不需要了解其具体运算过程，可以在使用手册的帮助下定量分析数据。

SPSS 操作简单，除了数据录入及部分命令程序等少数输入工作需要键盘键入外，大多数操作可通过“菜单”、“按钮”和“对话框”来完成。另外，SPSS 具有数据录入、资料编辑、数据管理、统计分析、报表制作、图形绘制等各项功能。

复习思考题

一、填空题

1．按照统计分析涉及的变量，统计分析可分为__________、__________和__________。

2．常用于描述变量分布情况的测量主要包括__________、__________、__________和__________。

3．常用的几种集中量数有__________、__________、__________等。

4．描述离散程度的离中量数主要有__________、__________、__________、__________和__________等。

5．列联表主要用于分析__________变量之间的关系。

6．人们在实践中发现，变量之间的关系可以分为两种类型，即__________和__________。

二、选择题

1．能够补充说明众数代表性程度的是（　　）。

A．极差　　B．四分互差　　C．异众比率　　D．标准差

2．（　　）适用于数值型数据，利用了全部数据信息，它是实际中应用最广泛的集中趋势值。

A．众数　　B．平均数　　C．中位数　　D．百分数

3．当 $|r| \geqslant 0.8$ 时，表明相关程度为（　　）。

A．高度相关　　B．中度相关　　C．低度相关　　D．不相关

4．在一元线性回归模型 $y=\beta_0+\beta_1 x+\varepsilon$ 中，误差项 ε 的期望为（　　）。

A．0　　B．1　　C．5　　D．10

三、简答题

1．集中量数与离中量数的关系如何？

2．相关关系和函数关系有何不同？

3．统计分析的作用是什么？

四、讨论题

举例说明众数、中位数与平均数的特点与适用场合。

第 12 章 撰写调查报告

引　言

调查报告是社会调查成果的集中体现。调查报告撰写的质量高低直接关系调查研究质量的高低和社会作用的大小，因此写好调查报告是整个调查研究过程中必不可少的重要程序。调查者必须掌握调查报告的文体特点、类型、结构及写作要求。

本章学习目标

1. 了解调查报告的特点与类型。
2. 了解调查报告的结构。
3. 掌握调查报告的撰写步骤。
4. 理解撰写调查报告中应注意的问题。

学习导航

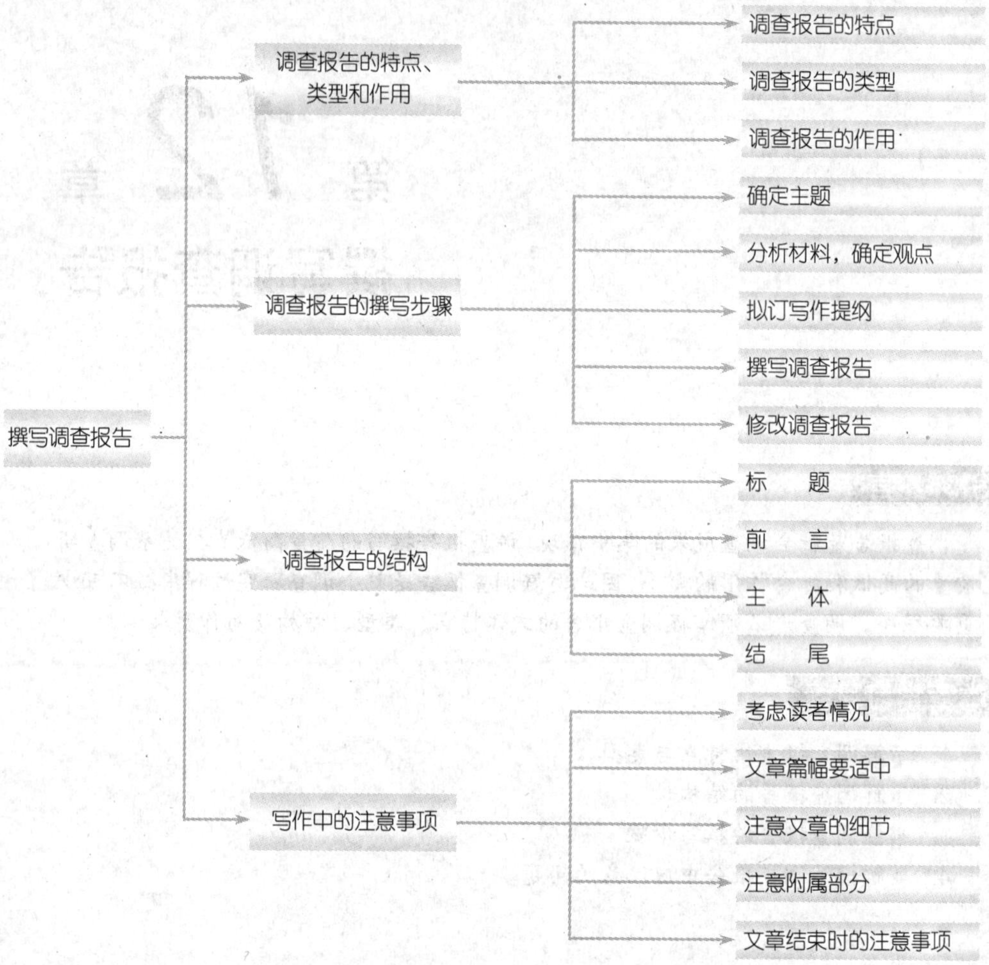

撰写调查报告是社会调查五大基本步骤中的最后一步，也是相当重要的一步。调查报告是整个调查工作的结晶，是调查结果的提升过程，也是最终成果的展示过程。如果对调查的前四个步骤付出了极大努力并认真细致地完成了前四个步骤，但对撰写调查报告这个步骤没有给予足够重视，这项调查的价值就大大地被削弱了。因此，一定要花费足够的时间和精力，认真地撰写调查报告，千万不能仓促地应付了事。

12.1　调查报告的特点、类型和作用

12.1.1　调查报告的特点

调查报告是反映社会调查研究成果的一种书面报告。它以文字、图表等形式将调查研究的过程、方法和结果表现出来。其目的是告诉有关读者，对于某一问题是如何进行调查研究的，取得了哪些结果，这些结果对于认识和解决这一问题有哪些理论意义和实际意义等。

调查报告是常用的应用文体，也是常用的新闻体裁，但是它又有别于它们，具有其自身的特点。

1．用事实说话

调查报告既不像文学作品那样用形象思维虚构人物故事，也不像议论文那样用逻辑推理论证观点，它是运用通过实际调查所获得的大量事实、材料、数据去揭示客观事物的规律，证明自己的观点。因此，用事实说话是调查报告最基本的特点。客观事实是调查报告赖以存在的基础。从调查对象的确定到开展调查活动，从对问题的分析研究到提出解决问题的途径，从调查报告的基本内容到最终得出的结论，这些都必须以大量的事实作为依据，准确地反映客观实际。行文中所引用的事实、数据、材料必须准确、真实、具体，否则就失去了调查报告的意义。

2．针对性强

调查报告是应社会的实际需要而产生的，其目的是为了解决某一领域带有普遍意义的社会问题，或者理论问题，或者实际问题。它强调的是目的明确、有的放矢。没有针对性的调查报告是不存在，也是没有意义的。

3．材料翔实

调查报告属于材料性文章，材料是调查报告赖以生存的基础，同时也是调查报告的价值所在。调查报告主题的提炼、观点的形成和证明都离不开大量的数据和具体的材料，只有通过这些大量的数据和材料，社会普遍关注的问题才能被准确地反映出来。

4．具有平实性

调查报告的实用价值首先在于真实可信。一方面，真实可信是保证调查材料具有价值的关键。报告要求内容平实，所反映的情况或问题必须是调查者以认真负责的态度开展深入细致调查后获得的，绝不允许有弄虚作假的现象。另一方面要求语言平实，不夸张、不修饰、不片面追求文采，力求准确、明快、简洁。同时，调查报告的行文结构要求平实，行文要求相对稳定，不刻意追求变化，不故意制造悬念。

5．追求新颖和注重时效

任何调查报告，其目的都是提高人们的认识，指导人们的行动。因此，调查报告要有新的

观点，新的结论，避免陈旧、落后的观点和众所周知的结论。同时，一般的调查报告还应该讲究时效，及时回答人们迫切需要了解的问题，这样才能充分发挥其社会作用。

12.1.2 调查报告的类型

撰写调查报告之前，必须了解不同的社会调查研究报告的类型。只有根据实际情况选择合适的类型，才有可能写出高质量的调查报告。按照不同的标准，调查报告可以分成许多不同的类型。

1. 综合性调查报告与专题性调查报告

根据调查报告的内容，可以将调查报告分为综合性调查报告和专题性调查报告。

（1）综合性调查报告。综合性调查报告指涉及问题较广，反映内容较丰富的一种报告类型。综合性调查报告是将调查得来的大量原始材料和数据，经过整理、分析和归纳，得出完整的综合材料，将某一地区、某一单位、某项社会活动、某一历史事件的基本情况全面系统地反映出来。它又称为社情（社会基本情况）调查报告。这种调查报告偏重于客观地进行说明，因其涉及的问题比较广泛，反映的情况比较丰富，所以篇幅一般也较长。

（2）专题性调查报告。专题性调查报告的内容一般反映的问题较为集中，有较强的针对性和实效性。和综合性调查报告相比，它的篇幅一般较短。专题性调查报告主要交代围绕某个专门问题进行调查的情况和结果，其作用是及时研究急需解决的具体实际问题，迅速反映群众的意向、意见和要求，揭露现实生活中的矛盾，根据调查结果提出对策建议。由于此类报告的问题比较集中，内容也较单一，故其材料要具体翔实、有较强说服力，主题要鲜明、针对性要强，观点应有明显的倾向性。

综合性和专题性的划分也只是相对的，有些报告尽管从调查研究对象上看是专题性的，但从调查内容涉及的广度和全面性来看，它又可以称得上是综合性的，所以两者并没有绝对的界限。

2. 描述性调查报告与解释性调查报告

根据调查报告在性质和主要功能上的不同，可将其区分为描述性调查报告和解释性调查报告两大类。

（1）描述性调查报告。描述性调查报告是对社会真实情况进行具体描写和叙述的调查报告，它的内容既可以是定量的，也可以是定性的。其主要目标是通过对调查资料和结果的详细描述，向读者展示某一现象的基本状况、发展过程和主要特点。简单地说，此类调查报告主要是回答“是什么”和“怎么样”的问题。

（2）解释性调查报告。解释性调查报告的主要目标是用调查研究所得资料来解释和说明某类现象产生的原因，或者说明不同现象相互之间的关系。这类报告中虽然也有一些对现象的描述，但这种描述不像描述性报告那样全面和详细，仅仅只是作为合理解释和说明现象的原因，以及解释和说明现象之间相互关系的基础或前提而存在。简而言之，解释性调查报告不仅要说明“是什么”和“怎么样”的问题，而且要回答“为什么”和“怎么办”的问题。

从撰写要求来看，描述性调查报告首先强调的是内容的广泛和详细，要求尽可能做到面面俱到；同时，它还十分看重描述的清晰性和全面性，力图给人以整体的认识和了解。而解释性调查报告则强调内容的集中与深入，看重解释的理论性和针对性，力图给人以合理和深刻的说明。

需要说明的是，研究报告的这种区分并无十分严格的界限，或者研究者在实际撰写研究报告时，往往难以把描述和解释截然分开且仅取其一。在许多情况下，一份研究报告常常同时兼有描述和解释两方面的功能，只是不同的报告对其中某一方面侧重的程度有所不同而已。

3. 学术性调查报告和应用性调查报告

根据调查报告的内容，可以将调查报告分为学术性调查报告和应用性调查报告两大类。

（1）学术性调查报告。学术性调查报告是以学术或学科研究为出发点，主要以专业研究人员为读者对象，侧重于对社会现象的理论探讨。绝大多数学术性报告重在调查、分析各种社会现象之间的相互关系和因果关系，目的是通过对实地调查资料的分析或归纳，提出或证明学术、学科的某一理论观点；或者就某一学术观点提出质疑或补充；或者揭示某一事物、某一社会现象的本质和发展规律。这类调查报告的特点是学术性、理论性和科学研究性很强，往往需要运用各个学科的有关理论和概念去分析、理解，从理论的高度揭示所调查了解的事物或社会现象中的矛盾、规律，一般不就实际工作提出太多的具体建议。在调查研究过程中，此类报告特别注重资料的真实、系统和完整；在形式上也有比较固定、比较严格的格式，结构也更加严谨；论述的语言也更加客观、更加严密。学术性调查研究报告主要为理论研究服务，所以一般多见于专业性强的学术报刊或专著。我国社会学、民族学、经济学等现实性较强的学科都有很多这类调查报告。

（2）应用性调查报告。应用性调查报告是为了满足实际工作需要，如制定政策、预测、决策、处理问题等，从而进行社会调查研究后写成的调查报告。我国党政机关、企业中的调研咨询部门、社会科学工作者和实际工作者撰写的许多调查报告都属于这种类型。应用性调查报告因其具有广泛的用途和促进实际工作的意义而受到普遍重视。应用性调查报告对调查过程的介绍十分简短。这种报告的研究结果部分常常采用比较直观的统计图、统计表等形式表示出来，并且根据研究结果所提出的政策建议部分在这种报告中十分突出。

学术性调查报告与应用性调查报告的区分不是绝对的。一方面，任何实际建议都只能而且必须通过一定深度的理论研究才能提出来。另一方面，任何理论研究最终都必须为现实工作服务。事实上，应用性调查报告也常常做出理论概括，而学术性报告也往往对实践有一定的指导意义，也可为现实工作服务。

练习 69

确定调查报告类型

根据你的调查设计和收集的资料，确定你将要开始撰写的调查报告的类型。是综合性调查报告还是专题性调查报告？是描述性调查报告还是解释性调查报告？是学术性调查报告还是应用性调查报告？你一定要想清楚，这决定了你将调查报告的侧重点放在哪里。

12.1.3 调查报告的作用

作为一种信息载体，调查报告在工作领域和社会生活中发挥着重要作用。归纳起来，主要有以下几点。

1. 反映调查品质

调查报告通过对调查设计、调查过程、调查方法、调查结果等方面的系统阐述，能使读者全面了解该项调查的基本情况、结论和建议。调查报告的好与坏是调查开展情况的最直接反映。

2. 推广先进经验

调查报告可以通过典型事例的分析、总结，得出具有方向性和普遍意义的经验，有利于人们汲取新经验，交流新做法，提高工作效率。特别是当新生事物出现时，调查报告可以全面完整地反映新生事物的发生、发展过程，揭示其现实意义或社会价值，促进新生事物的成长壮大。

3. 揭露社会问题

调查报告可以追踪、反映重大的或人民群众普遍关心的社会问题，也可以揭露违反党纪国法的行为和社会生活中的腐败现象，披露工作中的失误、缺点和错误，以引起有关部门的重视，使其最终得到解决。

4. 开发深层信息

调查报告作为研究成果，不仅具有时效性，在其提供的当期发挥着重要作用，而且还可以作为相同主题在未来再开展相关调查的参考，是重要的二手资料来源。调查者对自己调查得到的一手资料和相关二手资料进行思维加工，通过科学分析、比较，发掘内涵，探索真理，有助于推动自然科学和社会科学的发展。

5. 提供决策依据

调查报告可以就某项重要工作或重大问题的历史和现状进行特定的调查与研究，形成看法或建议，从而为上级领导机关进行重大决策，或者制定、修改某项政策提供科学依据与参考。

12.2 调查报告的撰写步骤

调查报告的撰写步骤包括确定主题，分析材料、确定观点，拟订写作提纲，撰写和修改调查报告五个步骤。

12.2.1 确定主题

主题是整个调查报告的灵魂，是作者基本思想和观点的体现，它的地位十分重要。它说明了调查者从事的是什么样的调查。因此，在调查报告的开头部分，调查主题必须以书面语言的形式清楚明确地表达出来。主题一经确定，它就必须贯穿全文，起统率全篇的作用。只有主题明确，才能围绕主题组织材料，安排结构。因此，主题是写好调查报告的关键。提炼和确定主题，要考虑以下几方面的因素。

1．调查报告的主题与调查的主题要基本一致

一般情况下，主题确定以后调查才能开始，这样调查报告的主题就是该项调查的主题，即调查报告所要反映的中心问题也就是整个调查的中心问题，两者往往是一致的。在这种情况下，主题的确定就比较容易，因为通常调查一开始，主题就已经明确了。调查只要围绕主题收集材料，掌握数据，精心组织安排就可以了。

2．主题的提炼要求做到正确、集中、深刻、鲜明

一般说来，一篇调查报告只能有一个主题，不能同时存在两个或更多的主题。古人说“意多则乱文”、“立意要纯”，只有主题集中，文章才会不枝不蔓，重点突出，把问题说清说透。主题要如实地反映客观现实，要符合科学的规律，要合乎正确的世界观，要反映健康积极的审美趣味。主题不能停留在事物表面现象的罗列和基本事实的叙述上，应该揭示事物的某种本质，反映事物的内部规律。主题必须鲜明清晰，不能似是而非、模棱两可。

3．主题要有时代性、新颖性

提炼主题，要具有时代眼光。作者必须站在时代的高度，把调查对象置于广阔的时代背景之中去考察、去思索、去表现。只有这样，才能敏锐地感应时代气息，体现时代精神，准确地把握事物的本质意义。

提炼主题还要求寻找新颖独特的角度，探求事物的新意，以便获得新的思考、新的发现。主题新颖是指主题要有新意，表现作者独到的见解，“言前人所未言，发前人所未发”。一篇调查报告要告诉读者一个不曾了解的情况或意想不到的观点，这样才能吸引读者、打动读者，才能引导读者做以前不曾有过的思考。要做到主题新颖，作者首先要正视现实，及时、准确地反映客观实际；其次要对社会现实有新的发现和独特的感受。另外，还必须有胆识，敢闯一时还让人不敢涉足的“禁区”。

练习 70

确定调查主题

调查主题就是你要调查的主要问题。参照第 3 章“调查设计”中的“练习 12”，将你确定的调查问题用书面语言的形式准确地表述出来，它就是你的调查主题。

12.2.2　分析材料，确定观点

经过调查，人们常常获得很多材料。但不是所有材料都可以用于调查报告，必须通过归类和分析进行取舍。主题和材料之间是一种辩证关系。一方面，当主题确立以后，它就成了取舍

和组织材料的依据；另一方面，在主题形成之前，材料又是形成和提炼主题的基础，而且在主题形成以后的任何变化都必须通过材料来实现。所以，材料对主题具有强大的制约作用。为了使调查报告能够更好地反映主题，具有更大的社会价值，认真审读和选择材料至关重要。

在对调查材料进行分析的基础上，要为调查报告确立明确的观点。首先，全篇要确立总观点，总观点是全文的灵魂。其次，各个组成部分也要确立服从总观点的分观点。总观点应当具有典型性、普遍性和针对性，应当反映客观事物的本质和社会现实的主流，应当具有较强的指导性和教育意义。总观点要包容分观点，分观点要说明总观点。总观点和分观点都是从调查的材料中经过分析研究而得出的，但撰写调查报告要根据总观点和分观点去组织材料，使材料为观点服务，将材料和观点有机地统一起来，使之共同反映主题。

练习 71

画出观点图

总结你的调查报告所要呈现的反映主题的观点（总观点和分观点），把这些观点画成一个图；然后把相关材料归类，搞清楚其中的关系，这对你写作时组织材料具有重要意义。这个图可以帮助你把调查报告分解成可以控制的各个部分，也有助于读者顺利阅读你的报告。你可以这样画（见图 12.1）：

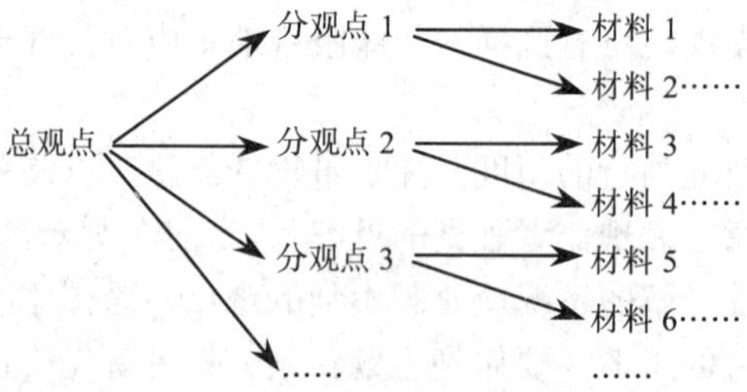

图 12.1　观点图举例

12.2.3　拟订写作提纲

拟订提纲就是事先考虑调查报告的布局，或者叫搭架子。这是调查报告在解决选题之后必然出现的一步，是将调查材料和研究成果进行书面表达的起始阶段。这一阶段必须根据主题的需要，运用逻辑的方法，考虑整篇打算分几个部分来分析，先写什么，后写什么，再写什么；哪里该详，哪里该略；每层意思又将怎样阐明，提出一些什么论点，运用哪些材料；各层、各段、各点之间如何呼应，使主题、观点、材料相互联系成为一个有机的体系。提纲拟订得好，思路展得开，调查报告就会层次分明，结构严谨，中心突出；提纲拟订得不好，思路不畅，调查报告就会结构失衡，层次紊乱，线索不清，主题得不到充分、有力的证明。有的作者对调查报告的写作非常熟练，对所报告的主题、观点、材料胸有成竹，他则不必拟订提纲。但不管怎样，腹稿还是少不了的。就初学者而言，要写好一篇调查报告，拟订一个扎实、细密、周详、合理的提纲是非常必要和重要的。

提纲的拟订有详略粗细之分，没有固定不变的格式。从步骤上说，应首先拟订概略的提纲，确定调查报告大致分为几个部分，然后按部分详细列出较细的提纲。从内容上说，拟订提纲主要有条目提纲和观点提纲两种写法。

1. 条目提纲

条目提纲是按不同层次列出调查报告的章、节、目，也就是按总标题、大标题、小标题、子标题的形式将调查报告的内容分层排列。这种提纲的优点是层次清晰、结构严密。

2. 观点提纲

观点提纲是在列出条目提纲的基础上，把各章、节、目所要叙述的观点或中心内容概括地表达出来。这种提纲实际是条目提纲的深入，其优点是内容明确、表述完整。

拟订提纲的过程实际上就是围绕主题设计结构，运用材料、表达观点的过程。不论何种形式的提纲，都应该做到结构层次的设计突出主题、调查材料的使用支撑结构、运用的材料与观点统一。

练习 72

拟订调查提纲

为你的调查报告拟订写作提纲，注意提纲越详细越好。

12.2.4 撰写调查报告

调查报告的写作提纲拟订以后，就可以动手写作了。在写作过程中，要注意两个问题：一是科学地使用材料，二是恰当地运用语言。

1. 科学地使用材料

调查报告与其他学术论文的显著区别在于调查报告大量地使用调查材料，用材料和事实说话。因此，科学、合理地使用调查材料是增强调查报告说服力的重要一环。科学、合理地使用材料就是要注意材料的取舍、组合和搭配，如综合材料和典型材料、文献资料和现实资料、文字材料和统计材料有机地结合，材料和观点要相一致等。

2. 恰当地运用语言

调查报告属于以叙事为主的实用性文体，它要通过典型的材料和鲜明的观点来揭示现实生活中的新情况、新问题、新经验。而无论何等深刻的内容，都离不开语言这一最基本的建筑材料。调查报告对语言的运用有它独特的要求，撰写时要特别注意。其要求是严谨、简洁、朴实，也可适当引用生动活泼的群众语言和形象性语言，增强语言的生动性，但语言的形象化以不损伤内容的真实性或真实感为原则。

（1）语言要严谨。严谨要求选词造句精确、分寸感强，对事物进行准确、周密的描述和恰当的评价。

1）要恰当地使用词语。词语是语言的最小单位，每个词语在特定的语言环境中都有其特定的意义。撰写报告时要准确辨析词义，尤其要认真辨析同义词和近义词的细微区别，做到用词恰当，准确无误。

2）语言要规范。要按照语法造句，做到语言通顺、合乎语法规范和语言习惯。

3）陈述事实要真实可靠，引用数据要准确无误。对事物的分析、评价要由事而发，注意掌握分寸，不可随意拔高或贬低；避免使用含义不明确或容易产生歧义的概念或句子。引用的数据要核对准确，一般情况下不用模糊数据，对于有些非用不可的模糊数据要做必要的说明。

练习 73

恰当使用语言

下面这段调查报告中，哪些地方运用语言不严谨？

本次研究采用的是问卷调查法。2006年暑假，我从××学院挑选了来自湖南省各地的大学生共90名。同学们在接受短期的培训后，每人携带四份《基层民政工作者基本情况调查问卷》回到家乡开展调查。

调查的研究总体为湖南省内从事街道、城市社区及乡镇民政工作的基层民政工作者。采用多阶段随机抽样的方法，先从研究总体中随机抽取64个县（市），然后从这64个县（市）中随机抽取1~2个乡镇或街道，最后从每个乡镇或街道中随机抽取4~8名民政工作者。这样，64个县（市）的360名基层民政工作者便构成了此次调查的调查总体。

本文所关注的是基层民政工作者的专业素质，因此问卷所涉及的内容包括个人特征（性别、年龄）、文化程度、专业、专（兼）职情况、业务培训次数、业务熟悉情况、工作中所需知识和技能等。问卷共25道题，其中12道为封闭式问题。

调查资料的收集工作是采用自填问卷的方式进行的。问卷由学生发给每一名基层民政工作者，填写好的问卷仍由学生带回学校。共发放问卷差不多360份，有效回收率为100%。从总的情况看，受访者填写问卷十分认真，问卷资料可能有较高的信度和效度。

问卷回收后，采用统计分析软件SPSS13.5进行统计分析。

（2）语言要简明。语言简明就是要用较少的文字尽可能地表达最新、最重要、最丰富的内容，做到言简意赅。

- 行文时要开门见山，不拐弯抹角。
- 注意锤字炼句，切不可追求文字的华丽而堆砌辞藻，用字坚持能少则少的原则。
- 段落要删繁就简，尽量压缩，能少一段则少一段。
- 在叙述事实情况时，必须使用简述的手法，把事实浓缩，直接陈述事实，不做过多地描绘。

• 对观点的阐释不做烦琐的论证，做到意尽则止。

（3）语言要朴实。调查报告主要面向公众，其文体特点决定了它必须以事实为基础，语言应力求朴实严肃、平易近人；多使用大众化的语言，避免大多数人看不懂的生僻、深奥术语；不矫饰、不浮夸、不虚构，要用实实在在的事实说话。这就要求在语言文字的表达上一定要善于选择那些实在、贴切的词语，不要过多地选用修饰成分或言过其实的形容词，不要讲空话、套话，不随便使用夸张的手法和奇特的比喻。

（4）语言要生动。强调调查报告语言的朴实并非不要语言的生动，朴实和生动并不矛盾。在保证准确的前提下，适当运用生动活泼的语言，可增强调查报告的可读性。

1）正确地运用词语。一是要善于运用动词表现处于静止中的事物；二是在不影响读者理解的前提下恰当地运用一些形容词、附加词做修饰，以增加文采和增强文章的表现力。

2）适当地运用修辞手法。调查报告不是文学作品，它不用文学描写，不事夸张，无须抒情，但它也不是空洞的说教，在一定的语言条件下，适当地运用拟人、比喻等修辞手法，有助于增强文章的生动美、活泼美，起到锦上添花的作用。

3）适当地运用群众语言。群众语言新鲜活泼，幽默有趣，若运用得好，可以增强新鲜感、幽默感、形象性和吸引力；但应避免使用大多数人不懂的方言、土语，若非用不可时应加以说明。

12.2.5　修改调查报告

修改是完成调查报告的最后一项工作，只有精心修改，才能使调查报告得以完成并获得成功。修改的过程是反复加工、反复锤炼的过程，主要的工作包括删除任何不必要的重复，加入新的材料、观点和思考，根据新写出的材料修改前面的内容，调整已写出内容的结构，精简已写出的内容，检查字词、标点等。

12.3　调查报告的结构

调查报告由于其类型的不同、调查研究目的不同及撰写者的写作习惯等方面的差异，报告在结构和内容安排上也会有不同的表现方式。因此，调查报告没有固定不变的模式，这就是所谓“文无定法”。但是各种类型的调查报告，其基本结构和内容安排仍然存在着一定的共性，是有一定的规律可循的。了解和掌握调查报告的一般格式和基本要求，对写好调查报告很有帮助。一般说来，调查报告包括标题、前言、主体、结尾四个部分。

12.3.1　标题

和其他文章一样，调查报告的标题十分重要。它是调查报告是否吸引读者的首要因素。一个好的题目，既能准确地概括反映文章的主旨，又能吸引读者的目光。所谓“题好一半文”就是这个道理。

调查报告的标题形式多样。从形式上分析，标题可分为两种类型：一种是单行标题，另一种是双行标题。单行标题如“关于××市残疾人就业情况的调查”；双行标题如“要求平等相待渴望理解与支持——关于××市残疾人就业问题的调查与思考”。单行标题又可分为公文标题式写法和一般文章标题式写法两种。“关于××县农村基层党组织情况的调查报告”、“关于××市城市居民最低生活保障工作的调查”就是公文式标题。这种公文式标题写法的优点是能使人尽快地了解调查的对象和调查报告的目的；缺点是容易写得过于冗长，易流于平淡，不利于诱发读者的阅读欲望。“凝聚社区力量的精神支柱”、“社区工作中存在的问题及其对策”就是文章式标题。采用文章式标题写法虽也有不利的方面，如不能让人由标题一眼看出文种，但若处理得好，则能使人看了标题便对调查对象和调查报告的目的有所了解；而且标题可长可短、可描述可设问，形式灵活，容易写得生动有趣，引人注目，如“这里的干群关系为什么这么好？”

从内容上分析，调查报告的标题拟订通常有以下几种方法。

1. 用调查对象和主要问题做标题

这种方法就是点明调查对象，或者概括调查的主要问题作为标题，如“北京市城市居民最低生活保障制度实施情况的调查报告”、“××社区志愿者服务状况调查”等。这类标题的优点是调查的对象和报告的主要内容简单明了，便于读者尽快掌握调查报告的对象和调查目的，并根据自己的需要决定是否阅读。其缺点是题目形式显得较为呆板，不够灵活，缺乏一定的吸引力。

2. 以一定的判断或评价做标题

这一方法就是对所调查的事物做出一定的判断或评价，并将这一判断或评价作为标题，如“社会救助要向政府‘中心工作’靠拢”、“托起明天的太阳——对贫困地区儿童失学问题的调查”等。这类标题的优点是一方面揭示了主题，另一方面也表明了作者的态度，并且在遣词造句上具有一定的灵活度，容易吸引人；缺点是研究的主要问题不易在标题中体现，有的还需借助于副标题。一般说来，正标题揭示调查报告的中心思想，副标题说明调查的事由或调查范围。

3. 用提问的形式做标题

提问式标题即调查报告的标题是一个设问句，如“为什么保障范围是‘逐步扩大’而不是‘一步到位’”、“农村残疾人的出路在哪里”。这类标题往往较多地用于揭露某些问题或分析某些社会现象的调查报告中，其特点是语态尖锐、观点鲜明，具有较强的吸引力。

标题的形式多样，写法灵活。无论采取哪种形式的标题，首先要求必须概括、贴切，服从内容需要，与报告的内容相符，不能仅仅为了吸引读者而使用与报告内容不相符合的标题；其次要有鲜明、恰当词语的逻辑组合，简明、新颖，富有感染力和吸引力。

练习 74

确定调查报告标题

为你的调查报告想出至少 3 个标题，然后与周围的同学讨论，看看哪个标题更适合，最终确定你的调查报告标题。

12.3.2 前言

前言是调查报告的开头部分，也称导言、引言或绪论。写前言的目的是向读者揭示报告的主旨、目的和总纲，起到使读者了解全文的作用。前言可用来交代调查的时间、地点、目的、对象、范围；也可以用来概述调查的主要内容及取得的主要收获；还可以交代调查工作的背景及通过调查所获得的结论。

前言的写法也没有一定的规矩，常见的有以下四种写法。

1．主旨直述法

主旨直述法即在前言中阐述调查报告的主要目的和意义，如交代为什么选择这个课题进行调查和研究，它有什么现实意义或研究价值，以往研究状况如何，这次调查有何独到之处等。这种写法有利于读者准确地把握调查报告的主要宗旨和基本精神。这是一种常见的写作方法。

2．结论先行法

结论先行法也称结论前置，即在前言中先把结论写出来，然后再在主体部分加以论证。这种写法的优点是开门见山，使读者一眼就能看出调查报告的基本观点。这也是一种常见的写法。

3．情况交代法

情况交代法即在前言中介绍有关调查报告的具体情况，或调查时间、地点、对象、过程、方法，或调查对象的概况等。这种写法的优点是有利于读者了解调查的背景、条件和进行调查研究的过程。这种方法多用于大型的调查研究，学术性的调查报告也往往使用这种方法。

4．提问设悬法

提问设悬法即在前言中提出问题，设置悬念，以吸引读者。这种方法的优点是增强吸引力，吸引读者迫不及待地读下去。它多用于总结经验或揭露问题的调查报告。

调查报告的前言在写法上没有一成不变的模式，究竟采取何种模式，这要依据调查报告的种类、目的和主体部分的要求，以及篇幅的大小而定。但无论采取何种模式，都应力求精简。

12.3.3 主体

主体是调查报告的正文，是表现调查报告主题的主要部分。调查得到的全部观点和材料都要通过这一部分组织表现出来。主体是整个调研报告中分量最重的部分，要占到整个篇幅的70%～80%。这一部分写得好坏，直接决定调查报告质量的高低和作用的大小。撰写调查主体时应该注意要确定好主题，设计好结构，观点和材料要统一，语言上要能够正确表达。除了主体的结构，其他几方面在上一节已经详细讲述，所以这里只对结构做简单介绍。

一般来说，调查报告的结构主要有纵式结构、横式结构、综合式结构三种。

1．纵式结构

纵式结构是按调查事件发生、发展的先后顺序，或按调查过程的先后顺序组织材料，从头至尾，层层递进，依次叙述。这种结构的优点是事实完整、条理清楚、脉络清晰、结构畅通，便于读者从动态角度把握事件的来龙去脉和前因后果。

2．横式结构

横式结构是把材料分成几个部分来写，如毛泽东的《湖南农民运动考察报告》，全篇用了八个小标题，分别阐述八个问题；所有八个不同的方面集中起来说明一个总的观点——农民运动好得很。每个部分观点鲜明，中心突出。这是一种典型的横式结构。采用这种结构形式需要处理好各部分之间的关系，如并列关系、因果关系、分总关系、主从关系等，对这些都应妥善安排。这种结构的优点是问题展得开，对事物分析全面；论述较集中，说理透彻；观点突出，说服力强；条理清楚，便于阅读和理解。

3．综合式结构

综合式结构兼有横式、纵式的特点，是上述两种结构形式的综合，结合两者之长安排材料。在具体写作过程中，根据材料和主题的需要，两者可灵活运用，有的以纵为主，纵中有横；有的以横为主，横中有纵。这种结构的优点是既有利于按照事物发展历史的脉络写清事件的来龙去脉，又有利于按照事物的性质、分类等展开全面的论述。因此，许多大型的调查报告的主体部分多采用这种结构方式。

相关链接1

论文的“经典”结构

论文的“经典”结构是：

（1）目录。

（2）摘要。

（3）导言（占全文字数或篇幅的10%）。

（4）背景文献评述（20%）。

（5）研究计划和方法论（10%）。

（6）研究的展开（15%）。

（7）资料的呈现和分析（15%）。

（8）对结果和发现进行评论和批评（20%）。

（9）总结和结论（10%）。

（10）参考文献。

（11）文献目录。

（12）附录。

需要说明的是，由于调查报告内容的多样性，主体结构的写法也是多样的，没有一成不变的写作模式。写作模式主要由内容决定。在写作过程中，一是要服从表现主题的需要，什么方

法能很好地表现主题，就采用什么方法；二是要根据材料状况而定，根据不同的材料采取不同的结构方式。选择结构方式的基本原则是：

- 正确反映客观事物和人类思维的发展规律与内在联系。
- 有利于主题的表现。
- 考虑不同读者的不同需求。
- “量体裁衣”、“因文布局”，努力求异、创新。
- 做到严谨、自然、完整、统一。

12.3.4 结尾

结尾部分是调查报告的结束语。不同内容的调查报告，结尾的写法也不同。根据主题的需要，有的调查报告没有结尾，主体部分结束了，文章也就结束了；有的有极简短的结束语；有的则有较长的结尾。一般来说，结尾主要有以下几种写法。

1. 概括式

概括式结尾存在概括全文，深化主题，或综合说明调查报告的主要观点，深化文章的主题；或在对资料进行深入细致的科学分析的基础上，得出报告结论；或针对某些问题表明意见、提出看法。

相关链接 2

概括式结尾

通过此次社会调查，人们从一定层面上了解了社区居民对当前某市社区文化建设的总体评价，从服务对象角度了解了某市社区文化建设存在的主要问题及进一步需求。希望此调查能为进一步推进社区文化建设提供决策依据，以增强社区文化建设的针对性和实效性，最大限度地满足居民的社区文化需求。

2. 总结式

总结式结尾是指总结经验，形成结论。对于推广某些成熟的典型经验的调查报告，往往在结尾部分集中概括某些经验，形成调查的基本结论，便于推广。

相关链接 3

总结式结尾

某省基层民政工作者总体文化水平较高，但专业构成复杂，兼职人员占较大比重，且作为提高人力资本的主要机会资源，民政业务培训在不同文化水平的基层民政工作者之间分配不均。提高基层民政工作者专业素质，应从增强民政意识、提高民政工作者待遇、加强对低文化水平基层民政工作者业务培训等方面着手，吸纳更多专业人才从事基层民政工作，从而达到优化基层民政工作者专业结构的目的。

3．问题式

问题式结尾是指出问题，提出建议，即针对所调查的材料内容、观点等，通过分析形成对事物的看法，在此基础上，提出建议或可行性方案，以供有关部门参考。

4．补充式

调查中有些情况和问题与调查报告的中心内容和主旨关系不大，在正文部分没有提及，但又需要讲清楚，此时可以在结尾处附带地加以补充说明。

结尾的写法较多，可以总结全文的主要观点，进一步深化主题，增强说服力和感染力；或者做出结论，指明方向；或者提出问题，引人深思；或者提出解决问题的办法、措施、意见和建议；或者展望前景，给人以鼓舞。不论采取何种方式结尾，都应该服从写作目的和报告内容的需要，做到灵活运用；有话则长，无话则短，简明扼要，意尽即止。

12.4 写作中的注意事项

撰写调查报告除了掌握上述撰写知识外，还应该注意下面有关问题。

12.4.1 考虑读者情况

读者是调查报告的接受体。写作调查报告的目的在于被读者阅读。一般说来，写作只能是一种“可能存在”，只能在读者阅读中才能成为“现实的存在”。作者写出的调查报告，被读者感知，并引起读者反应时，它的潜在价值才会转化为现实的价值和效果，才能达到写作目的。因此，撰写调查报告必须考虑读者情况。

读者不同，其接受能力、分析能力、兴趣爱好、目的要求也不同。只有认真考虑读者群，照顾到读者群不同的能力、爱好、目的和要求，写出来的调查报告才能够为读者所接受，才能够获得良好的写作效果。例如，读者群是党政领导或职能部门人员，调查报告就不宜太长，以便能在较短的时间内阅读完为宜。这就要求调查报告短小精悍，以较短的篇幅容纳较多的信息，写作重点应放在总结经验教训、提出意见和建议上。如果读者主要是科研工作者，则应详细介绍调查报告形成的过程，包括调查背景、调查过程、调查方法和采用的调查手段；理论分析要有深度，文章结构要严谨，专业性要强。如果读者群是一般人民群众，则应考虑普遍的接受能力，尽量避免专业性太强的表现方法；图表、数据等要求简单明了，文字要求通俗易懂。

12.4.2 文章篇幅要适中

对于调查报告的字数或页数，有的有明确的限制，包括上限和下限，像大学的毕业论文；有的则没有任何限制。无论如何，把文章篇幅控制得恰到好处并不是一件容易的事。我们经常会将调查报告写得过短或过长，这时就需要运用一些简单的技能使文章达到一定的篇幅或字数。

1．压缩调查报告

对于篇幅过长的调查报告，可以试着用以下方法进行压缩：

- 从句子中删去不必要的、限定性的或重复的词或短语。
- 把两个或更多的句子甚至整个段落总结成一句话。
- 删掉与讨论没有实质性联系的引述或引文。
- 如果可能，把冗长的描述换成表格或图表。
- 删掉对论证不重要的小节甚至整章内容。

2．扩充调查报告

有时，调查者可能会发现报告中存在不均衡或省略之处，此时就有必要进行扩充。你不能假定读者知道你知道的东西，因此需要在报告中加入更多解释性的材料。扩充调查报告的具体方法有以下几种。

- 查找与写作的课题或问题有关的更多参考材料和引文。
- 通过展开论证把单独一句话扩展成段落。
- 添加相关材料的新段落甚至章节。
- 把附录内容整合进主体文本。
- 用更多一些篇幅讨论调查设计原理及其运用的成效。

要想写出合适篇幅的调查报告，通常的方法是在拟订写作提纲时，详细列出调查报告需要写作的章节内容，给每节分配一定字数或页数，然后尽量按照规定的篇幅进行写作。

12.4.3　注意文章的细节

1．注意语法、字词和标点

向领导、老师或相关机构呈现调查报告时，对于调查报告中的语法、字词和标点，人们要特别给予重视。读者可能对一些错误感到生气、好笑或摇头。这些错误会降低你表达自己观点的能力。

（1）尽量避免长句。句子太长，表达的东西可能失去一些意义，而一系列较短的精练的句子可以更好地提供论证。

（2）避免只有一句话的段落。段落应该含有多句话，这些话对同一题目进行论述，然后引向下一段，使讨论进行下去。

（3）避免在句子开头使用一些“连接”词，如“但是”、“以及”或“因为”等。这些词通常应该用在句子当中，起连接句子的作用。

（4）避免在正文中出现长串的材料清单。文章应该是连贯的文本，而不是一个概述或梗概。如果需要列出清单，最好把它们置于与正文分开的一些表格或图表之中。

（5）理解并使用所有标准的标点符号；特别是冒号（：）、分号（；）、逗号（，）、顿号（、）和句号（。）。

（6）使用引号（‘’ 和 “”）要前后一致。

2．注意图表的使用时机

在调查报告中使用一些图表或其他说明形式，可以用来阐明、分解、丰富和加强报告的影响力和可读性。但在使用过程中一定要注意把握好时机。

（1）如果图表可以代替相当大的一段文字（即一个或更多段落），那就用图表，且不必保留文本。

（2）如果使用图表可以表达普通文字很难表达、证明或支持的意思，那就采用图表。

（3）如果图表存在版权问题，而你又得不到许可，那就不要使用。

（4）在正文中要逐个引述图表，不要制作特别复杂的图表，使用让读者一眼就能看明白的图表。

（5）在大多数情况下，最好把各种图表分开，分散在文本中最靠近引述它们的地方。如果把它们挤在各章的结尾或附录中，读者就不大愿意参阅它们。

（6）文本通常是研究报告的主要部分。读者愿意读到近乎连贯的文字，其中只适合点缀一些相关的图表。一大堆图表，或者由它们来主宰整个文本是不适合的。

（7）除非图表是清晰、无歧义和精心制作的，否则就不要使用它们。

12.4.4 注意附属部分

几乎所有的调查报告都有附属部分，它通常包括首页、目录、摘要、关键词、参考文献，有的调查报告还包括致谢，以及一种或多种附录等。

1．首页

首页应写上调查报告的标题，还应加上撰写者的姓名和写作日期，这样别人就知道是谁在什么时候写的。另外，一般还要加上撰写者的职务及其他所要求的信息，如工作单位等。

2．目录

目录应该列出调查报告的章节，以及它们开始的页码或段落号。

3．摘要

在所有形式的“附录”中，摘要无疑是最有用的。它可能是强制性的要求。摘要的功能是简单地总结调查研究项目的性质与背景，以及调查研究是如何进行的及其主要发现。其目的是使读者能够很快地对此项调查的主要内容、方法、结果和结论有一个总的了解，从而决定是否继续阅读细节内容。摘要对作者也很有用，它可以使作者尽可能精练地提取自己的智慧，可以帮助作者重构和整合自己的定稿。

摘要不容易写好，因为它的篇幅非常有限。一般来说，它不应该超出一页的篇幅，应该限制在200～300个字或更少（也就是不多于一页）。

相关链接4

摘要举例

本文以定量研究为基本方法，对当前大学生寝室人际关系的基本状况做了描述性分析，并根据性别、年级、户籍（城乡）、独生与否等不同情况进行了双因素分析，以考查当代大学生宿舍人际关系的现状及影响因素，并在此基础上提出社会工作专业视角的介入理念和介入策略。

练习75

写摘要

1. 挑选对你的调查有用的一本书或一篇文章。写出它的摘要，不超过200个字。你应该致力于概括这本书或这篇文章的主题、背景、方法和结论。用时不要超过半个小时。

如果这本书或文章已经有一个摘要，那么这个练习会特别有帮助。在这种情况下，你应该在不看那个摘要的前提下自己先写一个摘要，然后再把两者比较一下。

2. 为你的调查报告写一个200字左右的摘要，注意说明调查项目的性质、背景，以及调查研究是如何进行的及调查获得的主要发现。

4. 关键词

关键词是从论文的题目、摘要和正文中选取出来的，对表述论文的中心内容具有实质意义的词汇。关键词不宜多，一般3～5个为宜。

5. 参考文献

参考文献是指调查报告在研究和写作中可参考或引证的主要文献资料，一般列于论文的末尾。参考文献应另起一页。各类参考文献条目的编排格式及示例如下。

（1）专著、论文集、学位论文、报告。书写格式为：序号．主要责任者．文献题名（版本）[文献类型标识]．出版地：出版者，出版年．例如：

[1]刘国钧，陈绍业，王凤翥．刑法专论（第2版）[M]．北京：高等教育出版社，2004.

（2）期刊文章。书写格式为：序号．主要责任者．文献题名[J]．刊名，年，卷（期）：起止页码．

例如：

[2]何龄修，读顾城．南明史[J]．中国史研究，1998，(3)：25～27.

（3）论文集中的析出文献。书写格式为：序号．析出文献主要责任者．析出文献题名[A]．原文献主要责任者（任选）．原文献题名[C]．出版地：出版者，出版年．析出文献起止页码．

例如：

[3]钟文发．非线性规划在可燃毒物配置中的应用[A]．赵玮．运筹学的理论与应用——中

国运筹学会第五届大会论文集［C］. 西安：西安电子科技大学出版社，1996.

（4）报纸文章。书写格式为：序号．主要责任者．文献题名［N］. 报纸名，出版日期（版次）.

例如：

[4]谢希德．创造学习的新思路［N］. 人民日报，2005-12-25（10）.

（5）电子文献。书写格式为：序号．主要责任者．电子文献题名［电子文献及载体类型标识］. 电子文献的出处或可获得地址，发表或更新日期/引用日期（任选）.

例如：

[5]高峻，王英，仇保兴. 树立科学的发展观实现城市可持续发展［EB/OL］. http://www.cajcd.edu.cn/pub/wml.txt/980810-2.html，2000-11-25/2001-04-15.

参考文献的代码含意如表 12.1 所示。

表 12.1　参考文献的代码含意

参考文献类型	专著	论文集	报纸文章	期刊文章	学位论文	报告
文献类型标识	M	C	N	J	D	R

6．致谢

致谢的目的是感谢那些对调查研究特别有帮助的人和机构。在调查报告的开始（或最后），以单独的一页纸列出要感谢的人或机构的名单，可以提到的人包括资助人（可能有这样的要求）、导师、同事、家人和朋友、秘书或打字员，以及研究伙伴；还可以包括那些为调查提供方便的人，对他们给予的帮助表示感谢。最好还要给所提到的这些人送上报告副本。

7．附录

很多调查报告常常在其结尾用附录的形式把与调查有关的所有材料都包括进去，这些材料包括一些信件和问卷、访谈的记录稿、案例研究的总结、机构文件的复印件等。附录部分应尽量简短、精练，应尽量缩减附录的使用或完全不用附录，因为读者在大多数情况下可能完全不会去看你精心准备的附录。

所以，如果必须把一些材料放在附录中，那就不妨考虑把它们放在正文里。或者可以把这些附录放在有关的章节之后，而不是放在整本书的结尾。

12.4.5　文章结束时的注意事项

1．注意最后的检查

对于作者来说，无论何时，他提供给领导、导师或机构的调查报告都不应该是初稿，而应该是最终经过修改和校对的完成稿。

当作者将最终的调查报告打印、装订成册之前，应该最后检查一遍下列事项，以免出现不必要的错误：

- 是否在标题页上写下了文章标题、作者姓名、日期及其他要求的信息。

- 所有的内容是否都列出来了，有没有漏掉几页或其他东西，它们的长度（字数或页数）是否合适。
- 表格、图表或图示的标识和编码是否都正确。
- 有没有缺页现象。
- 页码编写是否正确。
- 章节编码是否正确。
- 是否检查过拼写和语法错误。
- 如果有规定，是否留下足够的页白和行距。
- 在正文中参考的材料是否都列入了参考文献或文献目录。
- 是否列出了参考文献的详细信息，它们是不是按照字母顺序排列的。
- 是否把自己的文章与有关规定进行了对照，如与毕业论文的相关规定对照。

2. 注意保存好资料

报告写完后，终于可以松一口气了，这时还有一项重要的工作要做，那就是保存好所有资料。可以把所有调查资料保存在一些文件夹中，并贴上标签；还可以通过电脑来保存文件。不论以什么方式保存资料，明智的做法是保存两份，每一份放在不同的地方，使自己免受丢失资料之苦。

练习 76

保存资料

想一想，你准备如何保存好你的调查资料，是随手扔了还是胡乱装在盒子里？是贴上标签放在指定的地方还是存放在电脑中？如果你要存放在电脑中，那要再一次提醒你：

至少存两份！一份存在电脑中，一份存在 U 盘上或邮箱中（如果不保密的话），甚至存在如 MP4 等其他电子产品上。

复习思考题

一、填空题

1. 按照调查的内容划分，调查报告的类型有__________、__________。

2. 调查报告的结尾部分，主要的写法有__________、__________、__________、_______________和__________。

3. 一般说来，调查报告都包括__________、__________、__________和__________四个部分。

二、选择题

1．根据调查报告在性质和主要功能上的不同，可将其区分为（　　）。

A．综合性调查报告和专题性调查报告　　B．描述性调查报告和解释性调查报告

C．学术性调查报告和应用性调查报告　　D．专题性调查报告和应用性调查报告

2．撰写调查报告的第三步是（　　）。

A．拟订写作提纲　　B．确定主题　　C．分析材料、确定观点　　D．修改

3．（　　）是调查报告是否吸引读者的首要因素。

A．标题　　B．前言　　C．主体　　D．结尾

三、简答题

1．调查报告在语言上有哪些要求？

2．在撰写调查报告时，应注意哪些问题？

附录A 随机数表

5390	4037	8629	1966	5226	4368	9540	6160
7508	2429	3535	8119	2214	8918	9981	7272
8587	5947	3962	6938	5649	6930	5064	9531
1810	3355	2091	2634	1049	5647	7297	0220
3906	7365	3921	3777	0012	9247	1460	5647
3020	5367	5069	1779	8356	6911	6725	5654
3165	5530	8209	4470	7236	7544	0706	1331
9069	0131	3053	3597	2832	6778	4757	7564
3022	0932	2636	6984	8009	0760	3607	2242
9577	4849	9844	3650	6778	3013	2058	8553
1908	3273	8781	3383	8529	0997	8167	5687
0886	4608	9288	6878	5343	0007	0403	2103
4328	6565	1266	3257	7055	5155	9686	3601
7818	7064	7293	7883	9869	1124	1686	2836
8116	4217	1344	0088	3924	8727	8047	8253
2494	5565	5709	7679	9198	6350	6061	0937
8077	0139	8748	8212	7369	8711	8725	1179
9627	2942	0096	2554	1902	9857	5556	1582
8654	9018	0738	8389	8050	2361	9182	1906

续表

7855	5112	1601	0354	6398	1750	4062	2225
7592	4491	3144	4503	0669	7640	5477	4752
4304	8760	7226	0157	4761	3867	4582	6037
7816	0617	4654	7398	8712	0461	3986	7114
0561	6843	2098	8444	5868	9358	1912	8314
1188	2666	0405	2306	9806	2940	3024	2106
8701	9833	3972	1244	2078	5792	8575	1413
4614	3316	5439	4072	3466	2902	2293	9510
0615	0939	9298	2610	5668	8616	8569	0767
4915	2697	5304	6699	0057	8791	7998	1968
5400	1223	8495	7176	9084	7289	9856	5094
8462	5478	3594	3074	8225	6373	5098	7361
3953	0120	7387	8032	3564	6441	6519	8483
6773	3895	1792	6903	7957	2172	9287	9777
7838	1604	6539	0203	2017	5613	3052	3743
1952	2065	8598	4152	2746	9868	7350	6508
4684	5264	2429	0187	8744	9165	6560	2935
8189	4745	2148	9699	4068	6482	9803	8791
6372	5483	3371	4741	0891	0385	5960	0878
2936	3720	4221	3761	8901	0333	2086	9553

参 考 文 献

[1] 艾尔·巴比．社会研究方法[M]．邱泽奇，译．北京：华夏出版社，2005.
[2] CAPI 国内外应用案例集锦．上海南康公司内部材料．
[3] 邓恩远，于莉．社会调查方法实训[M]．北京：中国轻工业出版社，2005.
[4] 风笑天．社会学研究方法[M]．北京：中国人民大学出版社，2003.
[5] 风笑天．现代社会调查方法[M]．武汉：华中科技大学出版社，2005.
[6] 何晓群．现代统计分析方法与应用[M]．北京：中国人民大学出版社，1998.
[7] 洪瑾．社会调查方法[M]．北京：中国轻工业出版社，2004.
[8] 贾俊平，等．统计学[M]．北京：中国人民大学出版社，2000.
[9] 贾俊平．统计学[M]．北京：中国人民大学出版社，2003.
[10] 柯惠新，刘红鹰．民意调查实务[M]．北京：中国经济出版社，1996.
[11] 克里斯蒂娜·休斯，等．怎样做研究[M]．戴建平，蒋海艳，译．北京：中国人民大学出版社，2005.
[12] 劳伦斯．纽曼．社会研究方法：定性和定量的取向[M]．郝大海，译．北京：中国人民大学出版社，2007.
[13] 李莉．实用社会调查方法[M]．广州：暨南大学出版社，2004.
[14] 李沛良．社会研究的统计应用[M]．北京：社会科学文献出版社，2002.
[15] 卢淑华．社会统计学[M]．北京：北京大学出版社，2001.
[16] 彭发详．社会调查研究方法[M]．北京：中国人事出版社，1992.
[17] 宋林飞．社会调查研究方法[M]．上海：上海人民出版社，1990.
[18] 唐盛明．社会科学研究方法新解[M]．上海：上海社会科学院出版社，2003.
[19] 社工实验室建设方案．上海南康公司内部材料．
[20] 水延凯，等．社会调查教程[M]．北京：中国人民大学出版社，2007.
[21] 吴增基，吴鹏森，苏振芳．现代社会调查方法[M]．上海：上海人民出版社，2003.
[22] 小卡尔·迈克丹尼尔，等．当代市场调研[M]．范秀成，等译．北京：机械工业出版社，2000.
[23] 徐小禾，袁亚愚．社会统计学[M]．成都：四川大学出版社，1987.

[24] 袁方．社会研究方法教程[M]．北京：北京大学出版社，2001．
[25] 袁岳，等．零点调查[M]．福州：福建人民出版社，2005．
[26] 张蓉．社会调查研究方法[M]．北京：高等教育出版社，2005．
[27] 张彦，吴淑凤．社会调查研究方法[M]．上海：上海财经大学出版社，2006．
[28] 张性秀．调查研究理论与方法[M]．长沙：国防科技大学出版社，2001．
[29] 赵勤，周良才．社区管理[M]．北京：中国劳动社会保障出版社，2007．
[30] 周德民，廖益光，曾岗．社会调查原理与方法[M]．长沙：中南大学出版社，2006．
[31] Daily K D, Method of Social Research[M]. Third Edition,Free Press, 1987，344．
[32] http://ggxy.hunnu.edu.cn/jpkc/survey/jiaoshi/sj3.htm．
[33] K・贝利．现代社会研究方法[M]．许真，译．上海：上海人民出版社，1986．
[34] 范伟达．现代社会研究方法[M]．上海：复旦大学出版社，2001．
[35] 戴维・S・穆尔．统计学的世界[M]．郑惟厚，译．北京：中信出版社，2003．
[36] 周克冰．中外经典采访个案解读．
[37] 风笑天．社会调查中的问卷设计[M]．天津：天津人民出版社，2002．
[38] 柯惠新．互联网调查研究方法综述（上、下）[J]．现代传播，2001（4）、（5）．
[39] 曾五一，汪彩玲，王菲．网络调查的误差及处理[J]．统计与信息论坛，2008（2）．
[40] 方国斌，陈年红．基于网络技术的抽样调查设计与实施研究[J]．统计与决策，2009（1）．
[41] 马慧敏．网络调查中的非抽样误差来源与控制[J]．统计与决策，2011（5）．
[42] 石磊．网络调查及其局限性分析[J]．宁波广播电视大学学报，2001（9）．
[43] Thomas M・Archer．Web－based Surveys [EB/OL]，http://www.joe.org/joe/2003august/tt6.shtml. 2006-04-28．
[44] Hsiu-Mei Huang. Do Print and Web Surveys Provide the SameResults?[J]. Computers in Human Behavior，2006，22(3).
[45] Morrel Samuels P．Web Surveys' Hidden Hazards[J]．Harvard Business Review，2003，81(7).